本书获浙江工商大学研究生教育改革项目资助
（项目编号：YJG2018306）

东亚语言与文化

EAST ASIAN
LANGUAGES
AND
CULTURES

聂友军　陈小法　编著
刘　阳　张雨雪

浙江工商大学出版社

图书在版编目(CIP)数据

东亚语言与文化 / 聂友军等编著. — 杭州 ：浙江工商大学出版社，2018.8（2021.2重印）
ISBN 978-7-5178-2879-2

Ⅰ．①东… Ⅱ．①聂… Ⅲ．①文化语言学－对比语言学－中国、日本、韩国－研究生－教材 Ⅳ．①H0-05

中国版本图书馆CIP数据核字(2018)第177653号

东亚语言与文化

聂友军　陈小法　刘　阳　张雨雪　编著

责任编辑	姚　媛	
封面设计	林朦朦	
责任印制	包建辉	
出版发行	浙江工商大学出版社	
	（杭州市教工路198号　邮政编码310012）	
	（E-mail：zjgsupress@163.com）	
	（网址：http://www.zjgsupress.com）	
	电话：0571-88904980，88831806（传真）	
排　版	杭州彩地电脑图文有限公司	
印　刷	广东虎彩云印刷有限公司绍兴分公司	
开　本	787mm×1092mm　1/16	
印　张	17.5	
字　数	351千	
版印次	2018年8月第1版　2021年2月第2次印刷	
书　号	ISBN 978-7-5178-2879-2	
定　价	46.00元	

目　录

日 本 编

序 章

　　中国、日本与朝鲜半岛的文化都是层层累积起来的，并且在各自的历史发展进程中多有变迁，试图以简短的篇幅予以清晰界定或明确描述实非易事。事实上，探讨任何国家与民族的文化都会面临着同样的问题，这是由文化样态的多面性决定的。要有效地勾勒东亚文化的轮廓，同时凸显其区别于其他文化的标志性特征，语言、文字、文学、艺术、历史应该是不可或缺的几个侧面，此外还需兼顾文化的物质层面、精神层面和制度层面。

一、文化具多面性，他者做参照系

　　中国幅员辽阔，广阔的战略纵深不仅使"以空间换时间"在战时成为有效的策略，在文化发展方面亦体现为不疾不徐、圆融浑成的特征。中国文化天然地存在历史性、区域性的条块区隔，"合久必分，分久必合"的天下大势又使得各地域间贸易交通与战乱征伐交替出现，造就华夏各民族大杂居、小聚居的格局，文化在融合生长的过程中凝聚出强大的向心力。中国文化在日趋繁荣的同时，也以广阔的胸襟与充足的自信积极吸纳异质文化的优秀成果。相对早熟的中国文化在发展过程中也不可避免地产生了一定的惰性。泛泛而论东西方文化特征的题目，早给侃侃而谈者弄得烂污了，除却"拉郎配"式比附与以偏概全的偏颇，比较的视野与方法却实实在在是可取的。兵书言"知己知彼，百战不殆"，要对中国文化形成全面、客观、准确的认识，确有必要跳出"身在此山中"的局限，取开放性和主体性兼备的综合思维，通过与他者并置比较，即异求同、因同见异，在了解对方的同时深化对中国文化的理解和认识，继而在此基础上追求取异质文化的精义补足自身。

　　说到日本文化，许多中国人想当然地认为日本无非古代模仿中国，近代模仿西方，自身其实没有什么独特的文化。诚然，日本文化的确善于吸收外来影响，但并不能因此否认它本身的创造性与甄别取舍的自主性。日本在自身历史发展及与世界交往的过程中，已形成并发展出独特的、足堪自立于世界民族之林的文化。日本传统文化与外来的异质文化经历了一系列的接触、碰撞、融合的过程。在日本文化发展史上，从弥生文化的异军突起，到大化革新、明治维新直至战后改革，面对形形色色的外来文化的冲击与影响，那种选择与调整的主动性与自觉性表现得特别突出。

外部世界几百年甚至上千年发展出的文化成果并时性传入时，接受者可以吸收别国发展的经验教训，少走弯路，并以跨越式发展的方式追赶先进文化；但该过程是一把双刃剑，在省时省力的同时，若缺乏一个能够自我审视的时空距离，势必会造成难以接续的文化断层，外来的文化资源与本国传统若不能有机地整合亦可能出现问题，易引起强烈的文化冲突，或堕入畸轻畸重的境地，甚至会逆转迎头追赶先进文化的初衷。

明治维新后日本对西方文化的引进是拼盘式的，进一步加剧了日本文化样态原本就有的多面性特征。比如在军事方面，日本陆军参考德国训练，海军参考英国编制；司法方面，日本1882年订立法国式的刑法，1898年订立法国、德国混合式的民法，1899年订立美国式的商法，又参考英美法系引入判例法；学制方面，放弃江户幕府面向贵族、旨在培养武士、以儒学为内容的教育方针，新确立的《学制》主要模仿法国，《教育令》主要模仿美国，《学校令》主要模仿德国。日本近代由"民主开化"经"国家主义"到"军国主义"的社会主流意识形态蜕变，早在急功近利、贪求速度的维新变革之初即播下了远因的种子。[①]

相对而言，欧洲文化中"规定性"（prescriptive）的成分较多，而传统中国、日本与朝鲜半岛的文化中"描述性"（descriptive）的比重较大，这一点在东西方的法律法规、行政架构、宗教信仰，乃至个人的言行举止中都有较为明显的区分。举例来说，在西方从基督教的《圣经》到威斯特伐利亚体系（Westphalian System），无不倚重契约的"规定性"；而在中国，从儒家的"三纲领八条目"，到身为最高统治者代表的宋真宗赵恒所作《励学篇》，都以"描述性"呈现某种光辉前景以达到劝诱的目的。近代以来，传统东亚社会以文化向心力和经济吸引力的统合为基础的朝贡册封体系遭废弃，并被伴随着欧美列强殖民扩张而至的条约体系所取代，东西方文化间原有的本质区别日渐淡化，东亚内部的中国文化、日本文化与朝鲜半岛文化之间的分野转而趋于显著。

---

① 日本面临外来文化影响时，其自主选择的功能发挥往往带有很大的局限性，有客观方面的原因，更主要的是主观方面的局限。有关该问题更详细的探讨，参见聂友军：《日本学研究的"异域之眼"》，北京大学出版社2016年版，第209—210页。

二、还原历史语境，发掘片段思想

　　中国、日本与朝鲜半岛的语言、文字、文学、艺术、历史与文化都处于动态发展中，对其发展变迁历程的回溯无论多么详尽，都难以避免静态化处理之嫌，或者有意无意间形成大的跳跃。看似简单的事物往往具有多面性与复杂性，并且事无巨细都与其周边的相关问题存在千丝万缕的联系，同时也作为原因、背景、动机、助推甚至反作用力，参与影响其他事物发展的方向、规模与力度。

　　历史发展是偶然性与必然性共谋的结果，是以不同国家与民族的历史往往显示出无可替代的独特性。应当正确看待并适度强调文化的区别性标志，因为任何事物如果强调得过头则势必走向反面。我们致力于呈现事实的主要方面，但一种视角的选择无疑意味着另一种或更多种视角的放弃，在可能产生洞见的同时也不可避免地存在局限与视域盲点。

　　分析文化问题要结合具体的历史语境进行。黄仁宇提倡从"长时段、大历史"的视野着手看待具体问题，颇具启发性。探求一个词语的准确含义需要联系该词所处的上下文才能形成较全面的理解，同理，对文化问题的把握也只有结合其出现的时间、场合才有可能予其恰如其分的定位。对相关文化问题进行分析时，应在时间发展的方向上厘清其来龙去脉，并抓住主流；在空间铺展的维度上探求其前因后果，并把握关键；横向组合与纵向聚合贯通考察，庶可接近事实真相。

　　朝鲜王朝时期著名女书画家、文学家、诗人申师任堂（신사임당，1504—1551）的诗文创作皆用汉文完成，适成对照的是，日本"平安双璧"、位列中古三十六歌仙的紫式部（约973—1025）与清少纳言（约966—约1025）的主要创作皆用和语完成，而且紫式部还在日记中嘲讽清少纳言装作很有学问的样子，到处乱写汉字。究其根本，平安时代的日本普遍将汉学视为高深的"治世之学"，在紫式部看来，包括她自己在内，那种女流之辈吟风弄月的玩意儿，当然不适合用汉文表达。紫式部、清少纳言少用甚至不用汉文，既是出于对汉文汉学的尊崇，又是出于"妇德"的要求而自律。申师任堂自取"师任"为堂号，意在以周文王母亲太任为师。她以汉文汉诗表达自己立意做"君子"、寻求圣贤之道的信念，不仅无伤她对汉文汉学的敬重，而且还以其高尚的情操与高超的诗文书画造诣而被后人视作"妇德"的代表人物。

　　人文学研究不应责备求全，不要试图寻求一种放之四海而皆准的真理式理论，或者硬性归结为带有普遍规律性的所谓发展模式。如今人们对理论有近乎宗教式的虔诚，对体系的构建执着到狂热的程度，事实上迷信体系的做法本不足取。钱锺书指出，在思想史上，"许多严密周全的思想和哲学系统经不起时间的推排消蚀，在整体上都垮塌了，但是他们的一些个别见解还为后世所采取而未失去时效。好比庞大的建筑物已遭破坏，住不得人，也唬不得人了，而构成它的一些木石砖瓦仍然不失为可资利用的好材料"①。我们提倡对"理论系统"的构建持谨慎的保留态度，而倾向于充分肯定"片断思想"的学术价值。

《汉书·徐乐传》中载有徐乐的"上皇帝书"，其中心论点是："今天下大患在于土崩，不在瓦解，古今一也。"可以毫不夸张地说，古今中外的历史，差不多都是在为徐乐两千年前做出的这一伟大论断做注脚。的确，就对最高统治者的威胁而言，像秦末那样百姓揭竿而起（土崩）要比吴、楚、齐、赵等诸侯坐大挑战中央政权（瓦解）危险得多。好事者若在此基础上试图营造一个体系完备、封闭自足的理论体系，为使其普遍适用而不得不追加一些瞻前顾后的条件，推导出模棱两可的结论，则注定是要失败的。因为任何理论与方法都有其特定的产生背景、一定的适用范围及不可避免的历史局限性，强行套用，只能削足适履；研究对象千差万别，不加区分地硬性纳入一个封闭自足甚至是外来的所谓"体系"，最终将导致买椟还珠。

人文学研究还应力避非黑即白的二元对立思维模式，要适当引入社会科学研究中常用的定性与定量分析相结合的方法。读唐史不难发现，唐代的安史之乱在客观上促进了江南地区丝织等手工业的发展。此前越州等地虽为蚕丝产地，但丝织工艺并不高超，追及安史之乱爆发，原本为宫廷供应丝织品的地区一度被叛军占据，后来长期脱离中央政府的实际统治，朝廷不得已才令江南地区进贡，当地工艺遂大为精进。但并不能据此就认为安史之乱具有促进生产力发展的进步性。不是说类似的定量分析不能做，而是面对类似于战乱等大是大非的问题时，首先需要进行定性分析，旗帜鲜明地表达反对姿态与批判立场，而不应被一些似是而非的偏颇观点所蒙蔽。中国古代批评家论诗，有"大判断"与"小结果"的区别，其"大"与"小"不妨移来类比处理这类问题时定性分析与定量分析各自应占的比重。

中国历史上曾两次出兵，帮助与我们山水相连的朝鲜对抗入侵外敌，一次是明代万历朝出兵援助朝鲜抗击丰臣秀吉入侵（壬辰倭乱），另一次是20世纪50年代的抗美援朝。万历朝出兵尽管主要是作为宗主国的明朝出于维护朝贡册封体系的意图，但因在朝鲜面临亡国灭种的危机之时施以援手，出兵援朝遂占据了道德制高点。抗美援朝虽有一定程度的意识形态分野的驱动，但其正义性不言而喻，尽管朝鲜与韩国的分裂是"二战"结束时美国与苏联为瓜分利益与划定势力范围一手造成的，但在国际舆论中，中国因抗美援朝而被迫为美苏长期背书却是不争的事实。在比较分析中国历史上两次出兵援朝问题上，在做出基本相同的定性判断后，还要依托历史语境合理地进行定量分析，俾使识见更谨严缜密、研判更全面准确。

---

① 钱锺书：《读〈拉奥孔〉》，《七缀集》（修订本），上海古籍出版社1994年版，第34页。

三、博学深思明辨，舍疵取醇笃行

《易》曰："观乎天文，以察时变；观乎人文，以化成天下。"研讨东亚语言文化时应当具备心怀天下，让世界变得更美好的大视野、大格局、大情怀。前几年在"国学热"大潮裹挟下，传统文化几乎与"心灵鸡汤"成为同义语。目前中国文化走出去成为国家战略，我们有必要盘点一下要走出去或送出去的文化应当是什么样子的。在信息时代，应该摒弃那种将"传统"与"当下"、"外来"与"本土"对峙起来的狭隘思想，这种对立其实是冷战思维的残余，而是要从理论视角到研究方法都取具体问题具体分析的态度，并做到合理扬弃。研读东亚语言文化，我们提倡阅读经典与回归文本，在尊重文本原意的前提下加入时代精神，在批判与自省中探求真知、感受历史、体悟文化。

从某种意义上说，掌握科学的思想方法比获取知识本身更重要。今人喜谈方法，随着学科细化，如今已没有条件催生出文艺复兴时期那种具备百科全书式知识结构的学者。同时又有太多的人倾向于定于一尊，或在潜意识中渴望有一种普适的方法，可以一劳永逸地作为固定模式随时随地套用。然而，"从根本上来说，所谓方法论问题，实际上是一个学术观念问题，又是一个学术知识问题，也是一个研究者的学风问题"①。我们无意也无力创设一种可以解决所有问题的方法，而只能随变化了的形势实事求是地观察问题、分析问题与解决问题。

关于如何读书与做学问，前辈学者给我们提供了很好的榜样。钱锺书先生在《谈艺录》的序中响亮地提出："东海西海，心理攸同；南学北学，道术未裂。"②他也在众多学术著述中将东西方文化及学术知识汇通得水乳交融，谓之"打通"。"打通"要求研究者既有丰富的知识储备，又有恢宏的视野，还要有一种纯正的比较理念。金克木先生以丰厚的人生阅历为底蕴，取与作者对话的读书方法，深入思考，关注当下，读书得间，始可达致"书读完了"的境界。日本五山禅僧虎关师炼在《济北集》中指出："舍疵取醇何废之有？夫道出文字言说者，不容尽取也。先醇吾心而择其文疵耳。"③不只体现出对"道"的孜孜以求，而且反映出一个日本人阅读中国典籍的心得，他在审视中国历史、文学、思想与文化时始终秉持"舍疵取醇"的理论自觉。

学者和有意以学术为志业的青年学生要勇于担当。陈寅恪先生的过人之处不仅在于其著作广泛涉及文学鉴赏、文学史梳理、历史现象分析、史实考辨、思想史脉络分析，

---

① 严绍璗：《双边文化关系研究与"原典性的实证"的方法论问题》，《中国比较文学》1996年第1期，第5—6页。

② 钱锺书：《谈艺录》（补订本），中华书局1984年版，第1页。

③ ［日］虎關師煉：『濟北集』，上村観光編『五山文學全集』第一卷，思文閣1973年，第298頁。

体现出对难以逾越的学科边界的"跨越",更重要的是他所倡扬并身体力行的"独立之精神,自由之思想"①给知识人的指引与启示价值。针对钓鱼岛、南海海域与岛礁主权问题,中国政府提出"搁置争议,共同开发",并且一度行之有效。如今情况变化了,部分学者仍拘泥不肯变通,实不足取。试问,搁置争议是否成为争端相关方的共识?如果不是,对方会不会理解为我方有让渡主权声索的退让之意?我们单方面承诺韬光养晦就一定能保证国家发展的战略机遇期吗?学者本应靠自己的思辨得出结论,而不应主动推卸研究的责任。学者的研究成果理应有前瞻性,方能对政府决策起到参考作用,而不是满足于"听将令"而固步自封、亦步亦趋、随声附和。

研究东亚历史文化和研究一切其他学问同理,都不应一味地钻故纸堆或闭门造车,而要有心怀天下的使命担当。朝鲜半岛是东北亚的地理中心,具有独特的地缘战略价值。后冷战时期,围绕半岛问题,相关各方最大的困境在于缺乏政治互信,进而导致过度的国家安全焦虑,为缓解焦虑,各国不约而同地扩充军备或加强显示军事存在,这反过来进一步打击了原本就很脆弱的政治互信,如此形成恶性循环,使得问题迟迟得不到解决,且有日趋难解的势头。半岛地区的局势一度剑拔弩张,牵动诸大国乃至全世界的神经。妥善处理以朝核问题为焦点的半岛难题,既应该以史为鉴,又需要高度的政治智慧,在更广阔的时空背景下更加多元、立体、全面地认识半岛以及相关各方的关切,为妥善解决半岛危机提供更多的思路借鉴,方能使解决问题的途径更加精准有效。

有鉴于此,本书无意也不能对东亚语言与文化提供一种全景式的观照,不以梳理出线性的历史线索为旨归,也不从东亚各国间不同语言、文化的对比方面着手,而是从编著者自身的阅读体验出发,突出一批经典著作与一些带有全局性、根本性特征的关键点,通过分析由林林总总的散点与碎片连缀而成的断面与截面,形塑出中国、日本与朝鲜半岛的语言、文字、文学、艺术、历史与文化的主流发展变迁的大致趋势,以期逐步引领读者进入典籍、阅读原著,探索新知与精深的理论思考相结合,使读者最终对东亚语言与文化形成自己的见解,并能够尝试自行解答原有的或将来可能出现的困惑。

---

① 陈寅恪:《清华大学王观堂先生纪念碑铭》,《金明馆丛稿二编》,生活・读书・新知三联书店2009年版,第246页。

中国编

第一章　中国语言

语言是一种复杂的符号系统，是人类进行思维认知和开展社会交际的工具。语言的出现堪称人类文明进程中质的飞跃，它对人类的思维发展与社会交际的促进作用怎么强调都不为过。中国语言理应包括中国境内各民族的语言，但习惯上专指中国的通用语言——汉语。

第一节 语言与思维认知

语言是人类最重要的思维工具，也是思维的物质外壳。语言可以帮助人们固定、保存和传承抽象思维与形象思维的成果，反过来语言的发展变化也必然受到人们思维、认知等心理因素的影响。20世纪的语言哲学让人们认识到，作为认识主体的人对现实的理解和把握在很大程度上是经由语言塑造而达致的。

一、语言的思维认知功能

语言在人们的认知过程中发挥着重要作用。在信息输入环节，语言是人们获得知识的主要渠道；在信息匹配环节，使用不同语言的民族对事物的分类标准很不一样。语言在对输入的信息进行特征分析的环节也起着重要作用。通过语言系统还可以揭示没有被文字系统记录下来的文化。

墨子称"以名举实"（《墨子·小取》），荀子称"名也者，所以期累实也"（《荀子·正名》），即用词语所表示的概念反映客观存在与客观事实。墨子又说"以辞抒意"（《墨子·小取》），"执所言而意得见，心之辩也"（《墨子·经上》），即人们以言辞来表情达意，而之所以能够借助言辞表情达意，是因为人的思维活动在起作用。

虽然全人类思维的内容和方式存在共性，但是不同民族的思维模式具有明显差异。洪堡特（Wilhelm von Humboldt）甚至将语言与民族精神等同起来，认为"语言仿佛是民族精神的外在表现；民族的语言即民族的精神，民族的精神即民族的语言"①。

一国语言与另一国语言之间存在距离，是因为不同国家、不同民族的思维方式不尽相同。从某种程度上讲，思维的内容和形式决定了语言的表达方式。傅雷认为："我人重综合，重归纳，重暗示，重含蓄；西人则重分析，细微曲折，挖掘唯恐不尽，描写唯恐不周。"②表现在语言的形式结构上，差异是巨大而明显的：西方语言学有一套自觉的语法体系和语言哲学的理论引导，重视性、数、格、人称和时态的变化，是典型的形态化语言；汉语句法讲究以意为主，语法具有隐含性，不注重讲求形态和形式接应，不具备屈折形态的表现手段。

二、言不尽意

言意理论常见于中国传统文论，它源自古代哲学中的"言意之辩"。老子认为"文不逮意"；《易·系辞》中说"子曰：书不尽言，言不尽意"；《墨子·经说上》提及"执所言而意得见，心之辩也"；《庄子·天道》称"语之所贵者意也，意有所随。意之所随者，不可以言传也"；《庄子·外物》称"筌者所以在鱼，得鱼而忘筌；蹄者所以在兔，得兔而忘蹄；言者所以在意，得意而忘言"；刘勰《文心雕龙·隐秀》中说"隐也者，文外之重旨者也；秀也者，篇中之独拔者也"；陆机《文赋》强调"恒患意不称物，文不逮意，盖非知之难，能之难也"；陶渊明诗中标举"此中有真意，欲辩已忘言"。可见"言不尽意"的矛盾早已成为古代文论家关注的对象。

"言不尽意"不是言不达意，而是无法借助语言毫厘不爽、完整彻底地表达言者的所思所感。刘勰《文心雕龙·神思》中关于创作构思的论述最为深刻具体：

> 夫神思方运，万涂竞萌，规矩虚位，刻镂无形。登山则情满于山，观海则意溢于海，我才之多少，将与风云而并驱矣。方其搦翰，气倍辞前，暨乎篇成，半折心始。何则？意翻空而易奇，言征实而难巧也。是以意授于思，言授于意；密则无际，疏则千里。

思维有空灵的一面，相对而言，语言则往往落到了实处。但是语言本身在发展过程

---

① [德] 洪堡特：《论人类语言结构的差异及其对人类精神发展的影响》，商务印书馆1999年版，第29页。
② 傅雷：《致罗新璋》，《傅雷文集（文艺卷）》，当代世界出版社2006年版，第291页。

中也日渐丰富起来。语言的无限分延性使有限的言辞可以表达多重，甚至无限的意义，为作者的创作提供了广泛的自由，并为读者、批评者的理解营造出无限的阐释空间。

语言的意义具有许多层次，如乔姆斯基曾提出语言分"表层结构"与"深层结构"。人的思维运作时，头脑中产生的是意象，这时最能体验到意思；一旦开始说话写作，意象变成语言，想到的意思就开始部分"走失"，言说所能表达出来的远不如想象中的丰富、具象；而当人们把所说的话译成另一种语言时，"走失"的意思就更多。这当中言说者、翻译者驾驭语言文字的功力是一重影响因素，但更重要的限制因素还是来自语言本身，此即"言不尽意"。

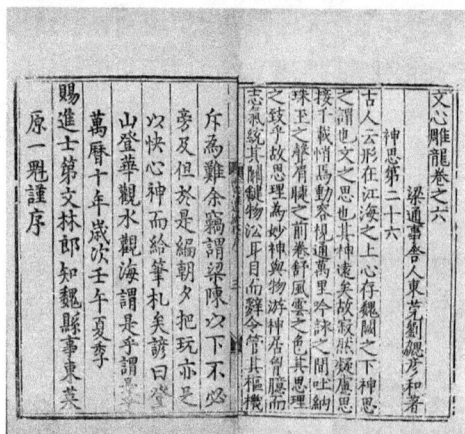

图1-1 《文心雕龙》书影

三、"误读"与"诗无达诂"

意义的无限可能，只能被每一个听者、读者等语言信息的接受方以自己独特的方式进行有限的、暂时的解读。鲁迅先生说，同一部《红楼梦》，"单是命意，就因读者的眼光而有种种：经学家看见《易》，道学家看见淫，才子看见缠绵，革命家看见排满，流言家看见宫闱秘事……"①西方也有"一千个读者就有一千个哈姆雷特"的说法，读者富有创造性，作品也为读者的创造性理解提供了空间，而究其根本，还在于语言本身的特性。

刘勰在《文心雕龙·知音》中对理解过程中文本本身和读者固有的偏好导致理解的分歧做出了合理的解释："形器易征，谬乃若是，文情难鉴，谁曰易分？夫篇章杂沓，质文交加；知多偏好，人莫圆该。"读者、批评者面对具有"文外之重旨""文外曲致"的文本，总会在自己特定的文化知识、审美喜好的基础上阅读、理解、接受"文情难鉴"的事实，有时难免会取主观印象式的批评路径。

"误读"有语言发展本身的原因，也有读者理解上有所出入的原因。语言生成和发展的历史性和地域性差别，决定了它不可避免会有多义性、片面性和变动性等特征。雷蒙·威廉斯（Raymond Williams）在《关键词——文化与社会的词汇》中指出："不

---

①鲁迅：《集外集拾遗补编·〈绛洞花主〉小引》，《鲁迅全集》第八卷，人民文学出版社1981年版，第145页。

论过去或现在，意义的变异性其实就是语言的本质。"[1]创作时作者选择恰当的词句表情达意已有困难，作为读者理解起来出现偏差更是难免，如《文心雕龙·神思》所言："或理在方寸，而求之域表，或义在咫尺，而思隔山河。"抛却错误理解姑置不议，不获尽解而产生的曲解就是阐释学（Hermeneutics）所谓的"误读"。

误读与中国古典文论中津津乐道的"诗无达诂"异曲同工。董仲舒在《春秋繁露》中提出"诗无达诂"，本意是反对就《诗经》做字面上的生硬解释，但无形中为解释的多种可能确立了合法性。"诗无达诂"并不是说诗不可解读，而是强调对诗的理解不能拘泥于字面，应超越训诂文字、阐释词语的层面，用心灵去捕捉诗的意象与境界，重在强调诗歌审美思维的空灵性和阐释者主观能动性的发挥。贴切的理解强调在文本理解与阐释的过程中，读者与作者之间形成视域融合（fusion of horizons），建基于"共情"（empathy）或"同情地理解"，方可会心不远。

第二节 语言与社会交际

语言是人类最重要的交际工具。交际功能是语言首要的、主导性的社会功能。所谓交际是指在共同的生活、生产甚至斗争中人与人之间的往来接触，以及在此过程中的信息传递与交换。语言的交际功能还突出地表现在语言对于全体社会成员来说是统一的、共同的，并不体现阶级性（虽有阶层语、行话等"社会方言"的差别，但就语言的交际功能而言，并不体现阶级性）。

一、语言的社会交际功能

语言是一种特殊的社会现象，它与社会相互依存，是人们交流思想、进行社会交际最常见、最重要的工具，甚至可以说没有语言就无法形成人类社会。交际功能是语言的生命力所在，而交际功能能否实现则完全取决于该语言所服务的社会。

按照信息论（Information Theory）的原理，语言在人们交际中的职能是：说者通过语言发送信息，听者通过语言接受信息，从而达到交流思想、互相了解的目的。语言正是在人们交流思想的过程中实现其交际功能的。语言广阔的活动范围同时也成就了其宽广的服务领域。

语言的社会交际功能产生的一种衍生物是语言的标志功能。从民族、地区、社群的标志，到个人社会身份与文化素养的标志，以及作家个人风格的标志、产品的标识，都是语言标志功能的体现。

---

①[英]雷蒙·威廉斯著，刘建基译：《关键词——文化与社会的词汇》，生活·读书·新知三联书店2005年版，第18页。

二、词语借贷

人类创造的各种文化成果大多通过语言记录下来，语言是反映文化面貌的一面镜子。语言本身具有稳定性和历史继承性，词汇字源往往可以反映特定的历史文化。借助分析语言的糅合、词语的引进与输出可以分析异质文化接触、融合的性质与程度。中国历史上所接触的操不同语言的兄弟民族与异民族很多，每个文化潮流都给汉语或多或少地留下了一些借字（外来词）；同时汉语也贷出一些词语给别的语言。汉语从中国境内其他民族语言中借来很多词语，如单于、可汗、胡同、福晋、格格、贝勒等。除词汇的借用外，借用语音与借用语法也是语言要素借用的常见形式。

罗常培在《语言与文化》一书中较为详细地论述了汉语对外国字的"借用"和外国语中汉语词汇的"贷出"现象。汉语中外国字的"借用"包括声音的替代，如沙发（sofa）、咖啡（coffee）、雪茄（cigar）、巧克力（chocolate）、德律风（telephone）、可口可乐（coca cola）；新谐声字，如冰激凌（ice cream）、卡片（card）、佛兰绒（flannel）；借译词，如袈裟（kāsaya）、茉莉（jasmin）、铝（aluminum）、氨（ammonia）、泵（pump）；描写词，如我执（ātma-grāha）、自我实现（self-realization）、超人（übermensch）。

外国语中汉语词汇的"贷出"，以从汉语借到英语中的词汇为例，近现代有台风（typhoon）、麻将（mahjong）、风水（fengshui）、面子（face）、叩头（kowtow）、纸老虎（paper tiger），当代随着网络的普及与自媒体时代的到来，更多中国词汇被贷出到西方语言中，如大妈（dama）、土豪（tuhao）、关系（guanxi）等。

三、语言融合

语言融合指某个民族或其中的一部分人放弃本民族的语言而转用其他民族语言的现象。融合有自愿融合与被迫融合两种方式。形成语言融合的常见原因有三：一是因族群杂居、长期共处形成的，如7世纪阿拉伯人、波斯人进入中国，12世纪穆斯林商人进入中国，他们成为后来回族的祖先，和汉族长期杂居以及与汉族通婚后使用汉语；二是经济文化方面优势失衡造成的，如14世纪开始汉族客家与畲族的融合；三是人口以多胜少的影响，如清代北京的满族融合到汉族而产生语言融合现象。

不同民族之间因文化交流、经济往来、政治影响、征伐攻守、人口迁移及杂居通婚等交往，使不同的语言相互影响，于是形成语言接触。语言接触在语言系统的借用方面除了语言融合外还有语言共用（双语或多语现象）和语言混合两种形式。

第三节 中国语言学简史

语言学既是一门古老的学问，也是一门世界性的学科。中国语言学以中国境内的语言尤其是汉语为研究重点，旨在分析、归纳语言的发生学原理、发展变化及其内在规律。

中国语言学有悠久的历史、辉煌的成就。先秦诸子的"名实之争"已经触及对语言的社会本质属性的认识，荀子深刻指出命名的"约定俗成"特征，关注到符号的音与义之间的关系（《荀子·正名》）。《尔雅》是中国第一部语言学专著，也是第一部按照义类（即词义系统和事物的类别）分门别类编纂的综合性词典，是辞书之祖，也是中国训诂学的开山之作。汉代涌现出了一批杰出的语言学家，如扬雄、许慎、刘熙，以及多部经典语言学著作《方言》《说文解字》《释名》等。在世界语言学史上，扬雄第一个提出通用语与方言的概念，并指出了"通语"与"方言"之间复杂的关系与各自的发展变化。《说文解字》除了解释字义以外，还讲字形和字音，在对汉字进行深度研究的基础上进行系统分类，寻找汉字的结构规律，构建了一个影响深远的体系。《释名》是中国第一本词源学专著。

古人在训诂、字书和韵书领域所治的"小学"主要以文字为对象，是为解经服务的，即使事实上研究的是语言问题，也多从文字的角度切入。汉代在学习古典文献、讲解儒家经典方面出现今文经和古文经的区别等许多问题，于是训诂学与文字学率先发展起来。金文的研究源自宋代，甲骨文的研究兴起于清末。清代是中国语言学发展的隆盛时期，以研究古音古义为基本特色，出现

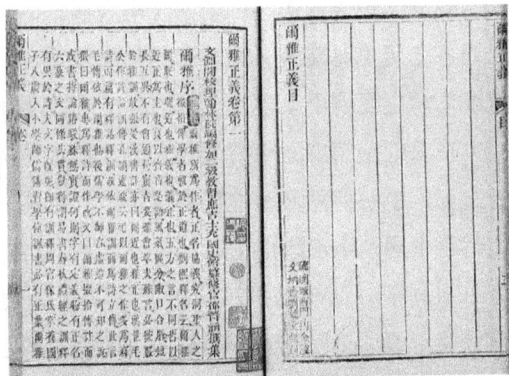

图1-2 清代重刊影宋本《尔雅》书影

了许多杰出的"小学家"和语言学论著，并形成了以段（玉裁）、王（念孙）之学为基础的乾嘉学派。

从汉魏、两晋、南北朝时代起，由于佛教的传入、梵音的影响，中国兴起了语音研究，东汉末年已经能够用二分法分析汉语的音节，魏晋之际创造性地分析出汉语的声母、韵母和声调系统，六朝产生了分析汉语实际语音系统的韵书。在此基础上历代各有发展与推进，隋代研究出《切韵》音系，唐末初创、宋代增补而成"三十六字母"，宋元时产生了声、韵、调相配合的等韵图和《中原音韵》等优秀的语音研究成果，明清时期已有"音韵之不同必论其世"的历史语音观念。

语法学虽一度随佛教传入中国，但近代一直未得到充分发展，直到清末中国才有了系统的语法学。新文化运动与西学东渐对中国现代语言学的形成与发展影响很大，《马氏文通》的出现标志着我国进入了现代意义上的中国语言学发展阶段，普通语言学以及在现代科学方法指导下的方言调查和少数民族语言调查也相继兴起。最近一百年来中国语言学内部不同学科领域的发展不均衡，多元化与理论探索的色彩较为浓厚。

第四节 汉语音韵学发展

汉字的形、音、义是有机地联系在一起的，古人把掌握文字（字形）、音韵（字音）和训诂（字义）看成做学问的必备基础。音韵学是训诂学与文字学的工具，也是诗歌声律的基础。如古代中国人写诗都要求押韵，"韵"包括一个字音的主要元音和韵尾，凡是主要元音和韵尾相同的，就是同韵的字，把同韵的字放在一定的位置就叫押韵。

汉语音韵学已经有了一千多年的传统，它有自己的一套理论和术语。西方语音学多对语音做客观描述，有时还利用各种实验方法来证明语音形成的生理现象和物理现象；汉语音韵学把语音作为一个系统来观察，研究各种语音现象之间的相互关系，包括古代汉语各个历史时期声、韵、调的种类及声母、韵母的配合规律。在研究方法上，中国传统音韵学主要使用系联法、类推法、统计法和比较法。

东汉刘熙编集的字书《释名》，把不同的字搜集起来解释它们的意义，并试图从声音方面入手解释意义，推究事物得名的由来。但因词的意义与声音的演变并不同步，加之汉字中同音字现象很普遍，《释名》中的许多解释都很牵强。

中国第一部韵书是三国时期魏国李登撰写的《声类》。它把11520个字分别纳入宫、商、角、徵、羽五声当中，而不立韵部。至南朝齐梁两代，韵书都已按照四声分类。陈寅恪认为宫、商、角、徵、羽是中国音韵的本体，平、上、去、入是西域输入的技术（陈寅恪《四声三问》）。平、上、去、入四声和现代汉语的四种声调不尽相同。

汉语音韵学有古韵之学、今韵之学和等韵之学的区分：

> 有古韵之学，探源六经，旁征诸子，下及屈宋，以考唐虞三代秦汉之音是也。有今韵之学，以沈、陆为宗，以《广韵》《集韵》为本，证以诸名家之诗与有韵之文，以考六朝唐宋之音是也。有等韵之学，辨字母之重轻清浊，别韵摄之开合正副，按等寻呼，据音定切，以考人声自然之音是也。（劳乃宣《等韵一得序》）

汉语语音按照其发展演变的历史大致可分为上古、中古、近古和现代四个时期。上古音（先秦两汉）以《诗经》音为代表，包括先秦两汉韵文、谐声字、重文、异文、假借、古书注音、声训等内容；中古音（魏晋至唐宋）以隋代陆法言《切韵》音为代表；近古音（元明清）以元代周德清的《中原音韵》为代表；现代音是指以北京音系为标准音的现代汉语的语音。

《切韵》是中国规模最大的一部韵书，共收字一万二千一百五十个。该书把同音的字都列为一条，纳入所属韵部，每个字都有释义，最后注明反切（封演《闻见记·声韵》）。中国古代语言文字研究重字形、字义而轻字音，多用"读若×""读与×同"的直音法注音。直音法显然无法处理无同音字的情况，用以标音的字若难以辨读，则所标之音也会失去意义。

反切法的出现使中国注音方法大为进步。反切是中国古时候最常用的注音方法，大约起于汉代中叶，至魏晋大为风行。反切法的主要特点是两个字切一个字的音，前一字与所切之字双声（即两字的古声母相同），后一字与所切之字叠韵（即两字的古韵母相同），亦即以上一字的声母与下一字的韵母拼合成所切字的读音。

《中原音韵》是北曲最早的韵书。该书把北方语言分为十九个韵部，并且把字调分为阴平、阳平、上声、去声四种，于每一韵部下面分列声调，还将旧韵书原有的入声字都分别分到有关的平、上、去三声，并加以注明。其韵部完全按照当时北方的实际语音来划分，在这一点上超越了《切韵》《唐韵》等韵书。作者周德清还提出，在一般使用上应该有一种以中原之音为准则的"通济之言"。《中原音韵》对后世音韵学的研究及戏曲说唱音乐的发展均有很大影响，现代普通话的语音系统就是从《中原音韵》的语音系统发展来的。

现代普通话的音节一般有声母、韵母和声调三个要素，计有二十一个声母，三十九个韵母，四个调类。一个音节最多可以有四个音素，最少一个。声母和韵母的配合不是任意的，而是有一定的规律。从韵头情况看，韵母可分为开口、齐齿、合口、撮口四类，通常合称"四呼"。

第五节 汉语的方言分化

一种语言在不同地域产生不同的变体，形成地域方言。人们通常说的"方言"，一般是指地域方言。

除地域方言外，还有社会方言。语言随着社会的分化而分化，形成社会方言。不同的社会群体之间因为阶层、职业、年龄、性别、文化程度、宗教信仰等社会因素的不同，所使用的语言有各种差异，这些差异就是同一种语言的社会变体，包括阶层语、行业语（行话）、隐语和宗教帮会用语。

方言形成的因素很多，有社会历史地理方面的因素，如长期的小农经济、社会的分裂割据、人口的迁徙、山川的阻隔等；也有语言本身的因素，如语言发展的不平衡，不同语言之间的相互抵触、相互影响等；还有人类心理方面的因素。

先秦文献中已有关于汉语方言如何庞杂的记录。周秦时代设立专管方言调查的官员，"考八方之风雅，通九州之异同，主海内之音韵，使人主居高堂知天下之风俗也"（常璩《华阳国志》）。《尔雅》的许多条目中，除古今异言外，也有一些"方俗殊语"。西汉扬雄的《方言》是中国第一部记录方言的书，它在把许多意义相同或相近的字汇集起来加以解释的同时，分别注明各地的说法；它不为古今字做训诂，而分别地域以举同物的异名，为方言别语做释义。颜之推认为《方言》的缺点在于"皆考名物之同异，不显声读之是非"（颜之推《颜氏家训·音辞》），即只搜集方言词汇，不记录方言的声韵；但何九盈认为《方言》中扬雄以"转语"记录了某些方言词的区别是由方音不同造成的[①]。

现代汉语有各种不同的方言，它们分布的区域很广，各方言之间的差异表现在语音、词汇和语法等各个方面，其中语音方面尤为突出。现代汉语有北方方言、吴方言、湘方言、赣方言、客家方言、粤方言和闽南方言等七大方言。也有学者提出汉语方言有十大区二十四种的说法。

北方方言是古汉语在广大北方地区经过数千年发展起来的，是现代汉民族共同语的基础方言，即官话方言，以北京话为代表，内部一致性较强。北方方言有四个支系（次方言）：华北官话、西北官话、西南官话和江淮官话。除北方方言外的其余方言是北方居民在历史上不断南迁逐步形成的。粤语、客家话、赣语很大程度上是中古汉语中的北朝汉语的后裔，而吴语、湘语可能是南朝汉语的后裔。

造成各方言之间差异的原因十分复杂，不一而足，举其大者有三：一是北方汉语与南方民族语言在彼此接触之前，其内部就有各自的地区性方言；二是北方汉语南下的时间不同，由于语言的历时性发展变化，传播至南方地域的汉语自然也不尽相同；三是南方各方言在相当长的历史时期内分别在一定的独特环境中发展，进一步加大了原有的差异。

第六节 翻译与文化适应

一、语言与翻译

翻译是文化内部与文化之间的交流手段，在文明传承中具有不可替代的地位。语内翻译是对文化传统的继承和丰富，是民族文化在时间上得以不断延续的保证；语际翻译

---

①何九盈：《中国古代语言学史（新增订本）》，北京大学出版社2006年版。

使民族文化在空间上的拓展成为可能。

从某种意义上说，整个中华民族思维方式的形成、汉语的演变乃至中国文化的丰富发展都与翻译密切相关。汉译佛经的出现，始开中外文学与文化大规模交流的先河。朱维之在《中国文学底宗教背景———一个鸟瞰》一文中指出，汉译佛经有四大影响：使国语实质扩大（梁启超已有此一说）；使中国文学美化；暗示了几种新文体的兴起，如小说、戏剧、弹词都由佛教文学刺激而产生；思想方面的改变。

20世纪以来中国文化的发展与西方典籍——尤其是哲学著作——的汉译关系紧密：五四新文化运动的出现，在对西方文化的"翻译"与引进中起到了触媒作用；中国特色社会主义包含着对马克思主义的"翻译"；中国层出不穷的现代主义和后现代主义理论，也离不开对西方20世纪各色哲学理论的"翻译"。

语言从属于文化，同时又是文化的载体。不同时代、不同文化范畴的作品可以彼此移译，其理论基础是语言受思维方式支配，而思维活动又具有全人类性，即人同此心，心均此理。语言差异并不是翻译过程中不可逾越的障碍，而应看作本质相同的不同现象的呈现。

二、"革命"概念在中国的文化适应

"革命"作为一个关键词，全面参与了20世纪中国文学与文化的建构。革命话语曾经长期统治现代中国，并且已然渗透到百姓的日常生活。

"革命"一词是中国旧有的，但现代意义上的"革命"，很大程度上是借助于日语的翻译，接受了西学东渐以来形形色色的西方思潮的洗礼，引进并融合了"世界革命"意识，遂变成一个复杂而又富于包容性的概念范畴。

按照《说文解字》的解释，"革"的含意是"三十年为一世而道更"[①]，即指某种周期性更替。后从中引申出兽皮去毛即皮革，或代表人为地改变某物，并用于占卜。"命"字从形象上讲，是用"口"在下令，意味着某种被给予的秩序，又从命令引出天命、性命等。"革"与"命"联用，指天体的周期性运动或事物周而复始的变更。

"革命"作为一个词，最早见于《周易正义》："天地

图1-3 不同字体的"革"字

---

①许慎著，段玉裁注：《说文解字注》（第三篇 下），上海古籍出版社1988年版，第107页。

革而四时成。汤武革命。顺乎天而应乎人。革之时大矣哉。"（《周易正义》卷五）《尚书·多士》记载西周初年周公对商朝遗民的训话："惟尔知，惟殷先人有册有典：殷革夏命。"所谓"革命"指以武力推翻前朝，实现改朝换代。像四时运行一样合法而且必然，汤武革命这种暴力的政治行为方式和王朝循环的革命方式是得到天命首肯和民众拥戴的。

在西方，"revolution"的早期用法意指时间或空间上的循环运动，"revolution"之所以有政治意涵，也许是因为它和revolt非常相似。"revolution"还被广泛应用于非政治语境中，指"根本性的改变"（fundamental development）、"根本性的新进展"（fundamentally new development）（Raymond Williams, *Keywords: A Vocabulary of Culture and Society*）。1688年的英国"光荣革命"和1789年的法国革命，使"revolution"在政治领域产生新的含义，衍生出和平渐进和激烈颠覆两种政治革命模式。汉娜·阿伦特（Hannah Arendt）在《论革命》（*On Revolution*）一书中指出，自18世纪末以来，"revolution"的含义随着政治和哲学潮流而不断演变，脱离了过去"周而复始"的含义，衍生出一种奇特的、唯新是求的情结。

早在8世纪，《孟子》中有关汤武革命的论述就传入了日本。9世纪初，曾经留学唐都长安的日僧空海（774—835）编纂的汉诗文评论集《文镜秘府论》中多次出现"革"与"革命"。此时日语中的"革命"还停留在指称"汤武革命"的层面上。随着中国文化、典籍、社会习俗、政权组织形式等在日本文化与社会背景中次第展开，"革命"这一概念在被接受的同时也被改造。近代之前日本人大多对革命持批判态度，斥汤、武为杀主大罪人。[1]中日间政治体制的不同，是造成革命意义相异的关键，日本"万世一系"的天皇观与中国易姓革命思想存在着不可调和的矛盾。

最早将"revolution"译为"革命"发生在日本。日本人多利用汉字翻译和新构造西洋名词，"革命"即属借用中国固有词汇但赋予其新意义的类型。大重限信指出，"革命与改革语本异而日本人恒混同之，逢政治之变革，每称为革命，是亦为一种奇习"[2]。明治时代"革命"包含的尊王改革之意深入人心，"明治维新"和"明治革命"成为同义语。

戊戌政变后，在中国传统的革命观念因民族主义兴起并整体重构之际，留日学生把日语中的革命观念带回中国，开启了中日革命观互动的新时代。1890年王韬在创作《重订法国史略》时，因受日人冈本监辅《万国史记》影响，首次用了"法国革命"一词，

---

①王家骅：《儒家思想与日本文化》，浙江人民出版社1990年版，第202页。

②[日]大重限信：《日本开国五十年序论》，上海社会科学院出版社2007年版，第7页。

开创了用汉字"革命"指涉"revolution"的先河。[①]最早在中文文献中用"革命"指涉非中国事件的，是黄遵宪在《日本国志》中对明治维新事件的描述。[②]但该用法没有在中国广泛流传，习惯上一般都把日本的改革称为维新。

"革命"概念回传中国过程中，用功最勤、着力最多的当推梁启超。"革命"在近现代中国首先在政治领域发端，很快波及其他诸多领域，若论影响大、持续长、受众广，文学界革命首屈一指。梁启超最大的功绩在于他把革命从政治层面引入文学领域。梁启超笔下的"革命"一词，其实已脱离了以暴力手段改朝换代的中国传统"革命"的含义，而带有强烈的日本色彩，以和平渐进为理路。

以"反传统、反孔教、反文言"为旗帜的新文化运动如火如荼地展开；俄国十月革命后，先进的中国知识分子开始引进马克思主义思想；"一战"结束后在华列强坐地分赃，加之北洋军阀作为不力，多重因素合力促成了五四运动的爆发，中国新民主主义革命由是开端。

中国近现代革命概念根植于中国文化深层，在面临西方冲击时被激活，通过对法国大革命、俄国十月革命等重大历史事件的感悟和体认，西方"revolution"理念被选择、吸纳与重构，在二者互动过程中产生了中国现代革命观。

---

①陈建华：《"革命"的现代性——中国革命话语考论》，上海古籍出版社2000年版，第30—36页。

②金观涛：《革命观念在中国的起源和演变》，《政治与社会哲学评论》2005年第13期。

第二章　中国文字

文字的产生突破了有声语言的时间与空间限制，便利了文化的历史传承，也扩大了文化流播的空间，人类从此进入有史时代。一般提到中国文字多指在中国通用程度最高的汉字。汉字是记录汉语的文字，是世界上最古老的文字之一。许慎称依类象形谓之"文"，侧重文字形体的变化；万物"文"虽各异而"名"实同，"名"强调声音的假借；郑樵谓独体为"文"，合体为"字"，"字"着重于意义的引申，实为"文"与"名"两种方式的合用。文字学以文字为研究对象，研究文字的起源、演变规律、结构特征、类型划分，以及文字和社会、语言、时代、地域、书写工具及书写者身份等要素之间的关系。

第一节 汉字的形成与发展

文字是人类社会发展到一定阶段的产物，是由于社会交际的需要而产生的。有关汉字的起源众说不一，较具说服力的是汉字起源于契刻与图画。随着社会生产力的发展，跟图画有明确界线的表意字和假借字出现，这是汉字正式形成的标志。汉字的发展主要体现在形体和结构方面的变化。

汉字先后产生过甲骨文、金文、篆书、隶书、楷书、行书等形体，楷书是现在通行的手写体和印刷体。汉字结构上的变化包括形声字的比重逐渐上升，用形符造表意字的方法逐渐让位给用义符造表意字的方法，记号字、半记号字逐渐增多。

一、汉字的形成

仓颉造字的传说最早见于战国晚期的文献，类似的传说显然在文献记录出现之前就已经产生。也有学者认为在文字形成之前结绳和八卦曾经起过某些类似文字的作用。由于确凿可信的商代以前的汉字尚未被发现，商代前期汉字的资料又很贫乏，文字学界只能以商代后期的汉字为主要依据，参考文字发展的一般规律和某些时代较晚的原始文字的情况，对汉字的形成过程做初步推测。

汉字出现的早期主要是发展表意字，但是光用表意字无法准确记录语言，增加到一定数量后就难以继续发展。借用同音的现成符号表示那些难以用表意字表达的词语，就形成了表音字。在汉字的形成过程中，表意的造字方法和假借方法应该是同时发展起来的。假借方法的普遍应用大大提高了文字记录语言的能力。为了克服假借所引起的字义混淆，人们把有些表意字或表意符号（意符）用作指示字义的符号，加注在假借字上。

当表音字广泛使用后，产生了大量同音字，于是产生了用表意符号与表音符号构成的合体意音字（形声字），亦即为了区别同音字，就加上意符构成新的形声字。形声字成为后来汉字发展的主流。在形声字出现之后，原始汉字又经过多方面的改进，在不断增加新字的同时，逐渐摒弃图画式表意手法，简化字形并使之趋于相对固定，使文字的排列逐渐变得与语序完全一致，最后发展成为能够完整地记录汉语的文字体系。

目前学界倾向于认为汉字形成完整文字体系的时间大概在夏商之际，已经发现并能够确定的最早的汉字是商代后期的甲骨文和金文。甲骨文是占卜用的龟甲和兽骨上的文字；金文是青铜器上的文字。甲骨文和金文在字体上有不同的特点，金文是在比较郑重的场合使用的正规字体，甲骨文是日常使用的比较简便的俗体字。

二、汉字形体的演变

汉字形体的演变经历了两个大的阶段：古文字阶段和今文字阶段。古文字阶段大致为从殷商时期到秦朝，包括甲骨文、金文、六国古文、大篆和小篆。今文字阶段（又称隶楷阶段）从两汉时期至今，包括隶书、草书、行书、楷书。变化的主要趋势是由形象到抽象，由繁到简。

甲骨文	⊖	D	☙	☙
金 文	⊖	D	輦	馬
小 篆	日	ℛ	車	馬
隶 书	日	月	車	馬
楷 书	日	月	車	馬
草 书	日	月	车	马
行 书	日	月	車	馬

图2-1 汉字形体演变示例

汉字的使用频率、社会化程度、书写材料、书写工具、书写内容、使用场合及书写人的文化背景对汉字字形的演变都有重要影响。甲骨文用龟壳、兽骨作为刻写材料，字形线条化；金文用青铜在泥范里浇筑，经过加工修饰，字形多圆、肥笔；秦汉时篆隶并行，笔墨的广泛使用提高了书写速度，为篆隶分流创造了条件。篆书为在庄重典雅的场合使用的法定文字，隶书则为民间俗体，为下层官吏所使用。

在汉字演变的整个过程中，最重要的一次变革是隶变，即从小篆到隶书的演变。隶变以前的古文字象形程度高，笔画繁复；隶变以后的今文字改变了古文字的写法，使汉字由繁杂变得相对简单，由书写不便变为书写比较方便。更重要的是隶变使汉字演变为由点、横、竖、撇、捺等基本笔画构成的符号体系。

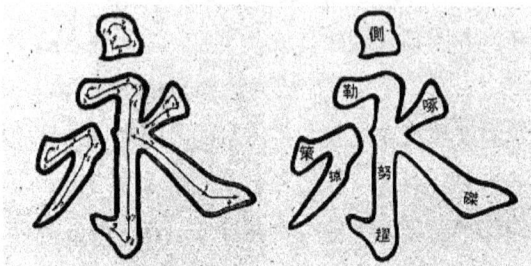

图2-2 永字八法图解

两汉时代通行的主要字体是隶书，辅助字体是草书。汉代成熟的隶书被称为汉隶，也称八分，字形扁方而规整，用笔有"蚕头燕尾"的特点。到东汉晚期，在新隶体和草书的基础上形成行书。大约在汉魏之际，又在行书的基础上形成了楷书。经过魏晋长达两百年的时间，楷书才最终发展成为占统治地位的主要字体。现代汉字笔形主要可分为横、竖、撇、点、捺、挑、钩、折八种，书法上用"永"字作为代表，概括这八种主要笔形，因此有"永字八法"之说。

第二节　汉字构造方法例解

汉字属于表意文字，汉字的表意性，具体体现在造字方法的"六书"上。"六书"最早见于《周礼·地官·保氏》，但仅有"六书"之名，而未具体说明其内容。"六书"的细目到汉代才有记载。班固《汉书·艺文志》提到"六书"为"象形、象事、象意、象声、转注、假借"；郑众注《周礼》，指出"六书"为"象形、会意、转注、处事、假借、谐声"；许慎《说文解字·叙》称"六书"为"指事、象形、形声、会意、转注、假借"。其中，许慎《说文解字》首次对"六书"做出定义，并举实例加以说明。这部分内容是关于汉字构造最早的系统理论，对后世影响最大。清代以后，

"六书"一般采用班固的次序、许慎的名称和解释，即 "象形、指事、会意、形声、转注、假借"。据清代王筠（1784—1854）统计，《说文解字》九千三百五十三个字中，形声字七千六百九十七个，象形字二百六十四个，指事字一百二十九个，会意字一千二百六十个，其余为转注字和假借字。清代学者戴震（1724—1777）分析汉字"六书"，认为"象形、指事、会意、形声"四种为造字法，"转注、假借"两种为用字法，称"四体二用"。

一、"六书"例释

（一）象形

许慎《说文解字·叙》谓："象形者，画成其物，随体诘诎，日月是也。"即象形字就是字形画成字义所表示事物的形状，随着物体的外形而曲折字的笔画，如"日""月""马""牛"等。象形文字是中国文字的源头，虽然指事字也属于独体的初文，但许多指事字是根据象形字而造的。

图2-3 甲骨文象形字示例

（二）指事

指事是用象征性符号或在象形字上加提示符号来表示某个词的造字方法。许慎指出："指事者，视而可识，察而见意，上下是也。"指事字是一种用来表示无法指画的事物或抽象概念的造字法。独体文中凡不是象有形之物的，都属于指事范畴。指事可分为三类：（1）用符号（不是字）造指事字，如"上""下"；（2）在象形上加符号，如小篆中的"亦"（腋）、"寸"；（3）用具体事物表抽象意思，如小篆、甲古文中的"高"，用楼台的字形表示"高大"义。

图2-4 指事字示例

（三）会意

许慎称："会意者，比类合谊，以见指撝，武、信是也。"会意比并几个事物或会合二字的形体合成新意，所体现的意思比指事更抽象，如"武""信""休""从"等。会意造字法多用两个或多个偏旁合成一个字，使这些偏旁的意义合成新字的意义。所谓偏旁是构成合体字的基本单位，如构成"亿"字的有"亻"和"乙"两个偏旁。部首是具有字形归类作用的偏旁，是字典中各部的首字，如"亿"字中的"亻"。

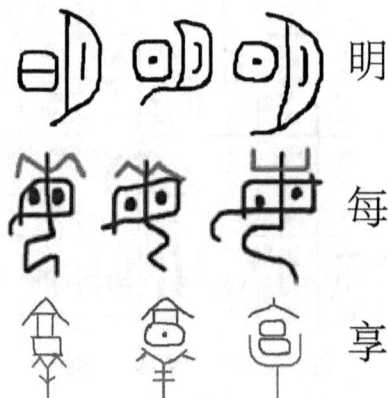

图2-5 会意字示例

（四）形声

由表示字义类属的偏旁和表示字音的偏旁组成新字的造字法叫形声。许慎说："形声者，以事为名，取譬相成，江河是也。"象形、指事、会意都建立在象形基础上，都没有表音成分，是纯表意字；而形声则是带表音符号的表意字。"六书"中形声应用最广，用以造字也最便利。

形声字产生的途径计有四种：（1）表意字上加注音符；（2）表意字字形上部分改

换成音符；（3）在已有文字上加意符；（4）改换形声字偏旁。形旁和声旁的配置方式有八种类型：左形右声，右形左声，上形下声，下形上声，声占一角，形占一角，形外声内，声外形内。现代汉字中多数形声字的声旁和整个字的读音不完全相同，如"约"和"钓"，声旁同为"勺"，但发音各不相同。造成形声字声旁不能很好地表音的主要原因为古今语言演变，即从古代到现代语音发生了程度不等的变化。

左形右声：	爬	诗	江	格
右形左声：	救	战	功	鸠
上形下声：	茅	景	空	露
下形上声：	帮	忠	基	盎
外形内声：	园	阁	病	癖
内形外声：	闻	问	闽	题

图2-6 形声字示例

（五）假借

假借是指本来没有造出所需之字，要记录时从现成的字中选取一个读音相同或相近的字来表示。许慎称："假借者，本无其字，依声托事，令长是也。"凡假借的字，大都是声义相兼的，如本为号令的"令"假借为县令的"令"，本为长久的"长"假借为长幼的"长"。假借的类型有三：一是无本字的假借，如语气词"耳"假借耳朵的"耳"，疑问代词"奚"假借本来当一种奴隶讲的"奚"；二是本字后造的假借，如据"师"造出"狮"，据"仓庚"造出"鸧鹒"；三是原有本字的假借，如借"草"为"艸"，借"策"为"册"。

从汉字的绝对数量来看，假借并没有增加新字，仅是借用同音的已成之字来记录新词，属于"用字之法"。但是若从整个文字体系发展变化的角度看，由于它能以一个字表示若干个词，节制了文字无限制地繁衍滋生，所以它又确实是不造新字的"造字方法"。

（六）转注

《说文解字》提到："转注者，建类一首，同意相受，考老是也。"就是用一个部首来统率部内的字，意义相同的字之间可以互相解释。如考部的"考"字和"老"字就可以互释。上古只有语言尚未产生文字时，各处言语不同，文字发明后根据各地的方言制造文字，必然出现表达同一事物的文字有不同表记方式的现象，以转注的方式会通，可以将同义不同形的文字归纳为同一个解释。

二、"三书"说

虽然许慎对汉字分类的研究功不可没，但他的解说有一些前后不一致的地方，其解释都是形由义生、义由形起，并且《说文解字》中的古文不是最古的文，文字早已不是初形初义，是以存在分类粗疏、举例与界说的关联不密切且不能穷源的不足。许多现代学者提出了新的汉字分类方法。唐兰在《古文字学导论》和《中国文字学》中提出将汉字按结构分为象形、象意、形声三类的"三书"说；陈梦家在《殷墟卜辞综述》中指出了唐兰"三书"说中存在的问题，并提出象形、假借、形声三书说；裘锡圭进一步提出修正，把汉字分成表意字、假借字和形声字三类。

（一）表意字

表意字也称记号字，分为抽象字、象物字、指示字、象事字、会意字和变体字六类。许慎的指事字被唐兰并入象形字一类中，会意字则被其改称为象意字，裘锡圭将唐兰的象形字和象意字统称为表意字。表意字形有助于确定字的本义，因而在词义研究中具有重要意义。

（二）假借字

因克服记号字和表意字的局限性造成困难而产生了假借字。假借的道理是谐音，谐音在文字产生之前就已经在语言中广泛存在。假借有一词借用多字的现象，也有一字表多词的现象，常造成一字异音。假借造字法适应性强，提高了文字记录语言的能力；但假借字担负的意义过多又使理解困难，影响表达的明确性。

（三）形声字

最早的形声字不是直接用意符和音符组成的，而是通过在假借字上加意符或在表意字上加音符而形成的。大部分形声字是从已有的表意字和形声字改造和分化而来的。

"四体二用"说、"三书"说虽然都试图从不同角度去改造"六书"说，但始终没有摆脱"六书"说的模式。汉字里有少量文字不能纳入"六书"的，同样也不可纳入"三书"，它们包括记号字、半记号字、变体表音字、合音字和两声字等。

第三节 汉字音形义与训诂

汉字是一种语素—音节文字，一个汉字一般记录一个音节，而一个音节往往又代表一个语素，这是它区别于其他文字的本质属性。不同于拼音文字只使用音符的情况，汉字音符、意符和记号三类符号都使用。秦汉时学者对语言文字的研究已出现分野：有着重于文字搜集整理的文字学；有着重于词义解释的训诂学。训诂学是研究中国古代语言文字意义的传统学问，主要根据文字的形体与声音解释文字的意义。训诂学在译解古代词义的同时，也分析古代书籍中的语法、修辞现象，尤其着重于研究汉魏以前的古书。

一、汉字字形与音义的关系

汉字有形、音、义三要素，由于需要用有限的音节表现数量庞大的汉字，汉字不同形体、不同读音常常共存，加之语言发展演变的影响，汉字的字形与音、义之间存在错综复杂的关系，诸如一形多音义、一词多形、通用字、古今字等。

（一）一形多音义

一形多音义指同一个字形可以用来表示两个或两个以上不同的词，或同一个字形具有两种或两种以上不同的读音。造成一形多音义现象的原因有语义引申、假借、同义换读和异字同形。如女红的"红"是"工"的分化字，音与工同，声旁"工"有义；红绿的"红"从糸，工声。两个词语中的"红"是表达不同意义的同形字，相应地，其读音在两个词语中也不一致。

（二）一词多形

同一个词有两种或两种以上不同的书写形式称为一词多形。彼此音义相同而外形不同的字称异体、又体、或体，《说文解字》中称为重文，如"覩"—"睹""徧"—"遍"等。一词多形又称文字借用，包括三种形式：一为形借，本为另一个词造的文字的字形对它也适合而借用该字形；二为音借，又称假借，即由于另一个词的音跟它相同或相近而借用该词；三为义借，也称同义换读，即由于另一个词的意义跟它相同或相近而借用。

（三）通用字

不同的字在某种或某些用法上可以相互替代或通用，这些字即通用字。通用字的读音一般遵从"只要它确切是通假字，其今读应当同本字"的原则，而无须考虑古代字书、韵书或前人注疏里是否注有通假字与本字读音相同的反切或直音的情况。

（四）古今字

一个字有不同的书写形式，通行时间在前者就是在后者的古字，在后者就是在前者的今字。古今字的"古今"是相对的，区分古今字的目的主要在于注释古书字义，而不在于说明文字历史，因此所谓"古今"并不一定反映一个字的不同书写形式开始使用的时间早晚。

二、训诂与训诂学

训诂的研究方法包括用同义词互相解释的"互训",如"老,考也""考,老也"(《说文解字》);用声音相似、意义相同的字进行解释的"声训",如"衣,依也";用字形说明其来源和意义的"形训",如"小土为尘";用当时的词义解释古词意义的"义训",如"明明,斤斤,察也";用反义词注释和现代意义相反的古词的"反训",如"乱而敬,乱,治也",说明这个"乱"字在此处作"治"讲;用几个词连续解释的"递训",如"庸也者,用也;用也者,通也;通也者,得也",说明这个"庸"字用声训是从"用"字来的,但实际是"得"的意思。

训诂学先秦时就已经出现,战国末期(一说秦汉之间)的《尔雅》被认为是最早的训诂学著作。《尔雅》按字的意义进行分类,把许多意义相同或相近的字列成一条,用一个比较通行的字统括起来加以解释。训诂学的传统观念形成于唐代的孔颖达,宋代得到很多革新,元明时期有所衰退,清代则是训诂学发展的鼎盛时期。近代受西方语言学理论的影响,章太炎提出文字、训诂、声韵为语言文字之学,黄侃进而创立了训诂学的现代观念。

针对传统训诂学中穿凿附会、望文生训、随意破字、增字强释、不解语法等弊病,当代语言学家王力在《新训诂学》中提出:"必须打破小学为经学附庸的旧观念,然后新训诂学才真正成为语史学的一个部门。"周大璞在《训诂学要略》中指出,训诂学"首要任务就是研究语义发展演变的规律"。如今训诂学与相邻学科交叉,表现出新的学术生命力,如训诂学与音韵学结合,可以从音变规律通"古今异言",论证同音替代的问题,探求语源;训诂学与语法学结合,可以分析词性、词序、构词等影响词义的情况。

第四节 汉字文化圈与笔谈

在古代东亚地区,中国最早进入文明社会。古代中国所创造的灿烂辉煌的文化,以其强大的辐射力和巨大的吸引力,全面而深刻地影响着朝鲜、日本、琉球、越南等国家的文化与社会的发展,由此形成了以汉字与儒学为载体的"汉字文化圈"。由于"汉字文化圈"内部不同国家的文人都有汉字与汉文(文言文)的文化修养,因而虽然所操语言不同,但可以借助共通的书面语进行交流,于是形成了"笔谈"这一独特的文化景观。

一、汉字文化圈

"汉字文化圈"是指历史上受中国影响,过去或现在使用汉字,并曾共同使用文言文作为书面语,受中华法系影响的东亚及东南亚部分文化、地域相近的国家和地区。汉字文化圈从地理角度可以称为东亚文化圈,包括中国及历史上曾受中国皇帝册封的周边国家,涵盖了汉字的诞生地中国及周边的朝鲜半岛、日本、越南、琉球等区域。

在实物层面，包括使用筷子进餐、品茶、建筑中使用瓦、使用毛笔书写和绘画等共同特征。在宗教信仰方面，汉字文化圈内各国国民中信仰佛教者众多。在精神思想方面，因儒家思想与汉字文化圈内诸国统治阶层的政治思想都有很高的匹配度，因而被广泛采纳并形成一个较为稳定的共通性思维框架。

汉字文化圈内并不使用汉语或其他语言作为通用口头语言；有些游牧民族如蒙古族、藏族，虽然位于汉字文化圈内，但不使用汉字。文言文导入汉字文化圈所涵盖的地域或国家，促进了输入地用汉字来表记自身语言的发展进程，日本的假名，朝鲜的吏读、乡札、口诀、谚文并非直接从汉字派生出的文字，但其音节文字的特点明显受到汉字的影响。历史上，汉字文化圈内的正式场合主要使用正体汉字与汉文（文言文），民间亦使用被本民族借用和改造成的"汉字型文字"，以及本民族文字与汉字混用的文书系统。这些"汉字型文字"虽非汉字，但都表现出与汉字的渊源关系，如朝鲜的谚文、日本的假名、越南的喃字。

二、东亚汉籍环流

在过去近两千年的历史岁月中，汉字文化圈内经由不同国家间人口的迁徙流转、政府使节的友好往来、贵族知识士人的游历考察、留学生及跨国僧侣的求法问道，以及政府间与民间的商贸往来等若干种渠道，数以万计的中国典籍文献传往周边国家，进而在传入地得到范围广泛的流传与散布，参与所在国的文化建构。

古代东亚汉籍的流播不是单向度的，而是双向交流甚至往复环流的。历史上也不乏贵重典籍文献从周边地区流播到中国的情况。如中国宋代向朝鲜半岛的高丽王国输出书籍的同时，高丽也在向宋输入书籍。史载1091年宋朝皇帝给高丽使臣开列书目，向高丽索求书籍共计一百二十八种；高丽刻本《大藏经》、义天编刻的《续藏》和金富轼所著的《三国史记》等高丽书籍亦通过民间途径流入宋境。这一历史记录足以显示东亚汉籍环流之盛。

严绍璗著有三卷本《日藏汉籍善本书录》，著录自上古以来传入日本、至今仍然被保存着的明代与明代之前的汉籍文献善本一万零八百余种。学界誉之为世界上第一部全面著录现今保存在日本的中国历代古籍善本的大型工具书、有史以来世界范围内研究中日文化关系最宏大的基础性文献考察报告。参与东亚环流的汉籍不仅是文明的载体，促进文化从高势位向低势位传播或者互通有无、取长补短，而且具有强大的再生机能，其多方参与所在国文化建构的价值意义历久弥新。

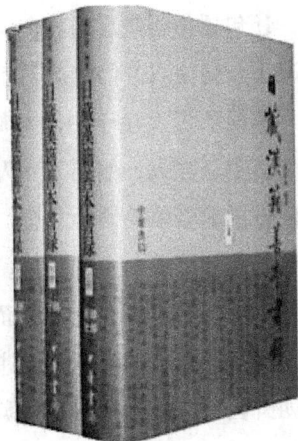

图2-7 《日藏汉籍善本书录》书影

三、笔谈：无声的会话

笔谈是指汉字文化圈内讲不同母语的文人，相互之间利用书写汉字及汉文的方式进行交流的一种方法。狭义的笔谈单指东亚文化圈内不同国家的文人之间的交流，他们不借助翻译，而以当面书写汉字汉文为媒介，达到"无声的会话"的效果。江户时代常有遭海难的外国船只"漂流"到日本沿海，日本地方政府派员调查，除极少数时候借助译员交流以外，大多数时候通过笔谈方式整理"漂流记"。无独有偶，因偶然原因漂到中国东南沿海或朝鲜半岛的外国人，一般也被要求采用笔谈或笔录的方式予以调查，根据调查结果方可决定送还抑或处分等后续事宜。以上所涉及的情况皆属于狭义的笔谈。

广义的笔谈则涵盖讲不同语言的两国间从政府层面的册封朝贡的文书、外交公文，到个人层面的书信往来、诗文酬唱、汉文序跋撰写等。跨越元明清三代长达数百年，来自日本、朝鲜和越南等东亚诸国的使臣、僧人、学者、商贾在中国出使、旅行和游历时留下的汉文交游录属于广义上的笔谈。日本在德川幕府时代（1603—1868）实行"锁国"政策，只在长崎一地开港，允许中国与荷兰商船来航贸易，但严格限制其规模与次数，并要求来航船只提供"唐风说书"与"和风说书"，"唐风说书"也可视为广义上的笔谈资料。

笔谈是近代以前汉字文化圈内跨国人物交流中长期使用的重要方法。清代王韬《瓮牖余谈·新金山少水》记载："（日本官商）遍游内地，与名公卿大夫交，笔谈往复。"《儿女英雄传》第十六回写有："如今我们拿分纸墨笔砚来，大家作个笔谈。"柳亚子《八日迭和左海少年四绝句》亦提到："王孙天国喜能谙，豹隐鸿冥阻笔谈。"笔谈之所以成为可能，是因为很长一段历史时期内中华文化在东亚属于共通文化，汉字、汉文与汉字书写成为汉字文化圈内上层阶级、文人知识分子共同的学问基础。

以发生在中日两国文人之间的笔谈为例，笔谈中书写的汉文不只是纯粹的中文汉字，还包括相当数量的日文汉字。但由于中日两国拥有相似的文字基础，在语言不通的情况下，交往双方仍能达到互通其意的目的。

笔谈不仅发生于中国与周边国家的文人之间，中国之外的周边国家相互之间的朝廷、官吏、文人、僧侣、商人在交往时也广泛使用。日本江户时代的儒学者常和朝鲜通信使借助笔谈争论儒学问题。明清时前来中国朝贡的使节团当中，来自安南（越南）的使节与朝鲜使节常互赠汉诗。黎贵惇（1726—1784）《见闻小录》曾记载，明清两代越南使者与朝鲜使者在北京会面，便用汉文写诗彼此唱和，以汉文写序互相题赠。古代曾有朝鲜渔船在琉球附近海域迷航，后由琉球王国协助送返朝鲜，其国王就以汉文文书致意朝鲜国王。由此可见，笔谈在汉字文化圈的跨国文化交往中具有历史活化石的意义。

第三章 中国文学

汉代以前"文"与"学"不分。《论语》称"博学曰文",孔子心目中的文学指《诗》《书》等六艺。两汉以后六艺各有专师,发展成为专门的"经学","文"与"学"始分。经、史、子、集别为四部,而文学之名几乎与集部等同,除章回小说、戏剧外,集部基本包括了社会上流布的各种文学作品。

章学诚在《文史通义·文集》中指出:"两汉文章渐富,为著作之始衰。"钱基博在《现代中国文学史》中更明确指出:"上古之世,文学主创作;而中古以后,则摹仿者为多。"相对于上古的原创经典而言,后出的繁复的著作大多属于解经层面的。与文学的发达同步,文学批评与文艺理论也大为勃兴。从时间变迁的角度,"一代有一代之文学"之说较好地体现了中国文学的演进轨迹;从空间区隔的角度,有"文分南北"说流行;近代以后,"革命"作为一个语词,全面参与了中国文学与文化的建构;现当代文学头绪繁多,借鲁迅的文学史地位变迁及被浪漫化的"80年代"以窥豹一斑,可以以点带面地展现其侧面之掠影。

第一节 一代有一代文学之所胜

文类一般指文体类别,有叙事文学、抒情文学、戏剧文学三分法或诗歌、小说、散文、戏剧四分法。《诗经》"三体"和《尚书》"六体"已经开始奠定中国古代诗、文两大文类体系的基础。刘勰《文心雕龙》、萧统《文选》、陆机《文赋》中都有细致的文体划分和论述。不同文体不仅在语言构造方面不同,风格也有明显差异,并且有等级划分。"文变染乎世情,兴衰关乎时序",各文体的发展并不均衡,有多方面的因素影响、制约着其地位的升降变迁。

"一代有一代之文学"是一个经世代累积而建构起来的学术命题,其内涵远自金元发端,明清两代得到丰富和发展,至近代王国维集其大成。王国维在《宋元戏曲史·序》中说:"凡一代有一代之文学:楚之骚,汉之赋,六代之骈语,唐之诗,宋之词,元之曲,皆所谓一代之文学,而后世莫能继焉者也。"以简约的语言,凝练地概括了中国文学随时代变化而涌现出各具代表性的文类形式；其隐而未显的含义是文学与文体的发展是一个渐变的过程，代变之中又有不变的成分存在。

一、《诗经》与《楚辞》

（一）《诗经》

《诗经》是中国最早的诗歌总集，汇集了西周初年（前11世纪）至春秋中叶（前6世纪）五百多年间的诗歌三百零五篇。《诗经》在先秦称《诗》或者《诗三百》，从汉代起，儒家学者把它当作经典，列为"五经"之首。《诗经》中的诗当初都是配乐的歌词，除了在内容上各有侧重外，所配乐曲亦不同，分成风、雅、颂三类。

"风"包括十五个诸侯国的土风、民谣，共一百六十篇。"雅"是正统的宫廷乐歌，分为用于隆重典礼的"大雅"和用于一般宴会的"小雅"，共一百零五篇。"颂"是用于宫廷宗庙祭祀祖先、祈祷赞颂神明的乐歌，共四十篇。风、雅、颂不是截然的划分，也有混然交错的情况。

《诗经》不仅作为文学巨著产生了深远的影响，也因记载了许多周朝早期的活动和一些重要的历史事件而具有重要的史料价值。

（二）《楚辞》

图3-1 屈原像

楚辞本为楚地的歌辞，战国时期楚国的屈原（约前340—前278）吸收其营养，创作出《离骚》等巨制鸿篇，后人仿效，名篇继出，成为一种有特点的文学形式。西汉刘向辑《楚辞》后遂成定名。宋代黄伯思《翼骚序》云："屈宋诸骚，皆书楚语，作楚声，纪楚地，名楚物，故可谓之'楚辞'。"

屈原的代表作《离骚》是中国古代诗歌史上最长的一首政治抒情诗，采用大量夸张，充分运用神话传说和比、兴手法，表现诗人坚持"美政"理想，抨击黑暗现实，不与邪恶势力同流合污的斗争精神和至死不渝的爱国情怀。

图3-2 清刊本《离骚》书影

楚辞在形式上与北方诗歌有明显区别，如果说《诗经》是中国现实主义文学的源头，那么《楚辞》堪称中国浪漫主义文学的鼻祖。浪漫主义文学更早的源头则要追溯到文字发明以前即已流传的神话传说。

二、汉赋

汉代最流行的文体"赋"是一种散韵结合、专事铺叙的有韵散文（诗化的散文），它在形式上"铺采摛文"，在内容上"体物写志"。汉赋铺陈写物，"不歌而诵"，接近于散文，但在发展中受到楚辞华丽的辞藻、夸张的手法和战国恣肆文风的极大影响。枚乘、司马相如、扬雄、冯衍、班固、张衡、左思等人都是汉赋名家。司马相如的代表作《子虚赋》和《上林赋》备受后世词章家推崇。

汉赋的内容可分为渲染宫殿城市、描写帝王游猎、叙述旅行经历、抒发不遇之情和杂谈禽兽草木五类，尤以前两者为盛，多用以礼赞汉帝国的强大或统治者的文治武功，只在结尾处微露讽谏之意。汉赋的繁兴对中国文学观念的形成起到一定的促进作用。至魏晋则出现了"诗赋欲丽"（曹丕《典论·论文》）、"诗缘情而绮靡，赋体物而浏亮"（陆机《文赋》）等对文学基本特征的探讨和认识，文学观念由此渐趋明晰。

三、骈文

骈文也称"骈体文""骈俪文"或"骈偶文"，因其常用四字、六字相间定句，故也称"四六文"或"骈四俪六"。骈文起源于汉末，形成于魏晋，盛行于南北朝。清代李兆洛指出："自秦迄隋，文体递变而无异名，自唐以来始有古文之名，而目六朝之文为骈俪。"（《骈体文钞序》）骈文以双句（俪句、偶句）为主，讲究对仗的工整和声律的铿锵。柳宗元谓之："骈四乞俪六，锦心绣口。"（《乞巧文》）

骈文具有起、铺、结的结构体制和领、衬、夹的游离构形；有骚体句、诗体句、叠字句等句式；还具有对仗、声韵、典事、藻饰等修辞形态、美学特征与文化内蕴。骈文由于迁就句式，堆砌辞藻，往往影响内容的表达，唐代韩愈、柳宗元发起古文运动后骈文渐衰。

四、唐诗

诗是中国古代文艺文字的总称，汉代以后专指与散文相对的韵文形式，一般要求押韵、对仗和符合起、承、转、合的基本要求，分为古体诗和新体诗。诗在唐代以前已有漫长的发展历程，唐代（618—907）是中国古典诗歌发展的全盛时期，因此有"唐诗"之说。唐诗不仅继承了汉魏民歌、乐府传统，并且大大发展了歌行体的样式；不仅继承了前代的五言、七言古诗，并且发展出叙事言情的长篇巨制；不仅扩展了五言、七言的形式体制，还创造了风格特别优美整齐的近体诗。唐代诗人中李白、杜甫双峰并峙，蔚为大观。

李白（701—762）被誉为"诗仙"，他的乐府、歌行及绝句造诣极高。李白诗中常综合运用想象、夸张、比喻、拟人等手法，造成神奇异彩、瑰丽动人的意境，给人以豪迈奔放、飘逸若仙之感。其诗歌意象雄奇开阔，色彩绚丽多姿，语言清新自然，既反映时代的繁荣景象，也揭露统治阶级的荒淫腐败。如"安能摧眉折腰事权贵，使我不得开心颜"，表现出蔑视权贵，反抗传统束缚，追求自由和理想的精神。中唐的韩愈、孟郊、李贺，宋代的苏轼、陆游、辛弃疾，明清的高启、杨慎、龚自珍等著名诗人都受到李白诗歌的很大影响。

图3-3　杜甫行吟图

杜甫（712—770）"善陈时事，律切精深"（《新唐书·杜甫传》），后人誉之为"诗圣"，与李白合称"李杜"，他的诗作被称为"诗史"。杜甫生活在唐朝由盛转衰时期，早期作品主要表现"致君尧舜上，再使风俗淳"的政治理想和所期望的人生道路。后期在颠沛流离的生活中创作了《春望》、《北征》、"三吏"、"三别"等名作，反映当时的民生疾苦和政治动乱。杜甫的艺术风格沉郁顿挫，多表现忧时伤世、悲天悯人的情怀。自中唐到宋代以来的中国古典诗歌都继承了杜甫的写实风格。

五、宋词

词是诗歌的一种，上承诗，下启曲，始于隋，定型于五代，盛于宋。因词是合乐的歌词，故又称曲子词、乐府、乐章、长短句、诗余、琴趣等。词有小令和慢词两种，一般分上下两阕。词与诗相比，句子有长有短，每一首词都有一个词牌，不同的词牌格式不同，唱法亦各异。

词最初主要流行于民间，中唐时期，诗人张志和、韦应物、白居易、刘禹锡等人开始写词，把这一文体引入文坛。到晚唐五代，文人词有了很大发展。晚唐词人温庭筠和以他为代表的"花间派"词人，以及以李煜、冯延巳为代表的南唐词人，为词体的成熟和基本抒情风格的确立做出了重要贡献。

五代后蜀赵崇祚编《花间词》十卷，为后世倚声填词之祖。宋代产生了大批成就突出的词人，名篇佳作层出不穷，并出现了不同风格与流派。举其大者，一派词意蕴藉，沿《花间词》遗绪，称为南派或婉约派，代表词人有柳永、欧阳修、秦观、李清照；一派笔致奔放，脱音律之拘束，称为北派或豪放派，代表词人有苏轼、黄庭坚、辛弃疾。词家大宗周邦彦兼综南北之长。宋词在诗之外别树一帜，历来与唐诗并称双绝。

六、元曲

元曲又称词余、乐府，包括杂剧和散曲，有时专指杂剧。就体裁而言，杂剧是戏曲，散曲是诗歌，但两者都采用北曲的演唱形式。杂剧每本以四折为主，在开头或折间另加楔子。每折由同宫调同韵的北曲套曲和宾白组成。散曲盛行于元、明、清三代，是没有宾白的曲子形式，内容以抒情为主，有小令和散套两种。

元曲虽有严密的格律定式，每一曲牌的句式、字数、平仄等都有固定要求，但也允许在定格中加衬字，部分曲牌还可增句，押韵方面允许平仄通押，与律诗、绝句和词相比，有较大的灵活性。元曲在形式上继承了诗词的清丽婉转，在内容上多反映元代的政治专权与社会黑暗，锋芒直指社会弊端，体现了独有的特色。

关汉卿、马致远、郑光祖、白朴并称元曲四大家，再加上王实甫、乔吉甫，世称"六大家"。被誉为"驱梨园领袖，总编修师首，捻杂剧班头"（贾仲明《录鬼簿》）的关汉卿（约1220—1300）编有杂剧六十七部，现存十八部，代表作有《窦娥冤》《救风尘》《望江亭》《拜月亭》《鲁斋郎》《单刀会》《调风月》等。

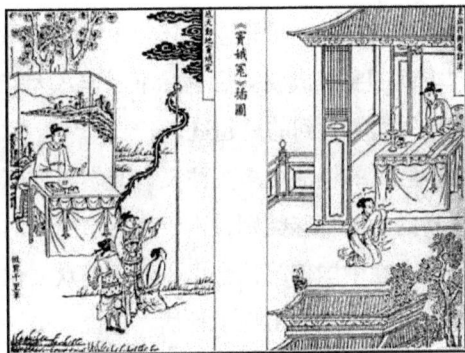

图3-4 《窦娥冤》插图

马致远（约1250—1324）的代表作有杂剧《汉宫秋》和散曲小令《天净沙·秋思》。后者云："枯藤老树昏鸦，小桥流水人家，古道西风瘦马。夕阳西下，断肠人在天涯。"以多种景物并置，组合成一幅秋郊夕照图，抒发了一个飘零天涯的游子在秋天思念故乡、倦于漂泊的凄苦愁楚之情，语言凝练，意蕴深远，被誉为"秋思之祖"。

七、余论

虽然一代有一代的时势，一代有一代的学问，但事实上文学类型的递变也未必与朝代的更迭恰相吻合，"一代有一代文学之所胜"的说法意在强调不同时代各有其代表性的文体类型，突出中国文学发展变迁的一面，但该说法并不截然切断文体的赓续与创新发展。如在唐诗、宋词以外，明代茅坤等为扭转以李梦阳、何景明为代表的"前七子"和以李攀龙、王世贞为代表的"后七子"过度标榜"文必秦汉，诗必盛唐"而导致的拟古主义倾向，标举"唐宋八大家"的散文作品。

"唐宋八大家"是唐宋时期八位成就卓著的散文作家的合称，包括唐代的韩愈、柳宗元和宋代的欧阳修、苏洵、苏轼、苏辙、曾巩、王安石。韩、柳作为唐代古文运动的领袖，在创作理论与实践方面都卓有建树。韩愈更是被誉为"文起八代之衰，道济天下之溺"（苏轼《潮州韩文公庙碑》）的一代宗师，其散文雄浑奔放，"如长江大河，浑浩流转"（苏洵《上欧阳内翰书》），一扫六朝文体之卑弱，为中唐以后的古文创作树立起崭新的典范。欧阳修成功地发起和领导了宋代的古文运动，其精神实质和唐代古文运动一脉相承，其散文"如清风，如云，如霞，如烟，如幽林曲涧，如沦，如漾，如珠玉之辉，如鸿鹄之鸣而入寥廓"（姚鼐《复鲁絜非书》）。三苏、曾、王是欧阳修的同道与盟友，与他遥相呼应，创作出一系列典范性作品。苏轼之文体现了宋代散文艺术的最高成就，"意之所到，则笔力曲折，无不尽意"（何薳《春渚纪闻》），且"嬉笑怒骂皆成文章"（黄庭坚《东坡先生真赞》）。唐宋八大家不仅仅以文称名，姚鼐曾言："至古体须先读昌黎，然后上溯杜公，下采东坡。"（《与伯昂从侄孙》卷八）即是称道韩愈、苏轼在诗歌创作方面的斐然成就。后世标举唐宋八大家之文，当然无意也不会忽略他们在诗、词、书法等方面所达到的高超造诣。

"一代有一代文学之所胜"的说法过多关注文人文学与作家文学，而对民间文学的重视不足。民间文学是文学的一个特殊类别，由于生活与生产的需要而产生，由人民大众集体口头创作并世代传承。在中国传统社会里，普通民众文化程度低，有很大比例的劳动者不识字，口头创作却十分发达，出现了神话、传说、史诗、民间故事、童话、民间歌谣、民间谚语等体裁形式。相对于作家文学，民间文学更关注底层民众，易切入日常生活，具有广泛的群众性；多用乡音土语，亲切活泼，表现形式灵活；既和劳动生活有着密切联系，也不乏浪漫气息，体现为浓郁的抒情性与简练的叙事性和谐统一；在艺术特色方面，民间文学人物生动，形象鲜明，语言清新，通俗晓畅，富于诗情画意。作家文学在艺术形式上常借鉴民间文学，在内容方面以直接嵌入、题材利用、原型借用与再造等方式融入民间文学作品的情节与元素；在文学理论建设方面也向民间文学吸收营养。

第二节 文学与地域：文分南北

不同地域的文学在形成和演进方面有相对独特的背景与进程，必然各具特色。在中国古典文学研究领域，"文分南北"历来为诗文作家、评论家所关注，几乎成为一条自明的规则被不断言说。

一、文学上的"南"与"北"

日本僧侣空海（774—835）编纂的汉诗文评论集《文镜秘府论》中有这样一段论述：

> 夫子传于游、夏，游、夏传于荀卿、孟轲，方有四言、五言，效古而作。荀、孟传于司马迁，迁传于贾谊。谊谪居长沙，遂不得志，风土既殊，迁逐怨上，属物比兴，少于《风》《雅》，复有骚人之作，皆有怨刺，失于本宗。乃知司马迁为北宗，贾生为南宗，从此分焉。（《文镜秘府论·南卷·论文意》）

空海的上述论断有明显的时序错误：司马迁（前145—约前87）所著《史记》中有《屈原贾生列传》，贾谊（前200—前168）生卒年在司马迁之前，不可能出现"迁传于贾谊"的情况。且空海的论断有地理决定论之嫌，生于北地、长于北地的贾谊被贬谪至长沙而成为南宗，其说服力似乎不强。有不少论者将贾谊的创作归入北文，如刘师培《南北文学不同论》即持此观点。

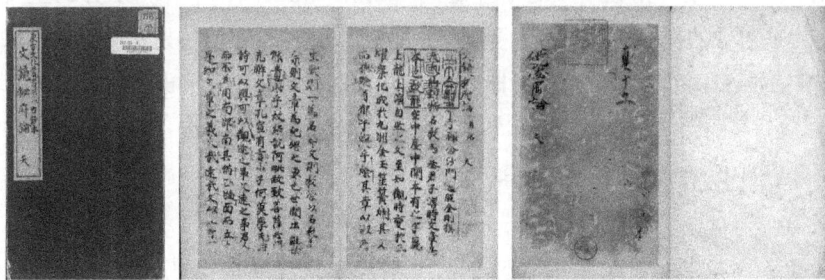

图3-5 《文镜秘府论》古抄本影印本（日本东方文化学院1930年刊）书影

空海提及的"文分南北",在他生活的年代的文评家中应有一定的共识,意即该观点未必是空海的创见,只是他的记录被很好地保存了下来;但空海所给出的例证很成问题。作为曾经留学中国且能用汉文著述的日本僧人,空海堪称当时日本最大的"知华派",然而他在著述中不经意间流露出来的这种较低级的时序舛错,表明要达到对异质文化做到整全、透辟的理解是十分困难的。

南北朝时,经学有南北派之分。《北史·儒林传》列举了江左(南)、河洛(北)经学研究的不同代表人物。北朝儒生较多地保留了东汉的学风,注重讲究儒学经义,受老庄思想影响较少,学风也较朴实;而南朝则更多地继承了魏晋的学风,用老庄虚无玄远的思想来改造儒家经义的做法比较突出,因此更注意文辞,学风比较空灵,而且在很大程度上受中原王朝正统观念的影响。一般把这种玄学化的南方经学视为该时期的经学正统。

隋朝统一了南北,南学战胜了北学。皮锡瑞《经学历史》令人信服地道出了其中的原因:"南朝衣冠礼乐,文采风流,北人常称羡之。……经本朴学,非专家莫能解,欲目见之,初无可悦。北人笃守汉学,本近质朴。而南人善谈名理,增饰华词,表里可观,雅俗共赏,故虽以亡国之余,足以转移一时风气,使北人舍旧而从之。"

魏徵《隋书·文学传序》称:"江左宫商发越,贵于清绮;河朔词义贞刚,重乎气质。气质则理胜其词,清绮则文过其意。理深者便于时用,文华者宜于咏歌。此其南北词人得失之大较也。若掇彼清音,简兹累句,各去所短,合其两长,则文质斌斌,尽善尽美矣。""贵于清绮"是对追求声律辞藻的南朝诗风的概括,偏重于诗的声辞之美,宜于咏歌是其所长,缘情绮靡而流于轻艳纤弱则是其所短。"重乎气质"指北朝诗歌特有真挚朴厚的情感力量和气势,贞刚壮大是其所长,而表现形式的简古质朴或理胜其词则是一种缺憾。在清醒地认识南、北文学各具不同艺术特色的基础上,魏徵主张"各去所短,合其两长",即用南朝文学的声辞之美,来表现新朝的恢宏气象和刚健开朗的健康情思。

其实不只文学,佛教禅宗、中国书画也分南北。明代董其昌把李思训和王维视为"青绿"和"水墨"两种画法风格的始祖,倡中国山水画分"南北宗"之说。清代方薰认为,"画分南北两宗,亦本禅宗'南顿''北渐'之义,顿者根于性,渐者成于行也"(《山静居画论》)。所谓"南顿""北渐"是把"顿悟"和"渐识"作为双方的主要区别。"文分南北"之说的提出,一方面系受禅宗的影响,但更重要的还是基于先秦以来即明显存在的南北文风不同的事实,六朝时期南北政治上的对峙又放大了南北文风的差异。

二、"文分南北"原因探析

古代文人多从地理环境与地方风土的关系入手解释文分南北问题。宋代庄绰称:"大抵人性类其土风。西北多山,故其人重厚朴鲁;荆扬多水,其人亦明慧文巧,而患在清浅。"（《鸡肋编》）明代屠隆《鸿苞集》、清代沈德潜《说诗晬语》与《芎庄诗序》、孔尚任《古铁斋诗序》、俞樾《九九消夏录》、近代《浙江潮》创刊号"发刊词"都沿袭这一理路。至梁启超《中国地理大势论》、刘师培《南北文学不同论》和王瑶《中古文学史论集》，始触碰到该问题的实质，他们不仅从地理风土因素的制约和社会进程的干预入手分析文分南北问题，还开始从文学自身的演进这个维度进行梳理。

论南北文学之不同，往往先陈语言方面的南北有别。《颜氏家训·音辞》谓："夫九州岛之人，言语不同，生民已来，固常然矣。……南方水土和柔，其音清举而切诣，失在浮浅，其辞多鄙俗。北方山川深厚，其音沈浊而钝鈍，得其质直，其辞多古语。"刘师培也指出："声音既殊，则南方之文亦与北方迥别。"前人在论述文分南北这一命题时，不约而同地都到南北语言的差异中寻找支撑，但对二者间的关联却语焉不详。

自然通过人这一媒介而成为风土，并与文化相关联。《礼记·正义》提到："中国戎夷，五方之民，皆有其性也，不可推移。"《礼记·王制》云："广谷大川，民生其间易俗。"荀子指出："君子居楚而楚，居越而越，居夏而夏，是非天性也，积靡使然也。"（《荀子·儒效》）这种观点反复出现于《史记》《汉书》《晋书》《世说新语》等文献中，并被广泛用于文学批评，成为解释文艺地域风格形成的重要维度。西方从赫尔德（Johann Gottfried Herder，1744—1803）、斯达尔夫人（Madame de Stael，1766—1817）到泰纳（Hippolyte Adolphe Taine，1828—1893），在讨论文学与社会的关系时，也都十分重视地理因素对文学的影响。代表中国古典文学两大源头的《诗经》与《离骚》已然呈现出南北差异，但并未形成判然分明的格局，《诗经》中的《周南》《召南》当属南方国风之音，而《离骚》之受《诗经》影响有目共睹。

三国两晋之世，战乱连绵，北人南迁，南才北流，外加佛经翻译、宣唱，需要考究语言，故声律之学勃兴；历经宋齐两代，声律之学渐为学者接受，并自觉运用于创作之中。魏、晋之际，"北方之士，侈效南文"[1]，曹植以下，北人皆效南文，正所谓"上有好者，下必甚焉"。自三国纷争，历八王、少数民族之乱，至隋以北方为基础重新走向一统，时会所趋，唐宋作者，遂掩有南北之长。

从文学的发展角度着眼，建安以还，文崇偶体；西晋以降，由简趋繁；六代文人，精研声病；至唐而骈俪进为四六，古诗变为律诗。祖孝孙从历史地理的角度言南北曲之异"梁陈旧乐，杂用吴楚之音，周齐旧乐，多涉胡戎之伎"（《旧唐书·音乐志》），此论已经触及问题的实质层面，惜乎没有点破。魏际瑞就风格而言南北曲之差异，"南曲如抽丝，北曲如轮枪"（魏际瑞《魏伯子文集》卷四），形象生动有余而准确贴切不足，且没能提升到理论高度。刘师培在《论文杂记》中分析道："诗与乐分，然后诗中有乐府；乐府将沦，乃生词曲。曲分南、北，自昔然矣。"该论断从文学自身的发展演

---

① 刘师培：《南北文学不同论》，《国粹学报》1905年第9期。

变入手，抓住了要害，且要言不烦，切中肯綮。

但无疑，刘师培夸大了南北文学间的这种对立。地理上的边界无法成为民族、文化、思想习俗与共同的心理、信仰上的边界。梁启超以唐朝为界，认为唐以前地理因素起着关键性的作用，但唐以后，"交通益盛，文人墨客，大率足迹走天下，其界亦浸微矣"①。在较为宏观的层面上揭示了文分南北问题的实质。自唐宋以来，随着历代政治专制体制和人文格局的演变，主流文化日益显露出凝重和保守的性格，同时，随着交通变得方便，南北方交往增多趋繁，南北学术文艺的区别逐渐消泯，而走上一条渐近趋同的新路，与唐代以前大为不同。

汉唐时期北方士民南迁使得中原文化在华南地区得到了较好的根植，时至今日那里多少还保留了一部分上古中原先民的遗风，在其发源地的中原地区因数不清的战乱与多次民族大融合，这种先民遗风已无处可寻。另一方面，处于"边陲"地带的华南区域，因其较为独特的人文环境和"山高皇帝远"的地理位置，为文化的演化留下了少许自主发展的空间，甚至出现了某些背离主流文化和中央专制统治的倾向。正因为如此，华南区域才能在宋明以后出现文化学术异军突起的局面。

"文分南北"本身是一种宏大叙事，而其关注的对象，无一例外都是上层的、精英的、纯文学的，乃至经典化了的作家作品，而有着更为广泛群众基础的民间文学却未被纳入视野。对"文分南北"原因的探析，既要把地理风土、社会进程、文体演进等因素综合起来考察，又要避免过分强调时间的连续性，而忽略区域内部和不同阶层间的差异。以发展的眼光看待"文分南北"问题，需切实注意到唐代前后出现转型的情况，以及越晚近原有的差别越趋于消泯，南北整体有趋近的倾向，同时新的差异又会不断涌现。

第三节 中国古典戏曲名著举例

中国人闲时常在剧院或茶馆看戏、听戏，而且许多人对戏剧演出技巧和舞台设计颇有研究，"跑龙套""唱红脸""唱白脸"等戏曲术语在日常生活中广为使用。就文学价值而言，元代《西厢记》、明代《牡丹亭》和清代《长生殿》《桃花扇》并称为中国古典戏曲四大名著。

一、《西厢记》

《西厢记》的故事最早见于唐代元稹的传奇《莺莺传》。此后故事广泛流传，不少诗词歌咏其事。宋元南戏和话本也有以此为题材的作品，但无流传。宋代赵令畤的《宫

---

①梁启超：《中国地理大势论》，原载《新民众报》1902年第6，8，9号；《饮冰室合集·文集之十》，中华书局1989年版，第86页。

调蝶恋花》鼓子词使该故事由案头文学发展为演唱文学，推动了其传播。金代董解元的《西厢记诸宫调》使故事有了新突破，始乱终弃的无行文人张生一变成为多情才子，莺莺亦有反抗性，矛盾冲突转为青年男女追求恋爱自由、婚姻自主而与封建家长做斗争。但董作在艺术上尚嫌粗糙，对爱情的描写也不到位。经过王实甫的天才创造，"令前无作者，后掩来哲，遂擅千古绝调"[①]。

图3-6 《西厢记》插图

王实甫的《西厢记》表现了"永老无别离，万古常完聚，愿普天下有情的都成了眷属"的主题思想。艺术方面，故事曲折、情绪跌宕、文辞华丽、文笔细腻、人物传神。贾仲明称："新杂剧，旧传奇，《西厢记》天下夺魁。"（《录鬼簿》）赵景深称《西厢记》和《红楼梦》为"中国古典文艺中的双璧"[②]。元代就出现效仿《西厢记》的剧作，明清时凡写男女情事的戏曲、小说，几乎悉数受到《西厢记》的影响；若论影响之巨大、深远，戏曲史上罕有其匹。

二、《牡丹亭》

明代话本《杜丽娘慕色还魂》为汤显祖的《牡丹亭》提供了基本情节。汤显祖把话本中的传说故事同明代社会的现实生活结合起来，通过描摹杜丽娘寄身其间的家庭、阳世和阴间，在广阔的画面上对封建社会进行讽刺和批判，同反抗"父母之命，媒妁之言"束缚下的婚姻制度相结合，显示出宝贵的思想进步性。

---

①王伯良：《新校注古本西厢记序》，王实甫著，何乔锁、白松青评注：《新校注古本西厢记》，山西古籍出版社2005年版。

②赵景深：《我对于王实甫〈西厢记〉的五点看法》，蒋星煜：《明刊本〈西厢记〉研究》序，戏曲出版社1982年版。

图3-7 《牡丹亭·游园》邮票

《牡丹亭》没有落入"私订终身后花园，落难公子中状元"的俗套窠臼，而是描写杜丽娘在游园后与情人梦中幽会，对爱情的徒然渴望使她郁积于心而死去，后来在爱情的力量下她又得以复生。正如汤显祖《题词》所言："情不知所起，一往而深。生者可以死，死可以生。"《牡丹亭》里若干片段艳丽典雅；《游园》《惊梦》《寻梦》等出脍炙人口；对女主人公的美貌、感情与理想的刻画颇具魅力；依靠景色烘托揭示人物的内心，不同身份的人物分别使用各具特色的语言，显示出作者高超的艺术技巧。

三、《长生殿》

洪昇的《长生殿》与孔尚任的《桃花扇》是清初剧坛双璧，当时以"南洪北孔"齐名。《长生殿》借用唐代以来脍炙人口的李隆基与杨玉环的爱情故事，将前半部写成历史剧的规模，为后来的《桃花扇》开拓了一条新路；后半部主要写李对杨的深切悼念，直至他们在月宫重逢。

白居易的诗作《长恨歌》、元代白朴的杂剧《梧桐雨》都是《长生殿》的题材依据。《长生殿》剔除了足以损害李、杨爱情的一切描写，在内容方面更加完整统一。在歌颂爱情的同时，剧中也含有讽喻，作者在《自序》中指出："古今来逞侈心而穷人欲，祸败随之，未有不毁者也。"《长恨歌》也可以说是继《孔雀东南飞》《木兰辞》（二者合称"乐府双璧"）等民间叙事诗之后更加工整完美且具有传奇色彩的长篇叙事诗。

四、《桃花扇》

孔尚任在《先声》中借副末之口，称《桃花扇》系"明朝末年南京近事。借离合之情，写兴亡之感"。《桃花扇》以侯方域和李香君爱情的悲欢离合为线索，展开戏剧冲突，推动剧情发展，同时巧妙地把侯、李爱情政治化，融进了南明的兴亡斗争，剧中始终贯穿着进步力量与权奸斗争的主线。

《桃花扇》通过艺术形象，相当真实地反映了统治集团腐朽、权奸误国导致南明政权迅速覆灭的历史。剧中"俺曾见，金陵玉殿莺晓啼，秦淮水榭花开早，谁知道容易冰消。眼看他起朱楼，眼看他宴宾客，眼看他楼塌了"的唱段，蕴含丰富的哲理，常用以形容世事无常，物极必反。

第四节 明清古典小说名著提要

中国古代小说体类庞杂，作品浩繁。早在唐代，小说的基本形式已初步完成，时称"传奇"。宋代的小说多称"话本"，是讲故事的人用的底本。明清的长篇小说是从宋元话本演化发展而来的。明末清初文学家、戏曲家李渔将《三国演义》《水浒传》《西游记》与《金瓶梅》定为"四大奇书"。后来"四大奇书"与《儒林外史》《红楼梦》合称"六大奇书"。"三言二拍"代表明代短篇小说的最高成就；《聊斋志异》堪称中国古典文言短篇小说的巅峰。上述小说处于中国古典小说名著金字塔尖的地位，承载了许多文化精华，其细致的刻画和所蕴含的思想为历代读者所称道，书中的故事、场景、人物在潜移默化中影响到中国人的思想观念与价值取向。

一、三言二拍

三言二拍是明代五本著名白话短篇小说集的合称，"三言"指冯梦龙的传奇短篇小说集《喻世明言》《警世通言》《醒世恒言》，"二拍"指凌濛初的拟话本小说集《初刻拍案惊奇》和《二刻拍案惊奇》。

"三言"每集四十篇，共一百二十篇，既有旧本的汇辑也有新著的创作，它"极摹人情世态之歧，备写悲欢离合之致"（笑花主人《今古奇观序》），情节曲折、细节丰富，调动多种表现手段刻画人物性格，儒雅与世俗互摄互涵，标志着古代白话短篇小说整理和创作的高峰。

"三言"所收录的作品，题材广泛，内容复杂，有对封建官僚丑恶行径的谴责和对正直官吏德行的赞扬；有对友谊、爱情的歌颂和对背信弃义、负心行为的斥责；有不少作品描写市井百姓的生活，如《施润泽滩阙遇友》《蒋兴哥重会珍珠衫》《杜十娘怒沉百宝箱》《卖油郎独占花魁》等。

图3-8 杜十娘怒沉百宝箱

"二拍"基本上是个人的白话小说创作集，"取古今来杂碎事可新听睹、佐谈谐者，演而畅之"（《二刻拍案惊奇·小引》）。"二拍"有些作品反映了市民生活和他们的思想意识，有些作品提出在爱情婚姻生活中要求男女平等的观点。"二拍"善于组织情节，多数篇章很有吸引力，语言也较生动，但总的艺术魅力不及"三言"。

二、《三国演义》

三国故事在中国古代民间颇为流行，宋代即被搬上舞台，金、元演出的三国剧目达三十多种。元末明初罗贯中综合民间传说和戏曲、话本，结合陈寿《三国志》和裴松之注的史料，根据他个人对社会人生的体悟，创作了《三国志通俗演义》。《三国演义》是四大名著中唯一根据历史事实改编而成的，它在民间的流传范围、影响程度在中国古代历史小说中无出其右者。

《三国演义》以史为据，讲述汉末黄巾之乱至魏、蜀汉及吴三国鼎立，再到西晋统一的百余年间的历史，刻画了近二百个人物形象；以儒家思想为本，强调"忠义"；着重描写战争，官渡之战、赤壁之战等被描摹得波澜壮阔、惊心动魄。明代高儒《百川书志》称其"据正史，采小说，证文辞，通好尚"，虚实结合，曲尽其妙。

《三国演义》的主要艺术特色体现为非凡的叙事才能、全景式的战争描写、典型性格的刻画与浅近文言的行文。

三、《水浒传》

北宋宣和年间的话本《大宋宣和遗事》初具《水浒传》的梗概，后来成为许多民间文学的主要题材来源，元杂剧中出现了有关水浒故事的剧本，明代经许多作者不断增添情节，得以定型。一般认为白话章回小说《水浒传》为施耐庵所著，罗贯中进行了整理。《水浒传》讲述北宋山东梁山泊以宋江为首的绿林好汉，由被迫落草到发展壮大，直至受到朝廷招安，在东征西讨中破败的历程。

明末文学批评家金圣叹将《水浒传》与《离骚》、《庄子》、《史记》、"杜诗"、《西厢记》合称为"六才子书"。鲁迅在《三闲集》的《流氓的变迁》中指出，《水浒传》中"'侠'字渐消，强盗起了，但也是侠之流，他们的旗帜是'替天行道'。他们所反对的是奸臣，不是天子，他们所打劫的是平民，不是将相。……终于是奴才"，认为其革命性不坚决、不彻底。

《水浒传》的艺术特色在于鲜明的人物形象刻画，以及对宋代政治、社会与市民生活的全景展示。

四、《西游记》

629年唐朝僧人玄奘违反当时朝廷禁令，擅自西行，从凉州偷渡出关，只身赴印度学习佛教教义；644年回国后，由玄奘口述、弟子辩机执笔写出《大唐西域记》。玄奘逝世后，他的另外两名弟子慧立、彦悰将玄奘生平以及西行经历编纂成《大慈恩寺三藏法师传》，进行了一些神化玄奘的描写，这被认为是《西游记》神话故事的开端。

此后取经故事在社会上流传，神异的色彩越来越浓厚。在唐代后期和五代时期的许多记载中已经出现了西行取经的故事。现存敦煌石窟的玄奘取经壁画，大约作于西夏初年，已经出现持棒猴行者的形象。南宋话本、宋元南戏、元杂剧甚至明初朝鲜的中文教材中都有取经故事的相关情节。

《西游记》讲述唐三藏师徒四人西天取经的历程，有参考印度神话的成分，亦有不少情节来自佛教经典，表现了惩恶扬善的古老主题。《西游记》创造了一个光怪陆离、神奇瑰丽的虚幻神话世界，有浪漫主义的幻想，也有细节的合理与真实。其中神仙体系的描绘正是作者当时生活的明朝政治社会的缩影，系统地反映了中国释、道、儒三教合流的思想体系。

五、《金瓶梅》

《金瓶梅》是中国第一部文人独立创作的长篇小说，也是中国第一部真正意义上的社会小说。不同于写非凡人物之非凡经历的传奇性小说，《金瓶梅》以一个富商家庭的日常生活为中心，以这个家庭的广泛社会联系来反映社会的各个方面。《金瓶梅》把注重传奇性的中国古典小说引入注重写实性的新境界，开辟了一个新的方向，《儒林外史》《红楼梦》就是沿着这一方向继续发展的。传世的《金瓶梅》有两个主要版本：《绣像金瓶梅》（又称崇祯本或张竹坡评点本，含二百幅绣像插图）与《金瓶梅词话》。

《金瓶梅》摒弃了简单评判人物善恶的做法，而是联系人物的生存环境与生活经历，在丰富的性格层次展示中塑造人物形象。鲁迅称赞说："作者之于世情，盖诚极洞达，凡所形容，或条畅，或曲折，或刻露而尽相，或幽伏而含讥，或一时并写两面，使之相形，变幻之情，随在显

图3-9 《绣像金瓶梅》插图

见，同时说部，无以上之。"①小说对社会现实的刻画冷静而深刻，对人性弱点的揭露清醒而深入。作者善于摹写人物鲜活的口吻、语气，以及人物的神态、动作，将风雅的形态与卑俗的心理交织在一起，生动地呈现直观场景，烘托复杂而逼真的人物形象。

六、《儒林外史》

清代吴敬梓的《儒林外史》以写实主义描绘封建社会后期知识分子及官绅的活动和精神面貌，描写了一些深受科举制度和封建礼教毒害的儒生形象，反映了当时因热衷功名富贵而造成的极端虚伪、恶劣的社会风习。鲁迅认为其思想内容"秉持公心，指摘时弊"。《儒林外史》用白描的手法表现种种不和谐、悖于人情、逆于常理的荒谬现象，进行婉曲而又锋利的讽刺，代表中国古代讽刺小说的高峰，开创了以小说直接评价现实生活的范例，并促成了"故事集缀型"小说的兴盛。

《儒林外史》准确、生动、洗练的白话语言已运用得纯熟自如，人物形象塑造得栩栩如生，人物性格刻画得深入细腻。胡适在《吴敬梓评传》中谓，该书的艺术特色堪称"精工提炼"，称其重点集中在人物性格中最刺目的特征的刻画上，长于呈现速写式和剪影式的人物形象，色彩明净，情节流动迅速。《儒林外史》对晚清小说有明显的示范作用，对现代文坛也有深远影响，国际汉学界盛赞它足堪跻身于世界文学杰作之林。

七、《红楼梦》

《红楼梦》原名《石头记》，被公认为中国古典小说的最高峰。它以贵族家庭的兴衰为主轴，以贾宝玉和林黛玉的爱情及二人与薛宝钗之间的关系为线索，纪实性地反映清帝国的贵族生活，广泛涉及当时的婚丧祭祀、服装穿戴、饮食药膳、建筑亭阁、园林造景、舟车行轿等。书中有许多关于佛教、道教、儒家思想的描写与戏谑，也包含对诗、词、曲、赋、偈、酒令、笑话、谜语、题匾、八股文等各种文体的创作与批评。

《红楼梦》传世版本较多，学界倾向于认为通行本前八十回为曹雪芹所作，后四十回为高鹗、程伟元续作或整理。出于欣赏角度与动机的不同，学者们对于《红楼梦》的作者与内容有许多不同的解读。普通读者往往也见仁见智，"经学家看见《易》，道学家看见淫，才子看见缠绵，革命家看见排满，流言家看见宫闱秘事……"②。《红楼梦》研究催生了一门专门的学问——"红学"，包括文学批评派、索隐派、自传派等。

---

①鲁迅：《中国小说史略》，《鲁迅全集》第九卷，人民文学出版社1981年版，第187页。
②鲁迅：《集外集拾遗补编·〈绛洞花主〉小引》，《鲁迅全集》第八卷，人民文学出版社1981年版，第145页。

图3-10 清绘本《红楼梦》插图

八、《聊斋志异》

清代蒲松龄创作的短篇小说集《聊斋志异》共有四百九十一篇，博采中国历代文言短篇小说以及史传文学的艺术精华，用浪漫主义的创作方法，造奇设幻，描绘鬼狐世界，从而形成了"用传奇法，而以志怪"[①]的艺术特色。

《聊斋志异》题材广泛，内容丰富，成功地塑造了众多的典型形象，反映了广阔的现实生活，提出许多重要的社会问题，揭露封建统治的黑暗，抨击科举制度的腐朽，反抗封建礼教的束缚，具有丰富深刻的思想内容。郭沫若赞其"写鬼写妖高人一等，刺贪刺虐入骨三分"（蒲松龄故居题联）。《聊斋志异》情节离奇曲折，布局严谨巧妙，人物形象鲜明，文笔典雅凝练，描写细腻传神。

第五节 中国现、当代文学一瞥

一、鲁迅的文学史地位变迁

鲁迅是中国现代文学的开创者与奠基人，也是现代文学的一座高峰。20世纪20年代以来，鲁迅作品不断被选入中小学语文教科书，特别是1949年后在规整与重塑国民意识形态的过程中，鲁迅作品受关注的程度日渐提升。鲁迅虽然得到了学界的高度肯定，但关于中小学教科书收录其作品的篇目，近些年来一直存在争议，并且每有调整都会引起很多社会关注。事实上从边区教科书开始，各种教科书对鲁迅作品的选择几乎都是基于

---

①鲁迅：《中国小说史略》，《鲁迅全集》第九卷，人民文学出版社1981年版，第216页。

工具理性的，且愈演愈烈。长期以来鲁迅的贡献被强烈符号化为"硬骨头精神""韧性地战斗"，鲁迅本人也被誉为"空前的民族英雄"，尤其是具有强烈现实批判性的鲁迅后期杂文被过分渲染，甚至被无情地异化，却又巧妙地与当下的现实形成隔膜。

历史已经多次证明，很多时候祭出鲁迅作为旗帜的人恰恰是与鲁迅精神背道而驰的。在20世纪20年代末关于"革命文学"的论争中，由于革命文学的部分倡导者夸大文学的社会功能，一度曾将批判的矛头指向鲁迅等进步作家。鲁迅不赞成把革命与文学分开，使革命凌驾于文学之上，而是把革命及所有观念性的东西统一到文学中。文学必须首先成为艺术，具有文学性，然后才是其他。此后在20世纪七八十年代，人们对"政治"利用鲁迅的情况有所反思；在20世纪与21世纪之交，在国内社会因素的刺激与西方后现代主义思潮的影响下，又有人对鲁迅作品的时代意义和价值表示怀疑。直至今日，争论仍在进行。争论的根源在于对鲁迅文学创作的关注存在畸轻畸重的片面化理解，而且对鲁迅的《中国小说史略》等学术成果的关注与解读严重不足。

图3-11 不同版本的《中国小说史略》书影

鲁迅丰富的生活经历与深厚的文化修养决定了他作品的高度与思想深度，根本上而言他是一个思想家。鲁迅致力于改造国民性，首先，他批判国民性中的奴性，他说中国的历史就是做稳了奴隶的时代和想做奴隶而不得的时代"一治一乱"的循环过程；其次，他更严肃地批判知识分子，批判他们的趋炎附势与"帮闲"心态；再次，不同于启蒙思想家用俯瞰的方式观察社会，鲁迅毫不留情地解剖自己，进而推及他人；最后，鲁迅不仅批判国民性的弱点，更发掘中国可贵的精神，指出"埋头苦干、拼命硬干、为民请命、舍身求法、有自信、不自欺"（鲁迅《中国人失掉自信力了吗》）是中国国民性的内在力量。

二、被浪漫化的"80年代"

20世纪80年代被许多经历过那个年代的知识人视为最美好的年代。在为数不少的反思文字中，80年代常常被赋予与"五四"相当的历史意义，被视作当代思想解放、学术昌明的符号象征。如北岛在访谈中讲到，"80年代就是中国20世纪的文化高潮"①。

一方面，思想解放和改革开放带来文化的多元化和意识形态的开放性，以此为标志的现实语境促成了中国文学在风格、形态、思维、流派等各个层面从一元到多元的转化，客观上促进了中国新时期文学走向繁荣和现代化。西方历时性发展的现代思潮并时性传入重开国门的中国，对中国文学，尤其对20世纪80年代文学的影响与渗透是全方位、多层次、无处不在的。

另一方面，"伤痕文学""反思文学""改革文学""先锋文学"虽不具有超越性的价值，也无跨越性的进步，但关键在于"文化大革命"十年造成了文学的沉寂与压抑，相形之下20世纪80年代文学大有横空出世之势，加之普遍显现出浪漫而诗意的情怀，甫一出现便立即受到热烈追捧。实际上80年代文学是时人解读历史、社会与不堪回首的人生经历的一种途径。解读中突出对社会历史的批判，而文学的审美功能悄然退居次要位置。是以80年代文学的启蒙意识与中心地位，和它过分追求激情与宏大叙事的模式，以及让知识分子过多地承担救赎角色的理想，在时过境迁后势必不会长久持续下去。

让文学承担重大历史使命，强调文学的政治与教化功能，历来是中国文学的基本传统。如"太上有立德，其次有立功，其次有立言，虽久不废，此之谓不朽"（《左传·襄公二十四年》），将文学成就与品德修养和事功相提并论。再如张载的"为天地立心，为生民立命，为往圣继绝学，为万世开太平"（黄宗羲《宋元学案》卷十七《横渠学案》），进一步将文学与学问的功用上升到无以复加的高度。这类言说至今还影响着人们对文学的认识和评价。

自20世纪90年代以来，随着文学轰动效应的消失和启蒙功能的无以为继，知识分子的精神领路人地位归于消解，文学开始向内转，并逐渐由中心走向边缘。当今世界进入自媒体时代，迅猛发展的电子媒介对传统文学样式产生了巨大的冲击，文学面临被进一步边缘化的风险。或许"80年代"作为难以复制的绝响，会成为知识人心口上的"朱砂痣"，它必将作为一种乌托邦形象而长期引人遐想，犹如佳酿历久弥醇，这种浪漫化还会有进一步加剧的可能。

①查建英：《八十年代：访谈录》，生活·读书·新知三联书店2006年版，第80—81页。

第四章 中国艺术

艺术，古代指六艺及术数方技等各种技能，历代文献中都对艺术涵盖范围有或大或小的限定。现代多用艺术指称通过塑造形象以反映社会生活而比现实更具典型性的艺能方式。艺术包括几乎所有与人生密切相关的创造性学问，是文化中最具有代表性和独特性的部分。中国艺术包括音乐、绘画、舞蹈、雕塑、建筑、影视等多个门类，其中音乐、绘画、书法与建筑四种艺术形态既具有悠久的历史，又较好地体现了中国艺术的特色与风味。

中国传统音乐在漫长的农业社会中形成、积淀，在历代各民族音乐的传承以及和外来音乐的交融中发展、创新。中国素有"书画同源"之说，书法和绘画作为姊妹艺术有如西方艺术中建筑和雕塑的地位，统领着艺术的其他门类，比较集中地体现了艺术的基本特征。中国建筑艺术是一种综合的、空间的、造型的艺术，凝聚了中国数千年的文化历史和实践经验，被誉为无言的诗、立体的画、凝固的音乐，体现完整的历史，并与自然和谐一体。

第一节 中国音乐艺术概观

音乐是通过呈动态的音响形式在时间中展开，以演唱或演奏等二度创作的表演方式塑造艺术形象，表现思想感情，产生艺术效果的听觉艺术。根据出土的公元前五千多年的陶埙的发音推断，中国民族音乐思维的基础五声音阶（宫、商、角、徵、羽）出现在新石器时代晚期，后来加上"二变"（变徵、变宫）的七声音阶至少在商代已经出现。在中原音乐中，五声体系一直占有主导地位。周代先民已确立了"八音分类法"，有吹、拉、弹、打四大类乐器，分别由金、石、土、木、匏、革、丝、竹八种材料制成。律学上突出的成就见于《管子·地员》所载的"三分损益法"。中国传统音乐主要由民间音乐、宫廷音乐、文人音乐和宗教音乐四大部分组成，其中宗教音乐包括道教音乐、佛教音乐及其他宗教音乐，在此从略，以下分述其余三种，另就中国戏曲做一点简单介绍。

一、文人音乐

在古代中国，音乐和文学同是知识阶层的必修课，在其日常生活中有着重要地位，且二者关系密切。文人音乐是由历代具有一定文化修养的知识阶层人士创作或参与创作的传统音乐，主要包括琴乐和词调音乐。在古琴记谱法减字谱创制方面，以及对琴谱的搜集、整理、保存、出版等方面，历代文人都做出了重要贡献。

在春秋战国时期百家争鸣的过程中，音乐思想也呈现出繁荣景象。其中，儒家注重音乐的政治、教化功能；墨家承认音乐的美感，但否定其社会功能；道家从哲学思想出发对音乐予以有选择的肯定。汉代西域的音乐与乐器传入中原，中国音乐随之发生重大变化。汉代成书的《淮南子》各篇均有论乐文字，论述虽然零散、简略，但其思想却全面系统，内容也丰富深刻，涉及音乐创作、表演、欣赏、功用等多方面的问题，影响到后世阮籍、嵇康的音乐美学思想。北宋沈括《梦溪笔谈》的乐论部分广泛涉及乐器、乐曲、宫调、乐谱、律学、音乐思想和音乐声学等领域，其中有些内容为音乐史上的首次记录。

三国、两晋、南北朝时期，传统音乐文化的代表性乐器古琴趋于成熟，相继出现了嵇康、阮籍等一大批文人琴家和《广陵散》《猗兰操》《酒狂》等一批著名曲目。元末明初有《海青拿天鹅》《十面埋伏》等琵琶名曲问世。《平沙落雁》《流水》等琴曲及《阳关三叠》《胡笳十八拍》等琴歌广为流传。明代朱权编辑的《神奇秘谱》收曲六十三首，是中国现存最早的一部古琴曲集谱。

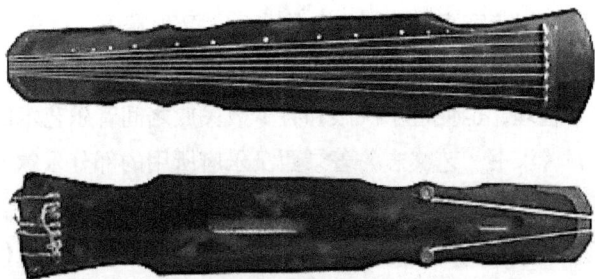

图4-1 古琴

词调音乐是配词歌唱的一种音乐体裁形式。文人对于词调音乐的贡献主要在于择腔（倚声填词）、创调与理论研究。《诗经》中保存有一些三言、四言诗，是和曲吟唱的。《礼仪·乡饮酒》和《燕礼》说："工歌某某诗，笙某某调，乃间歌，乃合乐。"说明演奏的次序是先歌诗，次吹笙，复次歌吹间作，最后合乐。战国时期中国南方的楚国，音乐异常发达，其文学也与之俱进。按照《九歌》王逸注，不同于中原的"半音派"，楚人不用变宫、变徵两个半音而纯用整音，所以能够产生新的《楚辞》文学，与北方《诗经》文学表现出明显差异。从乐器与诗词形式的发展变化中大致可以推知，自汉代古诗、乐府诗，六朝隋唐律诗、绝句，宋代的词，到元代的曲等，文学样式随音乐而演进，音乐又随文学而嬗变，彼此影响。

文人也较早注意到中国音乐具有明显的地域性差别。《左传·襄公二十九年》记载季札观乐纵论各国风诗；汉代王冲《率性篇》提到不同地域音乐风格的差异——"齐舒缓、秦慢易、楚急促、燕戆投"。三国魏阮籍《乐论》指出："楚越之风好勇，故其俗轻死；郑卫之风好淫，故其俗轻荡。轻死，故有火蹈赴水之歌，轻荡，故有桑间濮上之曲。"两晋南北朝时期，由于国家长期处于战乱分离局面，南北音乐分头发展，各具特色。北方提倡"胡乐"，南方则有"清商曲"。由汉魏迄于六朝，南方清乐尚用琴瑟，北地歌诗多用箜篌和横吹。

二、宫廷音乐

中国宫廷音乐指历代王朝在宫廷内部或朝廷仪式上为宫廷统治者演奏的音乐，按功能可分为典制性音乐和娱乐性音乐。典制性音乐主要用以显示典礼的隆重和皇帝的威严，包括祭祀乐、朝会乐、卤簿乐等；娱乐性音乐以供人欣赏、愉悦身心为目的，包括筵宴乐、行幸乐、吹打乐等。

夏乐在历史上被称为"奢乐"，代表乐舞有《大夏》（又称《夏籥》），是歌颂大禹治水事迹的乐舞。商乐史称"巫乐"，代表乐舞有《大濩》，相传是商汤命伊尹创作的，用以歌颂开国功勋。西周时期宫廷建立了完备的礼乐制度，用于郊庙祭祀、朝会、典礼的雅乐鼎盛，用于招待宾客、休闲娱乐的燕乐（又称宴乐）也很发达。

秦朝设置太乐令、太乐丞及乐府令、乐府丞。汉袭秦制，乐府机构沿承下来，有利于对民间音乐的收集整理，也促进了汉族和各少数民族之间音乐艺术的交融。至汉武帝时，乐府兴盛一时，《汉书·艺文志》著录西汉乐府所用的部分乐歌计三百一十四篇，包括鼓吹曲与相和歌两大类。

隋唐时期，宫廷燕乐大盛，出现了七部乐、九部乐、十部乐。唐代大曲中的法曲名作《霓裳羽衣曲》，传为唐玄宗李隆基所作，是吸收了道教音乐和西域音乐并融入了外族音乐元素创作而成的，流传至今。宋代的宫廷音乐艺术向着小型、精致的审美趋向发展，仅裁取唐代大曲中的一段或几段进行演奏，称为"摘遍"；乐器独奏和小合奏等具有独立地位的纯器乐形式也开始盛行于宫廷，并体现出高超的演奏技艺。

三、民间音乐

民间音乐一般是指在民间形成并流传的各种音乐体裁，如民间歌曲、民间歌舞音乐、民间器乐、民间戏曲和说唱音乐等。古代中国初民有《葛天氏之乐》等歌、乐、舞三位一体的原始乐舞，以及骨笛、骨哨、埙、鼓、土鼓、磬、钟等从劳动工具和生活用具中分离出的原始乐器。春秋战国时期，随着民间音乐的兴起，盛极一时的雅乐逐渐衰落，史称"礼崩乐坏"，"郑卫之音"等民间俗乐兴起，引发了音乐的新变革。

民间音乐可谓传统音乐中其他音乐形式的"根"或"源"。"雅乐"是宫廷乐官和乐工到民间采集"俗乐"整理、加工、改编而成的；宗教音乐是在民间祭祀典仪中的曲调和器乐等基础上逐渐演变而成的；文人音乐以民间音乐作为艺术形态和内容根基，由文人加工创作而成。如战国时期民间流行的巫舞"九歌"及"成相"，前者经过屈原的加工收入《楚辞》；后者则成为说唱音乐的远祖。

民间音乐贴近民众的生活，在社会变迁中发展，在社会进步中传承，全面真实地反映了各时期、各地域、各民族的文化传统、生活习俗、民族风格、地方特色和精神面貌。民间音乐的传承主要靠口耳相传，具有流变性的特点。

四、中国戏曲

中国戏曲是以唱、念、做、打综合表演为中心的戏剧形式，它把曲词、音乐、美术、表演的美熔铸为一，充分调动各种艺术手段的感染力，形成中国独有的节奏鲜明的表演艺术，以综合性、虚拟性、程式性为主要艺术特征。中国戏曲的发展，从先秦的"俳优"、汉代的"百戏"、唐代的"参军戏"、南宋的南戏、宋元的杂剧，到明代的传奇和清代的海盐、余姚、弋阳、昆山"四大声腔"，直到京剧的形成而达到高潮。

京剧、豫剧、越剧、黄梅戏和评剧被誉为中国五大戏曲剧种。其他剧种有昆曲、吕剧、粤剧、淮剧、川剧、秦腔、晋剧、汉剧、河北梆子、湘剧、湖南花鼓戏等。

京剧又称平剧、京戏、国剧，是中国影响最大的戏曲剧种。京剧是在徽戏和汉调基础上，由"西皮""二簧"两种基本曲调构成的皮簧腔初步形成后，再吸收昆曲、秦腔等戏的优长而逐渐完善的。京剧的主要特点有：一是男扮女（越剧中则常见为女扮男）；二是划分生、旦、净、丑四大行当；三是有夸张性的化装艺术——脸谱；四是"行头"（戏曲服装和道具）有基本固定的式样和规格；五是利用"程式"进行表演。

昆曲又称昆剧、昆腔、昆山腔，是中国最古老的剧种之一，也是中国传统文化

图4-2 京剧脸谱

艺术中的珍品。昆曲发源于14世纪的苏州昆山，后经改良而走向全国，自明代中叶起独领中国剧坛近300年。昆曲糅合了唱念做打、舞蹈及武术等，以曲词典雅、行腔婉转、表演细腻而著称，因各剧种竞相追随而被誉为"百戏之祖"。

越剧被誉为"流传最广的地方剧种"，发源于浙江嵊州，在发展中汲取了昆曲、话剧、绍剧等特色剧种之大成，经历了由男子越剧到女子越剧为主的历史性演变。越剧唱腔委婉、表演细腻、抒情优美，已经成为仅次于京剧的一大剧种。

黄梅戏是安徽省的地方戏之一，旧称黄梅调，主要流行于安徽及江西、湖北的部分地区。黄梅戏起源于湖北黄梅的采茶歌，传入安徽安庆地区后，又吸收了当地的民间音乐发展形成。黄梅戏载歌载舞，唱腔委婉动听，表演朴实优美，生活气息浓厚。

第二节 中国绘画艺术略说

中国画简称"国画"，也称"丹青"，最初是画在陶器、地面和岩壁上的，渐而发展到画在绢、帛、宣纸上并加以装裱的卷轴画。与西洋画相比，中国画注重"神似"，以写意为主，讲求恬静、和谐及与自然的融合，注重表现画家所追求的意境和情趣。在表现方法上，中国画采用一种散点透视的视角；在画面的构成上，中国画着眼于用笔墨造型，讲究诗、书、画、印交相辉映，形成独特的形式美与内容美。

一、题材

（一）人物画

人物画是以人物形象为主体的绘画。东晋顾恺之（约346—407）专尚人物画，明确提出"以形写神"的主张，传世作品有《女史箴图》《洛神赋图》《列女仁智图》等。初唐人物画家阎立本所传《步辇图》，是对一次真实历史事件的写照。盛唐吴道子（约680—759）擅长佛道人物画，有"吴带当风"之誉。他以娴熟的技巧、奇异的想象、准确的造型、独创的风格，赢得了"画圣"美名。苏轼认为："诗至杜子美，文至韩退之，书至颜鲁公，画至吴道子，而古今之变，天下之能事毕矣。"（苏轼《东坡题跋》）

历代著名人物画还有唐代韩滉的《文苑图》，五代南唐顾闳中的《韩熙载夜宴图》，

图4-3 吴道子《天王送子图》

北宋李公麟的《维摩诘像》，南宋李唐的《采薇图》、梁楷的《李白行吟图》，元代王绎的《杨竹西小像》，明代唐寅的《秋风纨扇图》、仇英的《列女图卷》、张宏的《击缶图》和《布袋罗汉图》、曾鲸的《侯峒嶒像》，清代任伯年的《高邕之像》，现代徐悲鸿的《泰戈尔像》等。

（二）山水画

山水画是以描写山川自然景色为主题的绘画，常描绘山峦烟树，尤多峥嵘峰岩，善表现清逸之气和隐士风度。传统山水画有水墨、青绿、金碧、没骨、浅绛、淡彩等形式。山水画在魏晋南北朝已有发展，但多作为背景附属于人物画，隋唐始独立，吴道子亦被视为山水画之祖。王维提出"水墨为上"，后人宗之。水墨山水以笔法为主导，充分发挥墨法的功能。"墨即是色"，以墨的浓淡变化表现色的层次；"墨分五彩"，用多层次的水墨色度代替色彩缤纷。五代、北宋山水画大兴，形成南北两大派系并达到高峰；元代山水画趋向写意，明代山水画师法自然造化，富有生活气息。

赵孟頫（1254—1322），诗文书画全能，绘画方面推崇唐人笔墨，提倡"作画贵有古意，若无古意，虽工无益"。赵孟頫的人物画有唐代人物的造型和笔法古拙的特点，如《浴马图》《红衣罗汉图》；他的山水画有两种风格，一种青绿着色，另一种浅绛着色，有时则二者兼而用之，如《鹊华秋色图》；他的墨笔画多画枯木、竹石、幽兰，还特别注重在绘画的笔墨中追求书法的运笔趣味。

董其昌（1555—1636），著名画家、书法家和鉴赏家，擅长山水画，讲求笔致墨韵，所画山水清润秀逸，烟云流动。他主张"读万卷书，行万里路"（《画禅室随笔》卷二〇《画诀》）。他提出著名的"南北宗"论，认为中国山水画从唐代开始分为两派，一派是李思训父子开创的着色山水，是为北宗；另一派是王维开创的水墨山水，是为南宗。贯穿这一派别划分的主要思想是推崇水墨或加浅绛的山水画，贬斥工笔青绿设色的山水画；推崇文人画家，贬斥工匠和职业画家。

（三）花鸟画

魏晋南北朝之前，花鸟作为中国艺术的表现对象，一直以图案纹饰的方式出现在陶器、铜器上；魏晋南北朝时已有不少独立的花鸟画作品，如顾恺之的《凫雁水鸟图》、史道硕的《鹅图》、陆探微的《半鹅图》、顾景秀的《蝉雀图》、袁倩的《苍梧图》、丁光的《蝉雀图》、萧绎的《鹿图》等。花鸟画在唐代独立成科，其画法大致可分为工笔花鸟和写意花鸟两类。杜甫有诗赞薛稷画鹤曰："薛公十一鹤，皆写青田真。画色久欲尽，苍然犹出尘。低昂各有意，磊落似长人。"

属于花鸟画范畴的鞍马画（也有将其另立为禽畜画的分法）在唐代已有较高的艺术成就。韩幹（一说韩斡）的《照夜白图》画肥壮马一匹，拴于桩上，昂首嘶鸣，十分生动；韩滉的《五牛图》画牛五头，各具姿态，所用线条粗壮有力，表现出牛的健强和坚韧，惟妙惟肖。

清代中期"扬州八怪"中影响较大的郑燮，号板桥，其诗、文、词、曲都写得很好，书法也很有特色，但以画最为有名。当时人们赞他有"三绝"（画、诗、书）和"三真"（真气、真意、真趣）。郑板桥以画兰、竹和石头出名，他的画形象丰富多样，极其生动，充分体现了思想与个性。

二、技法

（一）工笔画

工笔画在唐代已盛行起来。唐代工笔画之所以能取得卓越的艺术成就，一方面在于绘画技法日臻成熟，另一方面也受益于绘画材料的改进。据米芾《画史》所载："古画至唐初皆生绢，至吴生、周、韩幹，后来皆以热汤半熟，入粉捶如银板，故作人物，精彩入笔。"

图4-4 《清明上河图》

北宋末年张择端（1085—1145）的杰作《清明上河图》，绢本设色长卷，画面依次展现了东京城郊、汴河河道和热闹繁华的街道、店铺、酒楼，中段以"虹桥"为中心，气氛热烈，达到高潮。时值清明，去郊外扫墓的人在轿顶上插满了杨柳杂花，点出了季节和风俗。全图共画各色人物五百五十多人，造型生动。画中情节有赶集、买卖、闲逛、饮酒、闲谈、拉纤、牵车、乘轿、骑马等。景物有茅屋农舍、高大城门、官府宅第、店铺、酒楼和各类船只、车轿、各类牲畜等。画面中街巷、屋宇、车辆、货船等景物的布局错落有致，远近、疏密、动静、繁简安排得当，整幅画卷规模宏大，结构严谨，浑然一体。

（二）写意画

董其昌称："画山水唯写意水墨最妙。"写意画用简练的笔法描绘景物，不追求表现对象的形体准确与逼真，而重在表现气韵，主张神似，贵在得意，以留白求余韵。唐代王维一变勾斫之法，创造了"水墨淡，笔意清润"的破墨山水，促进了写意画的形成。写意画讲求气韵和笔法。它以淋漓的水墨、纵横的笔法、弥满的气势取胜，通过画的立意叩动欣赏者的心弦，产生回味不尽的画意。南朝齐梁间的谢赫提出中国绘画创作的"六法"：气韵生动，骨法用笔，应物象形，随类赋彩，经营位置，传移摹写。写意画讲求意存笔先，书尽意在，以画境展现诗性的心"意"，较工笔画更能体现所描绘景物的神韵，同时也强烈地体现画家的所思所想与内在感情。

三、文人画

文人画亦称"士大夫画"，泛指中国封建社会中文人、士大夫所作之画，以别于民间画工和宫廷画院职业画匠的绘画。陈衡恪指出文人画需具备四个要素：人品、学问、才情和思想。通常文人画多取材于山水、花鸟、梅兰竹菊和木石等，标举"士气""逸品"，崇尚品藻，讲求笔墨情趣，强调神韵，重视文学、书法修养和画中意境的缔造。

唐代王维（701—761）为文人画的创始者。他的诗作与水墨山水画二者兼美，为后世所推崇，苏轼称赞他"画中有诗，诗中有画"。北宋文学家、书法家、画家苏轼（1037—1101）善画枯木竹石，推进了文人画的发展，并在文人画的理论方面提出了一系列的见解。宋徽宗赵佶（1082—1135）善画花鸟和山水，有《四禽图》《雪江归棹图》《柳鸦图》《祥龙石图》等作品。因宋徽宗个人对绘画的极度爱好，宋代中叶甚至可以"以画考官"，"竹锁桥边卖酒家"和"野渡无人舟自横"等诗句都曾用作考试的画题。

第三节 中国书法艺术简史

中国书法艺术以笔、墨、纸、砚等"文房四宝"为表现工具，通过用笔用墨、结构章法、线条组合等方式表现汉字造型。书法既表现书写者的主观精神，也折射出书写者的生活感受、学识、修养、个性等，有"字如其人""书为心画"等说法。中国书法艺术的发展与汉字的发展演变约略同步，书法珍品与书论精髓作为书法的实践产物和理论结晶相辅并行。随着社会发展和实际应用的需要，以及不同时期人们对书法品味的追求不同，书法字体在历经演变后逐渐稳定下来，最终形成篆、隶、楷、行、草五大字体。中国书法以不同的风貌反映出历史变迁与时代发展的精神。

一、汉魏尚象

先秦为中国书法艺术奠定了坚实的基础。秦简化大篆创制小篆、整理隶书的"书同文"结束了"言语异声""文字异形"的状态，为书法作为一种独立艺术而存在奠定了基础，也为后世各种书体的发展、变革和繁荣创造了条件。汉代是中国书法艺术的发轫期，欣赏书法蔚然成风，从实用到审美是书法艺术史上的一大飞跃。汉代书法以隶书为主体，草书亦有发展。西汉学者、文学家扬雄在《法言·问神》中提出"书，心画也"的著名论断。这里的"书"虽不是专指书法，但它最早论述了书法同书法家思想感情之间的关系，也概括了书法艺术表情达意的特质，对后世的书法创作和书法理论产生了深远影响，成为中国书论的源头。最早专题论述书法的文章是东汉书法家崔瑗的《草书势》。崔瑗认为草书的出现正反映了社会对书写由繁到简的需要，他描述并赞扬了书法的形态美和动态美，对书法的艺术审美功能和价值做了充分肯定。东汉蔡邕的《笔论》运用丰富的比喻，强调书法创作的体势应融入自然界各种生动的形态。

二、晋人尚韵

魏晋南北朝时期，书法艺术达到了它的第一个高峰，古代书法理论也进入成熟期。晋代书法流美妍媚，风流潇洒，反映了士大夫娴静清雅的生活方式与审美追求。两晋时，真、行、草三体俱备，是中国书法史上继汉代"隶变"后的又一巨大变革。钟繇、王羲之开辟了中国书法史上的新时代，为后世所宗法。

王羲之（321—379）被誉为独步千载的"书圣"，其书法穷变化、集大成，刚柔相济、虚实相生、动静结合，"总百家之功，极众体之妙"（赵孟頫语）。梁武帝萧衍赞之为"龙跃天门，虎卧凤阙"。唐太宗李世民赞之为"飘若浮云，矫若惊龙"；"烟霏露结，状若断而还连；凤翥龙蟠，势如斜而反直"。诸说概述了王羲之书法的精湛造诣和妙趣天成。

王羲之《笔势论》引自然界的物象喻笔势："划如列阵排云，挠如劲弩折节，点如高峰坠石，直如万岁枯藤，撇如足行趋骤，捺如崩浪雷奔，侧钩如百钧弩发。"其追求灵动之美的艺术灵感悉数来自对自然的仔细观察。他在《书论》中鲜明地揭橥了自己的审美情趣和艺术主张："每书欲十迟五急，十曲五直，十藏五出，十起五伏，方可谓书；若平直相似，状如算子，上下方整，前后齐平，此不是书。""迟急"是书写时的节奏，曲直、藏出、起伏则强调变化，若单调、千篇一律、"状如算子"般方整齐平则失去了艺术应有的魅力。

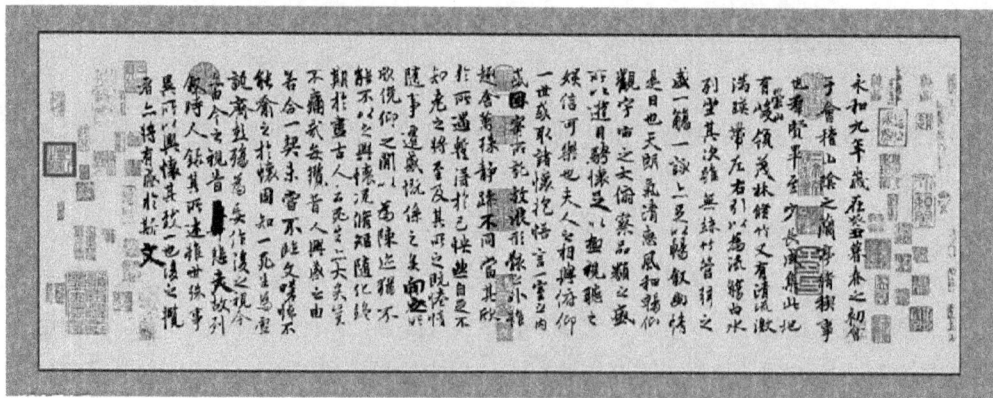

图4-5 《兰亭序》

王羲之《兰亭序》中有"之"字二十处，波磔撇捺，互不相同，字字有特点，笔笔有新意，曲折多姿，引人入胜，千变万化，终不失法度，表现了形式诸因素的多样性统一，显现出雅士超然的风格。明代解缙赞《兰亭序》云："字既尽美，尤善布置，所谓增一分太长，亏一分太短。"既是热情的讴歌，也是公允的评价。

三、唐人尚法

隋唐时代是中国古代书法理论的兴盛期。唐代书法不但诸体初备，而且法度谨严、气魄雄伟，具有力度美。楷书到唐代已十分成熟，世称"虞（世南）、欧（阳询）、褚（遂良）、薛（稷）"的初唐四家是代表人物。欧阳询（557—641），书学二王，但又独具风格，自成一派，开创了"欧体"这一独创字体，尤擅小楷，妍美紧凑，技艺超群。

颜真卿（709—785）是继王羲之后中国书法史上又一位集大成者，开创了有唐一代刚健雄强的书风，显示出盛唐气象。颜体楷书是楷书革新定鼎之体，著名者有《颜勤礼碑》《颜家庙碑》等。颜真卿还倡导行草变化。继《兰亭序》之后，公认的"天下第二行书"——其《祭侄季明文稿》（《祭侄帖》），有圣哲贤达之风，被誉为中国书法史上最具抒情意识的盖世之作。稍晚的柳公权（778—865）亦受到颜真卿的影响，后世将二者并称为"颜柳"。颜真卿的书法筋力丰满，气派雍容堂正，柳公权的书法则偏重骨力劲健，有"颜筋柳骨"之谓。

李邕（北海）、张旭、怀素在行草或大草（狂草）上有重要突破。张旭的草书有颠狂怪奇的气势，怀素的草书有圆转飞动、空灵剔透的气韵，二人并称"颠张醉素"。"草圣"张旭（675—约750）的草书笔画肥劲精绝，丰逸天纵，连绵萦绕。《肚痛帖》把书法艺术升华到用抽象的点线去表现书法家思想感情的高度。怀素（725—785）《自叙帖》写得活泼飞动，笔下生风，舒缓飘逸，从容不迫，既是狂怪怒张笔墨飞舞的狂草书，又是"心手相师势转奇，诡形怪状翻合宜"的抒情之作。李白赞怀素诗云："吾师醉后倚绳床，须臾扫尽数千张，飘风骤雨惊飒飒，落花飞雪何茫茫。"五代释贯休《观怀素草书歌》称道怀素草书"势崩腾兮不可止，天机暗转锋芒里"；"天马骄狞不可勒，东却西，南又北，倒还起，断复续"，赞其动中寓静，静中寓动，动不失规矩，静不失变化，奇无不可，正无不可，完全达到了出神入化的境界。

四、宋人尚意

宋代书法有纵横跌宕、沉着痛快之风，书法理论进入变革期。作为"宋四家"（苏、黄、米、蔡）之首和一人独擅诗、文、书、画"四绝"的苏轼，深谙书法辩证之妙，他不同意杜甫"书贵瘦硬"的主张，认为"短长肥瘠各有态，玉环飞燕谁敢憎"，又自评其书"端庄杂流离，刚健含婀娜"。苏轼的《黄州寒食诗帖》笔酣墨饱，神完气足，错落有致，婀娜多姿，巧妙地将诗情、画意、书境三者融为一体，被誉为"天下第三行书"，尽显学士才子的风格。

五、元、明尚态

元、明两代书家不满宋人书法造意运笔放纵的倾向，上追晋唐，力求雅韵，讲究书法的结构造型与形态美，是为"尚态"，但都带有不同程度的时俗特色。元代中期出现了书法艺术的集大成者赵孟頫。他于楷书独创一体，与唐代欧、颜、柳三家齐名，史称楷书"四大家"。赵孟頫高执复古大旗，上承晋规，一扫宋末旧习于书法一艺对韵、态、姿、媚的审美选择，变尚意为尚态，开一代书风。

明中叶以后，书坛有祝允明、文徵明、王宠、唐寅等大家出现，号称"中兴"。他们的书法各有所成，或清秀，或高古，或儒雅，但仅以其独特的个性之美充实、丰富、发展、强化了明书之"态"。晚明书法艺术在馆阁体充斥朝廷内外的背景下，一些文人书家力图求变，出现了邢侗、董其昌、张瑞图、米万钟等晚明"四家"，其中以董其昌影响最大，《佩文斋书画谱》谓之"书法圆劲苍秀，兼有颜骨赵姿"。

六、清代尚质

清代反对宋儒空谈义理、推崇汉儒朴实治学的"乾嘉学派"学风对书法有潜移默化的影响，清代书风的主导倾向为"尚质"。"质"的内涵是古拙劲质，"自少妖妍"（窦蒙《述书赋语例字格》），是对元明两代"尚态"的一种反拨。清中期开始逐渐形成了帖学与碑学明显分流的格局，帖学逐渐转衰，碑学则日渐兴盛。清朝中晚期，由于甲骨文出土与篆隶重放光彩，中国书法平添无限生机，真草隶篆"四体"粲然大备，书法艺术臻于完善。篆书和隶书最能代表清代的文化氛围和书人的精神气质。清代攻研篆、隶成就卓著者，当推邓石如（1743—1805），他的篆书结体灵动，用笔自然，隶书遒丽劲质，古朴浑融，打破了僵化的传统格局，可谓尚质书风的一代宗师。邓石如在书法理论上也颇多创见，"计白当黑"论具体化了"笔不到而意到"的道理；"疏处可以走马，密处不使透风"，清楚地阐释了虚实对比的艺术理论。

七、近代以后

近代以后的书法大家中，于右任、赵朴初、启功堪称代表。于右任（1879—1964）博采众长，融会贯通，自成一家，形成著名的"于体"草书，首创"标准草书"，被誉为"民国草圣"。赵朴初（1907—2000）书法以行楷、行草见长，作品整体章法取疏淡格局，点画变化较为突出，结体方正严谨、深厚圆润，浓郁朴茂，骨气深隐，俊朗神秀。启功（1912—2005）书法结体精严，笔画清朗刚健，布势轻重有别，主宾相济，风神俊秀且雅俗共赏，具有鲜明的个性特点。启功亦精于古代书画和碑帖的鉴定，《论书绝句百首》是他数十年书法实践、研究的结晶。

第四节 中国建筑艺术举例

梁思成指出，中国建筑结构取法及发展方面有四个特征：一是以木料为主要构材；二是历用梁柱式建筑的构架制结构原则；三是以斗拱为结构关键并为度量单位；四是建筑的外部轮廓优美且富有吸引力。[1]在形形色色的建筑形体中蕴含着与自然相调和，追求宁静清朗、涵养平和气息，模拟鸟兽草木形态以克服单调呆板等中国建筑艺术的哲学思想和艺术规范。

中国传统建筑在结构、色彩、平面布置三个方面以其深刻的哲学内涵、高超的营造技艺、丰富的审美特征及独特的民族性而享誉世界。中国古典建筑的立面构图主要由下部的台基、中间的房屋本身和上部翼状伸展的屋顶三部分构成。中国建筑特有的飞檐斗拱使静态的建筑呈现出灵动之美。色彩方面，皇家宫殿建筑以黄色的瓦、红色的墙为基本色调，辅以彩色绘画图案装饰的木构架和汉白玉基座，显得富丽堂皇、庄严崇高。江南园林建筑，粉墙、黛瓦的白与黑组合在一起，穿堂、天井、院落高低错落，庭院深深，有如水墨画，对比效果鲜明强烈。在平面布置上中国建筑主要体现均衡美，突出中心空间，且大多与中轴线相关。

一、秦始皇陵

陕西临潼的秦始皇陵地面建筑豪华，地宫内的建筑和陪葬品奢侈。陵园仿照都城咸阳的布局建造，大体呈回字形。地宫和封冢为中心，布局合理，形制规范。庞大的宫殿建筑群十进式院落建筑和一处台基式主体建筑浑然一体。《史记》记载："穿三泉，下铜而致椁。宫观、百官、奇器、珍怪，从藏满之。"（司马迁《史记·秦始皇本纪》）《长安志》载："以水银为百川江河大海，机相灌输。上具天文，下具地理，以人鱼膏为烛，度不灭者久之。"秦始皇陵内有八千多件制成兵马（战车、战马、士兵）形状的殉葬品——兵马俑。兵马俑雕塑是制陶艺术、造型艺术、着色艺术、人文风貌等多方面的体现，被誉为"世界第八大奇迹"。随着历史的演进，后世的陵墓建筑逐步与绘画、书法、雕刻等艺术融合，成为反映多种艺术成就的综合建筑。

---

[1]梁思成：《中国建筑史》，生活·读书·新知三联书店2011年版。

二、北京城与故宫

（一）北京城

元代定都今北京，称"大都"，"京城右拥太行，左挹沧海，枕居庸，莫朔方，城方六十里，十一门"（《元史·地理志》）。明成祖永乐元年（1403）建北京于顺天府，称为"行在"。永乐四年（1406）建北京宫殿，修城垣，十五年改建皇城，十九年告成，改北京为"京师"。嘉靖三十二年（1553）建北京外城。其制以宫城（紫禁城）为核心，周以皇城，最外为京城。清朝入关后一仍明朝旧制而修葺之，京城、皇城、宫城并依原址。

图4-6　北京城中轴线

北京城平面布局的特点是有一条明显的中轴线，在中轴线上布置主要的建筑物，在中轴线的两旁布置陪衬的建筑物。城中以各城门为干道中轴，街道广阔平直。城中街道相交处或重要地点以牌坊门楼为饰。城市布局主次分明，整齐划一，左右对称。

（二）故宫

宫殿建筑是中国古代建筑中级别最高、技艺最精的建筑类型。北京故宫是明清两朝皇帝的宫殿，占地面积七十二万多平方米，建筑面积约十五万平方米，有殿宇廊屋九千余间，它是东方最大的古代宫殿，也是目前世界上最大的木结构建筑群。故宫四周有高大的城墙和宽深的护城河，正中有15里长的南北中轴线贯通，中轴线上的建筑高大华丽，轴线两侧的建筑相对低小简单。

故宫建筑布局继承了古代帝王宫庭前朝后寝的传统格局，分作"前朝"和"内廷"两部分，内廷后又有御花园。前朝以太和、中和、保和三大殿为中心，东西分列文华、武英两殿。内廷以乾清宫、交泰殿、坤宁宫为中心，两旁分列东、西各六宫。乾清、坤宁，法象天地；东西辟门，象日月；十二宫，象十二辰。在中轴线的两侧有慈宁宫、寿安宫、皇极殿、养性殿等专为皇太后、太上皇等养老用的宫殿。宫殿的平面布置自三殿以至后宫的任何一部分，都以一正两厢合为一院，一进或多进庭院合成一组。

三、布达拉宫

布达拉宫坐落在西藏"日光城"拉萨市中心的玛布日山上,布达拉,梵语意为佛教圣地。布达拉宫是世界上海拔最高的宫殿,也是中国藏族建筑艺术的精华。布达拉宫既是一座喇嘛庙,又是一座具有政权作用的宫殿,是中国古代西藏地区政教合一的产物。相传7世纪时,吐蕃赞普松赞干布为了迎娶唐朝宗室的文成公主,在这里创建了宫室。现存其他建筑大都是在17世纪中叶达赖五世受清帝册封后重新修建的。布达拉宫主楼十三层,高一百一十米,东西长三百六十米,内有宫殿、佛堂、习经室、灵塔殿、庭院等建筑。全部建筑依山势层层向上兴造,以其外部红白二色为别,分为红宫和白宫两部分。红宫居中,为历代达赖喇嘛的灵塔殿。白宫居侧,为佛堂、经室、寝宫等建筑。整个建筑群楼高峙,殿宇嵯峨,气势雄伟,宫殿之巅的7座铜瓦鎏金宝顶高低错落,金光灿灿,绚丽壮观。

图4-7 布达拉宫

四、江南园林

中国古代园林布局以师法自然、曲折变化、层次幽深为主要特色,讲求景随时换、步移景转,注重小中见大、移天缩地、集景奇观和动植物的配合,追求"虽由人作,宛自天开"的艺术效果,以模仿自然、接近自然为旨趣。江南园林最能代表中国古典园林艺术的成就,南京瞻园,苏州留园、拙政园,无锡寄畅园并称四大名园,上海豫园,南京玄武湖、扬州瘦西湖、个园、何园与苏州沧浪亭、狮子林、网师园、怡园等亦堪称典范。

江南园林的布局不求整齐划一,不用左右对称,因地制宜,按照山川形势、地理环境和自然条件等灵活布局。"借景"是造园技法中巧妙地运用周边环境的一种表现手法,"园林巧于因借……借者园虽别内外,得景则无拘远近"(计成《园冶》)。把园外之景借入园内,扩展了园林的景区,景与景之间也相互为借、配合协调,构成一个大的环境空间,丰富园林的景色内容。

图4-8 苏州拙政园巧借报恩寺塔

五、四合院民居

　　民居住宅在各建筑种类中与人们的日常生活最为密切。四合院是中国广大地区广泛采用的住宅形式，已延用数千年。四合院民居在形制方面多采用一正两厢的方式，正房与联络周绕它的附属建筑组合成庭院，通常取左右均齐的对称布局。四合院由门、廊、厅堂、寝室、厢房、耳房、倒座、花园等组成，不同的建筑功能分明，主次有序。也可以由许多进、许多排的四合院组成一座四合院组群式的大宅院。

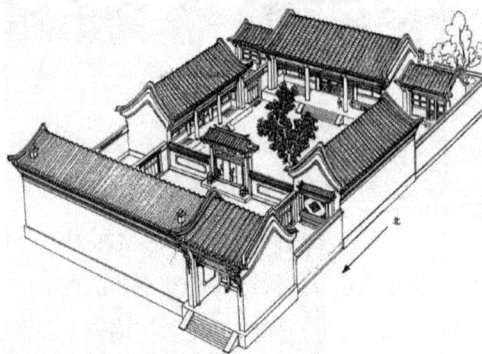

图4-9 四合院

　　四合院在结构方面大多采用木构架的方式，北方多为抬梁式结构，南方常用穿斗式结构，也有用两种结构混合式和"硬山搁檩"结构的。四合院布局的特点是造成一个封闭性的庭院，因自成一个单位而环境安静，居住舒适。

第五章 中国历史

中国历史源远流长，有文字可考的历史将近四千年，官修史书体制完备，私家撰述连绵不绝。卷帙浩繁的中国古代文献中不乏对东亚诸国的早期记载。东亚相关国家间的互动与交流既包含友好往来、互通有无，也包含冲突、对抗，甚至战争。

第一节 中国简史巡礼兼及史籍

一、中国简史

（一）上古史（周以前）

大约在五千年前，中国人已知道了冶炼铜的技术。三千多年前的商代，中国人开始使用铁器；在制陶方面，有了白陶和彩陶；丝织生产也相当发达，产生了世界上最早的提花丝织技术。春秋时期，制钢技术已经出现。

（二）中古史（秦至盛唐）

公元前221年，秦始皇嬴政结束了长达二百五十多年诸侯纷争的战国时期，建立了中国历史上第一个统一的、中央集权的多民族封建国家——秦。秦始皇统一了文字，统一了度量衡，统一了货币，建立了郡县制度。由他奠定的封建国家框架在以后的二千多年间一直被延用。

公元前202年，刘邦建立了强大的汉朝，历经西汉、东汉两代。汉代的农业、手工业、商业都有了极大发展，人口达到五千万。汉武帝时中央政权实际控制的地方从中原扩展到了西域（今新疆及中亚一带）。汉代发明了造纸术，使人类的书写材料发生了根本性变化。

东汉末年经连年战乱，分裂为魏、蜀、吴三国，后进入两晋、南北朝、隋等朝代，李渊于618年建立了唐朝。唐代把中国封建时期的繁荣昌盛推向了顶峰，并与日本、朝鲜、印度、波斯、阿拉伯等许多国家和地区建立了广泛的经济和文化联系。

（三）近古史（唐中叶至南宋亡）

唐中叶以后藩镇割据，经五代十国，到北宋重新统一。南宋时政权南迁，将北方先进的经济、文化推广到南方，促进了该区域的经济开发。宋代天文、科技及印刷术均居世界前列，毕昇发明的活字印刷术是人类印刷史上的一大革命。

（四）近世史（元、明、清中叶）

1206年，成吉思汗建立蒙古汗国。其孙忽必烈1271年入主中原，建立元朝（1271—1368），结束了长达数百年的多政权并立局面，实现了包括新疆、西藏及云南等地区在内的全国大统一。中国古代科技的"四大发明"，至宋元时期相继传入世界各地，对推动世界文明进程做出了巨大贡献。

1368年，朱元璋在南京建立了明朝（1368—1644）。其子朱棣大规模营建北京城池和宫殿，还派太监郑和于1405年至1433年率领庞大的船队进行了七次规模宏大的海上远航，途经东南亚各国、印度洋、波斯湾、马尔代夫群岛，最远到达非洲东海岸的索马里和肯尼亚。郑和下西洋是哥伦布时代以前世界上规模最大、航程最远的海上探险。

明朝后期满族人迅速崛起，于1644年建立清朝（1644—1911），定都北京。康熙在位（1661—1722）时统一了台湾，遏止了沙俄的入侵；也加强了对西藏的管辖，制定了由中央政府最终决定西藏地方领袖的一整套规章制度。清朝全盛时中国疆土面积超过1100万平方公里。

（五）近现代史（晚清以后）

19世纪初，清王朝迅速衰败。英国乘机向中国大量输入鸦片，后为保护鸦片贸易，于1840年对中国发动侵略战争，战后清政府被迫同英国签订了丧权辱国的《南京条约》。此后，英、美、法、俄、日等国家不断强迫清政府签订各种不平等条约，中国逐渐沦为半殖民地半封建社会。

1911年孙中山领导的辛亥革命推翻了清朝统治，同时也结束了延续二千多年的封建帝制，建立了中华民国。1919年爆发的"五四"运动是中国现代历史上许多重大事件的思想源头，它同时引发各种新思潮进入中国，其中包括马列主义。

"革命"作为一个关键词很好地诠释了中国近现代史。近现代一百余年来，革命的对象与方式时有变化，但革命的诉求始终体现为先进的中国人对现代性的追求。自晚清以来，中国的知识分子致力于开掘社会矛盾，并有意识地批判社会现实，这一革命的萌芽在清末的谴责小说中有尤为集中的体现。在内忧外患夹击下，国家要发展、人民要富足成为奢望，甚至一度濒临亡国灭种的边缘。不必说辛亥革命，就连太平天国运动、义和团运动都有旗帜鲜明的革命的一面，因为其共同宗旨在于反帝和（或）反封建；洋务运动、戊戌变法等也理应纳入革命的范畴，因为其共同诉求在于富民强国。

在五四运动的余波中，民众对变革社会弊端的期待在持续增长，与内外敌人的抗争也在持续升级。抗日战争时期，我们举全国之力，不分彼此；国共纷争，说到底是兄弟阋于墙。新民主主义革命与社会主义革命和建设过程中，我们取得了巨大的历史性成就，当然也走过一些弯路，积累了许多经验和教训。其间伴随着对中国传统的审视与价值重估。民族复兴、国富民强这一千秋伟业历百余年艰难曲折，仍然行在路上，我们有现在比历史上任何时期都接近这一目标的自信。

二、中国史籍

（一）史部的构成

按照清代《四库全书总目》的史籍分类标准，史部共包括正史、编年、纪事本末、别史、杂史、诏令奏议、传记、史钞、载记、时令、地理、职官、政书、目录、史评等类别。吕思勉的《中国大历史》将史籍从内容方面分为记载、注释和批评三种。综观中国史籍，历代史书所记载的事实主要有治乱兴亡与典章制度两大类（马端临《文献通考·序》）。

（二）《史记》

《史记》是西汉司马迁撰写的中国第一部纪传体通史，是二十四史的第一部。全书分十二本纪，十表，八书，三十世家，七十列传，共一百三十卷，五十二万余字，记载了从传说中的黄帝到汉武帝太初四年长达三千年的历史，详实地记录了中国上古时期的政治、经济、军事、文化的发展状况。司马迁撰写《史记》的目的在于"究天人之际，通古今之变，成一家之言"（司马迁《报任少卿书》），"原始察终，见盛观衰"（司马迁《史记·太史公自序》）。

图5-1 《史记》书影

"史记"一词，东汉前为一切史书的统称，后成为司马迁"太史公书"的专称。班固称道司马迁"有良史之才，其文直，其事该，不虚美，不隐恶，故谓之实录"，并高度评价《史记》"善序事理，辩而不华，质而不俚"（《汉书·司马迁传》）。鲁迅赞誉《史记》为"史家之绝唱，无韵之离骚"。司马迁以个人力量编写纵贯中国整个上古时代的通史，为中国史籍撰写树立了一个标杆，后世无能出其右者。

（三）《资治通鉴》

《资治通鉴》简称《通鉴》，是北宋司马光主编的一部多卷本编年体史书，历时十九年告成，共二百九十四卷，三百多万字。它以时间为纲，事件为目，从周威烈王二十三年（前

403）写起，到五代的后周世宗显德六年（959）征淮南停笔，涵盖16朝1362年的历史。

《资治通鉴》的内容以政治、军事和民族关系为主，兼及经济、文化和历史人物评价，"专取国家盛衰，系生民休戚，善可为法，恶可为戒者"（司马光《进资治通鉴表》），旨在通过对事关国家盛衰、民族兴亡的统治阶级政策的描述警示后人，尤其供统治者参考借鉴。《资治通鉴》是中国第一部编年体通史，在中国官修史书中占有极重要的地位，与《史记》并称"史学双璧"。

图5-2 《资治通鉴》书影

第二节 古代中国与朝鲜的交流

在历史上，与中国山水相连的朝鲜半岛因地缘接近和相对便利的交通条件，成为中国早期交往的主要对象。举凡典章制度、伦理纲常、佛教信仰、历法正朔、服饰冠带、节庆习俗等都有接触、交流和双向互动。

先秦古籍《山海经》中已有关于古代朝鲜的记载。司马迁在《史记》中专辟篇幅撰《朝鲜列传》，为中国正史中最早的"朝鲜"认知；范晔《后汉书·韩传》则是中国正史采用"韩国"用语的首例。《史记·秦始皇本纪》、《史记·太史公自序》、扬雄《方言》、班固《汉书·地理志》、《汉书·天文志》、桓宽《盐铁论·伐功》中都有关于朝鲜的位置、疆域、中国中原及东北地方政权与朝鲜关系等方面的记载。

一、箕子朝鲜传说

《史记》记载，商纣王的叔父箕子在周武王伐纣后，率五千商朝遗民东迁至朝鲜半岛北部，联合当地土著居民建国，并得到周朝承认，史称"箕子朝鲜"（约前1122—前

194）。《汉书·地理志》亦载，箕子入朝鲜后，带去了礼仪和制度等先进的殷商文化，促进了朝鲜社会的迅速进步。民间传说和《封神演义》等小说中也有关于箕子朝鲜的言说。箕子朝鲜作为朝鲜半岛的地方政权，一直是周、秦的海外属国，直至西汉时被燕国人卫满所灭。

二、卫氏朝鲜

战国时全盛期的燕国曾一度进入朝鲜半岛。朝鲜半岛北部各地出土了大量燕国的货币明刀钱，说明燕国与古朝鲜经济往来密切。秦灭燕以后，朝鲜有关地域归入秦朝统治，"自全秦时，内属为臣子"（《史记·律书》）。

据《史记》记载，西汉初年，反叛的燕王卢绾亡命匈奴，卫满亦一同前往，并带领千余名党徒进入朝鲜半岛。卫满召集齐国和燕国的亡命者成军，于公元前194年推翻箕子朝鲜自立，是为"卫氏朝鲜"。卫氏朝鲜是朝鲜半岛历史上最早得到考古及文献证明的国家。中国史籍中有两汉与卫氏朝鲜交往的详细记载。

三、汉四郡的设置

《史记·朝鲜列传》载，汉武帝有感于卫氏朝鲜对汉朝的威胁愈来愈大，于公元前109年派兵分水陆两军进攻朝鲜都城王险城，翌年灭掉卫氏朝鲜，后在朝鲜半岛北部和中部设立乐浪、玄菟、真番、临屯等"汉四郡"。《汉书》记载："玄菟、乐浪，武帝时置，皆朝鲜、貊、句丽蛮夷。"（《汉书·地理志》）汉四郡的设置，将朝鲜半岛北部地区纳入汉帝国的统治范围，对朝鲜、日本诸部落都有很大影响。前82年，汉朝将临屯、真番二郡并入乐浪、玄菟二郡。东汉、曹魏和西晋皆保留了乐浪郡和玄菟郡。东汉末割据辽东的公孙氏分出乐浪郡南部设立带方郡，并为魏、晋所承继。313年，高句丽侵略乐浪郡，后乐浪郡在辽西侨置，至此管辖朝鲜半岛的汉四郡在事实上宣告灭亡。

四、中国与朝鲜三国的交往

朝鲜三国是指前57年到668年占据朝鲜半岛的三个国家：高句丽（前37—668）、百济（前18—660）和新罗（前57—935）。朝鲜三国不是由一个国家分裂而成的，而是各自发展起来的，最后也未统一成同一个国家。3世纪时，各国发展成熟，形成三雄争霸的局面。

魏晋南北朝时期中国与高句丽、百济、新罗之间交往频繁。朝鲜三国竞争激烈，都想通过外交途径谋求中国封建王朝支持自己，从而增强政治实力，打击竞争对手。三国积极遣使来华，寻求政治支持的同时，也注重吸取中国的先进文化。《北史》载，高句丽"书有'五经'、'三史'、《三国志》、《晋阳秋》，兵器与中国略同"；百济人"行宋《元嘉历》……婚娶之礼，略同华俗"；新罗"文字、甲兵同于中国"。

660年和668年，唐联合新罗先后灭掉百济和高句丽，结束了朝鲜三国时代。670—676年与新罗战争后，唐占领了原高句丽大同江以北的绝大部分领土，新罗统一了朝鲜半岛大同江以南地区，开启了统一的新罗时代。

五、从"朝天"到"燕行"

中国自汉魏至明清一直与朝鲜保持着宗藩关系。但到清代时朝鲜人已不把满族人建立的清帝国看作中华。一方面因为中国当政者为"胡人皇帝"，另一方面清帝国的学术在高压和利诱的两面钳制之下已经不再"正宗"，反倒是朝鲜很好地赓续了中华学术正统。于是朝鲜士人感觉完全可以把朝鲜看作"中华"，而把清帝国视为"蛮夷"。明代朝鲜使节称出使中国为"朝天"，而到了清代则认为他们并非前来朝觐天子，而只是到燕都出差，使者们的旅行记名称也由"朝天"改成了"燕行"。

图5-3 金弘道《燕行图》

《燕行录》中体现出了朝鲜人对于明代的固守与对清帝国的蔑视，他们奉明朝为正朔而不用清廷年号，坚持穿明代服装，自称中华而指清为蛮夷等。在日本江户时代的所谓"国学家"那里，也出现过类似的"华夷变态"观念。

第三节 古代中国与日本的往来

中国古代史籍中最早具体记载日本的是西晋陈寿的《三国志》。反映东汉历史但成书较晚的《后汉书》及此后历代中国正史中的《倭国传》或《日本国传》的撰写，基本都以《三国志》为祖本，再根据当时的情况做一些增减。《日本书纪》等日本早期史书涉及该时段的日本历史时，也大量引用《三国志》的记载。

一、徐福东渡传说

徐福东渡日本的传说最早起源于中国，大致经历了从《史记》的"入海说"，到《三国志》与《后汉书》的"渡洲说"，再到义楚《释氏六帖》的"渡日说"，最后衍生出宋代欧阳修的"赍书说"。在日本，关于徐福的传说更为丰富，不但有文献记载，还有所谓的文物遗迹，传说的内容也更为具体。徐福在日本被称为"农耕神""蚕桑神"和"医药神"。或许历史上未必实有徐福其人，传说中徐福的事迹亦不可当成史实接受，但在日本民族形成史及中日交流史上，类似"徐福东渡"的事情一定发生过，而且还不止一次。中国早期移民东渡日本开中日文化交流之先河，促进了日本社会由原始的绳文文化向用铁器耕作的弥生文化的飞跃。

二、"汉委奴国王"印

《后汉书·倭传》载："建武中元二年，倭奴国奉贡朝贺，使人自称大夫，倭国之极南界也。光武赐以印绶。"1784年，在日本九州地区福冈县的志贺岛上出土了一枚金印，上面刻有"汉委奴国王"三行五个字，经考证是《后汉书》记载的汉光武帝所赐印章。汉赐予日本委奴国王金印，说明早在东汉初年日本列岛上就已经有国家向中国奉贡朝贺；所赐蛇钮金印，以诸侯王的规格相待，说明汉对与日本列岛交往的重视。

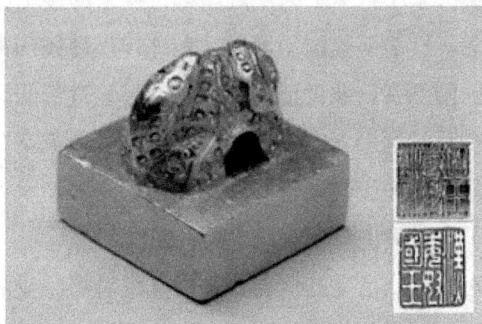

图5-4 汉委奴国王印（现藏日本福冈市博物馆）

三、曹魏与卑弥呼交往

时值中国三国时期，日本列岛出现了一个统辖30个小国的邪马台王国，在女王卑弥呼（约157—247）统治时期，倭国纷乱，她为巩固邪马台政权，遣使交接曹魏，曹魏封其为"亲魏倭王"，并授以金印。《三国志·魏书·倭人传》对此有记载。

朝鲜《三国史记·新罗本纪》中有"二十年（173）夏五月倭女王卑弥呼遣使来聘"的记载。《日本书纪》"神功皇后纪"直接援引《三国志》中关于卑弥呼的相关记载。自江户时代起，有很多关于卑弥呼等同于《古事记》及《日本书纪》中何人的讨论与研究。普遍认为《日本书纪》中的相关记载系作者添加的，不具有史实依据。

四、南朝宋与倭五王交往

在两晋时期，中国史籍中没有与日本交往的记载，此时日本的邪马台王国日趋衰落，大和政权逐渐兴起。5世纪时，中国正值南北朝时期，日本列岛上形成了统一的大和政权，中断已久的中日交往得到恢复。《晋书》《宋书》等中国史书中记载，倭国赞、珍、济、兴、武等"倭五王"统治时期，倭国与中国南朝宋的交往非常密切。倭国在413—478年至少有九次遣使南朝，奉献贡品。他们朝贡的目的是对抗当时正处在兴盛时期的高句丽，提高日本在朝鲜半岛的影响力。沈约所撰《宋书·倭国传》中关于日本"倭五王"的详细记载也被初唐修撰的《梁书·倭传》所接受，只是五个倭王的名字有所不同。

五、日本遣隋、遣唐使

《隋书·倭国传》载，600年（隋文帝开皇二十年），倭国第一次派遣入隋使节，冀求隋的先进文化与制度。倭使回国后，摄政的圣德太子了解到隋朝佛教兴盛，以求佛经佛法为名，于607年再次派小野妹子为使赴隋都，携来的倭王国书中写道："日出处天子致书日没处天子无恙。"表明倭国不愿像从前那样以藩属的身份与中国交往，对于礼仪名分变得非常敏感。隋炀帝命裴世清回访倭王。等裴世清回国时，护送的倭国使团携来据说是圣德王太子撰写的国书，对双方的称呼改为"东天皇"与"西皇帝"，显示出倭国坚持与隋对等的用意。关于倭国遣隋使的次数国内外学术界尚有争议（有关遣唐使派遣次数的争议更甚），明确见于史籍记载的有四次。

遣唐使不仅是日本对唐外交活动的使者，同时又是对唐商业活动的贸易团体，也是文化交流的使者。以遣隋、遣唐使为桥梁，日本在生产技术、政治体制、经济制度、思想文化以至生活习俗方面都广泛深入地向中国学习。

随遣唐使来华的日本人中，有为数不少的留学生与留学僧。在日本留唐学僧中，有五位成就显赫者，曾先后获得"大师"称号，他们分别是"传教大师"最澄、"弘法大师"空海、"慈觉大师"圆仁、"传灯大师"圆载和"智证大师"圆珍。其中圆载死于归国途中，其他四人回国后都成为一代宗师。最澄（767—822）于804年随日本第十二次遣唐使抵中国，前后在唐游学八个月，搜集了数百卷经卷，于805年随遣唐使船回国；后在比睿山大兴天台教义，正式创立日本天台宗。空海（774—835）与最澄同期赴唐，遍访各地高僧，在长安青龙寺得密宗高僧惠果传授真经，并得授法号"遍照金刚"；回国后成为日本真言宗的开山祖师。传说空海参考梵文将日文字母以平假名排序成阵。

唐朝经历"安史之乱"后逐渐衰落，吸引力大不如前；而日本在经过两个半世纪的唐日交往后已基本学到了唐的文化与制度，而且经过大化改新后的不断实践，从简单照搬发展到消化、吸收和本土化改造创新的阶段。此外，航海冒险、赴唐艰苦异常等多方面的原因综合影响，导致遣唐使的停派。

六、鉴真东渡

中国扬州高僧鉴真742年受日本来华的学问僧邀请赴日传道，于743年开始东渡，在此后十一年内五次东渡均告失败，后双目失明，但他意志弥坚，以六十五岁高龄于753年第六次东渡，终获成功。鉴真被任命为大僧都，管理日本的僧佛事务。鉴真一行携带了各种佛经、论、疏等八十四部三百余卷，还凭借精深的学识和超强的记忆力对日本口头相传的佛经进行订正，在日本切实"兴隆佛法"，建立日本佛教正规戒律的规范，成为日本律宗始祖。鉴真在东大寺外按照唐朝寺院布局，运用唐朝建筑工艺，建造了后来成为日本律宗总部的唐招提寺。

图5-5 唐招提寺今貌

关于鉴真东渡的动机历来众说纷纭，主要有"日僧恳愚说""圣德太子敬慕说""鉴真间谍说""鉴真亡命说"等，还有的主张和长屋王的佛教事业有关（寺崎保广：「長屋王：鑑真来日のけっかけ」），但最主要的动机应该归于鉴真虔诚的佛教信仰，以及赴日弘法传道的使命感。鉴真是一位百科全书式的学者，他以丰富的知识，在日本的宗教、建筑、雕刻、医学和药物学等方面做出了杰出的贡献。

七、禅僧往来

日本废止遣唐使后，中日两国间虽无正式的官方往来，但民间贸易与僧侣往来却十分活跃。北宋时有奝然、成寻等二十几位日本僧人来华朝拜佛教圣地，寻求灭罪与解脱，他们尚属律宗。南宋时禅宗鼎盛并成为佛教主流，部分中国禅僧为避民族压迫而有意东渡"游行化导"，日本势力日强的武家亦急于在思想文化上超越公家把持的传统儒学与古典佛教，两相结合使中国禅宗得以顺利东传。以1235年日僧圆尔辨圆来华与1246年中国禅僧兰溪道隆赴日为开端，两国禅僧频繁往来，由僧人主导的中日文化交流再掀一波高潮。中日禅僧往来不仅使日本禅宗勃兴，以宋学为主体的新儒学亦大举传入日本，造就了辉煌灿烂的五山文学与五山文化。中日禅僧的交往一直持续到明代，影响所及包括茶及茶礼、典籍、诗文、书画、建筑、饮食、思想信仰与宗教习俗等广泛的层面。

第四节 古代东亚的征伐与侵扰

一、古代中国对朝日的征伐

（一）隋、唐征高丽

隋与唐初，朝鲜半岛三国高句丽、百济和新罗都是中国藩属，通使朝贡，接受册封。其中以高句丽最为强大，其不但享受邻近小国的朝贡，还经常趁中国中原王朝无暇东顾之际掠地拓疆。隋、唐初不惜倾全国之力数次讨伐高句丽，究其原因，既有隋、唐与高句丽政治利益相冲突的因素，也与当时朝鲜半岛三国间错综复杂的矛盾密切相关。

高句丽自建国以来，就一直与中国中原政权保持着册封与朝贡的藩属关系。随着国力不断强大，高句丽屡屡与中国中原政权发生摩擦和战争。强大的隋帝国出现后，高句丽恃强不听号令，于是双方兵戎相见。

598年，高句丽资阳王高元率兵侵犯中国辽西，隋文帝派水陆大军三十万东征高句丽。恰逢北方雨季，陆路军队供给十分困难，很多士兵不幸染上疫病；水路隋军渡海直趋平壤，却遭遇大风，船多漂没。两路大军死者十之八九，隋只好暂时退兵，不利而还。

611年，隋炀帝以高句丽不遵臣礼而下诏征讨。次年调集军队一百一十余万人，分成左、右十二军，沿十二路进发，直指平壤，其声势"近古出师之盛，未之有也"。因隋朝过早灭亡，隋炀帝东征再次失败，高句丽获得了短暂的喘息机会而益骄。

唐建立初期着重于整理内政，对朝鲜半岛采取羁縻安抚的政策，一视同仁地分别封赏了高句丽、新罗和百济。高句丽却利用唐朝无暇他顾之机，不断骚扰中国东北边境，还和百济、日本相勾结，企图一举吞并新罗，朝鲜半岛形势严峻。

642年，高句丽大臣弑主，唐太宗想趁机恢复辽东，遂于645年出兵伐高句丽，但战果不佳。660年，唐高宗因高句丽、百济攻新罗益急，派兵渡海攻百济，破其都城。百济求救于高句丽、日本。唐、新罗联军兵分两路，分别自陆路、水路进发。663年唐、新罗联军破日本兵于白江口（今锦江）。白江口之役共焚毁日本战船四百余艘，杀敌不计其数，彻底灭亡了百济，迫使日本陆军撤退回国，打击了日本在朝鲜半岛扩张的野心。

664年唐高宗再次派兵伐高句丽，666年高句丽王死，其三个儿子因争权而使国内陷入混乱。668年唐、新罗联合灭高句丽，在平壤设安东都护府，以统治原高句丽和百济治下的地方。灭高句丽后，唐与新罗出于各自利益的考虑，两国同盟关系旋即瓦解，进而对峙，终至发生战争。新罗把唐军赶出了大同江以南，唐迫于压力将安东都护府撤回辽东，此后新罗与唐以江为界。唐与新罗此战后很快摒弃前嫌，二者的宗藩关系随后不断得到发展和巩固，新罗几乎完全复制了唐的文化与制度。

（二）元征高丽、日本

成吉思汗侵金后，对辽东和朝鲜半岛没有认真经营。女真、契丹、高丽和百济余族纠缠到一起，乘辽东之乱起兵侵略。1225年元遣往高丽的使者在鸭绿江为强盗所杀，元称系为高丽人所杀，遂于1231年开始七征高丽，高丽朝廷被迫长期避居江华岛。为了改变极端困难的局面，高丽朝廷主动提出与元朝和亲，力图通过政治联姻保全自身。1241年元征服高丽，订定和议。和亲令高丽王室得以延续，高丽作为国家维持着半独立的地位。元朝末年国力大衰，高丽乘机脱元自立。

在平定朝鲜后忽必烈曾数次派遣使臣到日本，要求日本入元朝觐。日本自恃有大海相隔，加之南宋渡日遗民在背后鼓动，遂对傲慢的元朝不予理睬，甚至斩杀元使。忽必烈决定以武力迫使日本臣服。1273年8月，蒙、汉、高丽联军共四万人乘战舰九百艘东征日本，这是有史以来第一次大规模的外国军队进攻日本本土。在士兵数量、战斗力、兵器、战法方面元军占优势，但元兵大多习惯陆上生活和陆战，长期的海上生活与海战使其战斗力大打折扣，并折损士兵近万人，其中大多数死于风暴。

1281年，元再派兵十五万东征日本。因受航海之苦，又现飓风兆头，元朝主将心怯撤退，诸将都弃军而归，只有不到三万人得以回还，十万多人落在岛上，没有粮饷供应，遭日本人袭击时做出一番无谓的抵抗后尽数投降。日军将俘虏押送到博多，仅留新附军（即原南宋军人）称其为唐人，和工匠等作为奴隶，其余全部杀害。忽必烈对两次征日本的失败耿耿于怀，决定再次征讨，但不久去世，此后元再未提出实质性的征日计划。其后元改用怀柔政策，允许与日本贸易，但终元一世，元、日之间未建立正式的官方关系。

二、倭寇对中、朝的侵扰

（一）倭寇侵元、明

倭寇一般指13至16世纪期间以日本为基地，活跃于朝鲜半岛及中国大陆沿岸的海上入侵者。前期倭寇主要来自日本，目的是报复蒙、朝联军的侵略和女真海盗的掳掠。日本自与元朝交兵以后，就禁止百姓与中国交通，但仍有无赖和流氓无产者偷出海外，久之遂成海盗。元中叶后，日本分为南北朝；明初，日本南朝为北朝所并。南朝遗臣有逃入海中的，也和海盗相合，其势渐盛，屡次剽掠中国和朝鲜沿岸。

后期倭寇中有相当一部分是来自中国、东南亚和朝鲜的海商与海盗，与明朝的海禁政策有很大关系。明初设有市舶司以管理互市（国际贸易），嘉靖年间废司不用，和日本商人有贸易往来的贵官势家乘机欠钱不还，日本商人被迫以海岛为根据地做海盗，他们"饥则寇略，饱则远飏"。沿海也多有人依附他们，或"冒其旗帜"，到处劫掠。明初沿海本设有卫所，备有战船，但承平日久，"船敝伍虚"，临时征募渔船征剿几乎不起作用。倭寇纵横千里，如入无人之境，"浙东西、江南北"的沿海之地，甚至溯江而上直至南京，无不被其侵袭掠夺。

（二）万历朝救援朝鲜（壬辰倭乱）

1591年（明神宗万历十九年），日本事实上的执政者丰臣秀吉致书朝鲜，让朝鲜人替他做向导伐明，朝鲜未予理会但也未做防范。翌年丰臣秀吉派兵二十万进攻朝鲜，从釜山登陆，直逼京城。朝鲜仓促派兵抵御，大败，宣宗出逃，向宗主国明朝告急。

图5-6 描绘壬辰倭乱的屏风

明派东征军驰援。初时大捷，尽复汉江以北之地；但不久遭日军伏击，大败于碧蹄馆。1595年明朝差沈惟敬前往日本，封丰臣秀吉为日本国王。秀吉不受，再遣十四万大军攻朝鲜。明神宗增发大兵救朝鲜。两军以汉江为界，相持至第二年，丰臣秀吉死，日本旋即退兵。

第五节 日本侵华与中国的抗争

一、出兵台湾

1871年12月11日，六十六名琉球宫古岛渔民遇强风漂至台湾南部，登陆后有五十四人遭到高山湾"牡丹社"人杀害，余者被地方政府送回国，此为"牡丹社事件"。日本以此为借口，在美国驻厦门总领事、自称"台湾通"的李仙得（Charles William Le Gendre）鼓动下，以琉球宗主国的身份向清政府发难，并伺机侵略台湾。1874年2月6日，日本政府通过《台湾蕃地处分要略》；4月27日派陆军中将西乡从道率舰队悍然出兵台湾，带领三千人组成所谓"台湾生番探险队"在台湾琅峤登陆。

经过一番外交斗争后，在英国驻华公使威妥玛（Thomas Francis Wade，1818—1895）居中调停下，清、日于1874年10月31日在北京签订《北京专条》，专条上明确载有"台湾生番""妄图加害""日本国属民"，日军讨伐"生番"的行动是"保民义举"等说辞。清政府付给"日本国从前被害难民之家"抚恤银十万两和日军在台"修道建房等"所花费银两四十万两。1874年12月20日，日军从台湾全部撤走。

日本出兵台湾事件对中日两国内政及外交政策走势都产生了很大影响。日本从以"名分论"为基础的日清联合论转向以近代国际法为基础的"小西欧主义"，服务于侵略目的的意识形态得到扶植并进一步壮大。受事件冲击的清廷当权者内部展开"海防"与"塞防"之争。尽管争论的双方对日本的不信任感与警惕心都有所增加，但把西方列强尤其是俄国看作最大假想敌的论者占上风，海防论者和所谓洋务派中信奉"日清提携"者大有人在，并且在外交实践中推行这一策略。直至日本以武力吞并琉球，台湾的安全再次受到威胁后，清政府方于1885年10月在台湾建省。

二、甲午战争

1894年（清光绪二十年），朝鲜东学党武装起义，朝鲜向中国求救。中国派兵前往，乱事已平。根据此前协议规定，中国出兵时照会日本，日本亦派兵前往。平乱后中国要求日本撤兵，日方不肯并占据朝鲜京城。1894年7月，日本军舰突然袭击在丰岛海面执行护航任务的中国军舰，造成七百多名中国官兵死亡，由此爆发中日"甲午战争"。李鸿章原以为可以无战事，战备不足，靠英俄调停，因而战端一开，诸事落后于日本，战局基本由日方主导。日军攻陷平壤，清陆军退渡鸭绿江，海军亦败于大东沟。1895年2月，日军从水陆两路夹攻驻威海卫的中国海军。3月日军占领整个辽东半岛，又南陷澎湖，逼近台湾。4月签订《马关条约》，规定中国承认朝鲜为独立国；割让辽东半岛、澎湖给日本；赔偿日本军费白银二亿两；开沙市、重庆、苏州、杭州为商埠，允许日本人于内河通航及在通商口岸开设工厂等。

三、蚕食鲸吞

1900年（清光绪二十六年），英、法、德、美、日、俄、意、奥等国派遣的联合远征军为镇压中国北方的义和团而入侵中国。清朝与包含派兵八国在内的十一国签订《辛丑条约》，付出巨额赔款，并丧失多项主权。

1904年，日、俄两国为争夺在中国东北及朝鲜的利益而在中国境内开战。日本从俄国手中夺取了南满洲铁道及旅顺、大连的租界特权。日俄战争促成日本在东北亚取得军事优势，并获取在朝鲜和中国东北驻军的权利。

1914年，第一次世界大战爆发，日本借口履行《英日同盟条约》、维持东亚和平而对德宣战，出兵占领了德国在中国的势力范围山东半岛，进而派兵到济南，占领胶济铁路全线和附近的矿产。接着于1915年1月向袁世凯提出旨在灭亡中国的《二十一条》，企图把中国的领土、政治、军事及财政等都置于日本的控制之下。

1925年5月，日本伙同英国制造了震惊中外的"五卅惨案"，打死中国工人和学生七十一人，打伤数十人。1926年3月，日舰炮击大沽炮台，中国驻军死伤十余人。1928年5月，日军制造"济南惨案"，打死中国军民一千多人，并占领济南。6月，日本在沈阳皇姑屯车站炸死张作霖，阴谋夺取东北。

四、全面侵华

1931年9月18日，侵华日军发动"九一八事变"，局部战争爆发。此后不到一年完全侵占了中国东北，并于1932年3月成立伪满洲国，此后陆续在华北、上海等地挑起战端。1937年7月7日，日军挑起卢沟桥事变（七七事变），中日战争全面爆发。直至1945年8月15日日本战败投降为止，日本侵略者在中国侵占大片国土，侵华日军人数最多时有近两百万人，实施"以华治华"毒计，扶植汉奸傀儡卖国政权，在占领区实行"杀光、烧光、抢光"的三光政策，残酷奴役、杀害中国平民，疯狂掠夺中国的财产和资源，粗暴践踏中国的主权。抗日战争中，中国军民伤亡达三千五百多万人，损失财产及战争消耗达五千六百余亿美元。

图5-7 西方人镜头下的南京大屠杀

1937年12月13日，侵华日军进占中华民国首都南京，在华中方面军司令官松井石根和第六师团师团长谷寿夫等法西斯分子的指挥下，对手无寸铁的南京民众进行了长达六周惨绝人寰的大规模屠杀。据战后远东国际军事法庭和南京军事法庭的有关判决和调查，在大屠杀中有三十万以上中国平民和战俘被日军杀害，日军大肆纵火和抢劫，致使南京城被毁三分之一，财产损失不计其数。丧心病狂的军事侵略与针对平民的大规模屠杀、强奸、纵火、抢劫等战争罪行与反人类罪行将日本永远钉在了耻辱柱上。

第六章　中国文化

　　爱德华·泰勒在《原始文化》中将文化定义为"知识、信仰、艺术、道德、法律、习俗"，尽管备受争议，仍广为学界所接受。时代越晚近，人们越倾向于从多元的视角与更宽泛的意义上使用文化这一概念，甚至不同学科领域都不约而同地迎来一个"文化转向"。当今学界普遍认同将文化分为物质层面、精神层面与制度层面的文化三分法。

　　中国文化是中华大地上各民族共同创造的知识、经验、信仰、价值、态度、等级、宗教及时空观念的综合，渗透于社会生活的各个方面，并成为中华民族的集体无意识。中国文化具有一贯性和持久性，并在人们的社会生活中体现在生活习惯、思维模式、行为准则等方方面面。以下主要从物质、精神与制度三个层面入手，粗线条地勾勒中国文化的轮廓，兼及科学与技术，以及中国文化的内部交融与对外交流。

第一节 中国物质文化举例

　　历史悠久的中华民族创造出灿烂辉煌的物质文化。先民较早培育与种植稻、黍、稷、麦、菽、麻等农作物，驯化马、牛、羊、猪、狗、鸡等禽畜，制作青铜器、漆器、瓷器、丝织品、刺绣、玉石雕刻、景泰蓝等工艺品。而欲标举中国物质文化的代表，当首推丝、瓷和茶。

一、丝与丝绸之路

　　商代甲骨文中已出现桑、蚕、丝、帛等字，说明中国早在四千七百多年前就有了丝织品。中国丝绸在世界上一直享有盛誉，古代希腊人和罗马人甚至称中国为丝国。公元纪元前中国已向外输出蚕丝和丝织品达数世纪之久，丝绸之路亦因此得名。

　　丝绸之路指的是一条古代陆上商业贸易路线，起始于中国古都长安和洛阳，跨越陇山山脉，穿过河西走廊，通过玉门关和阳关，抵达新疆，沿绿洲和帕米尔高原通过中亚、西亚，最终抵达非洲和欧洲。丝绸之路最初的作用是运输中国出产的丝绸，同时它也是一条东西方经济、政治和文化交流的主要通道。后来亦有仿此提出海上丝绸之路的说法。

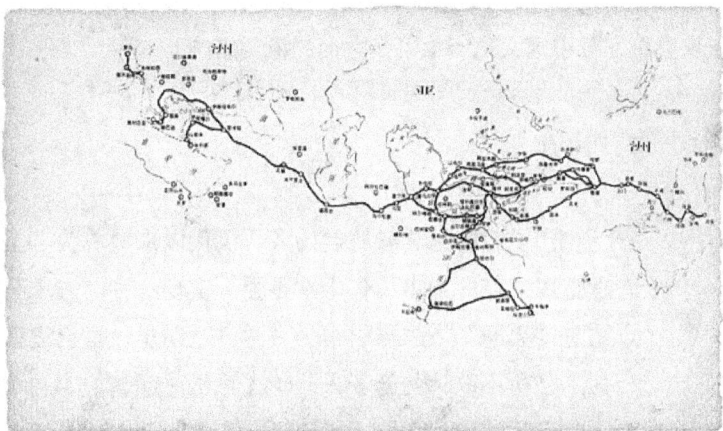

图6-1 古丝绸之路地图

二、瓷器

中国瓷器系由陶器发展演变而成，商代中期即已出现早期瓷器。隋唐时发展成青瓷、白瓷等以单色釉为主的两大瓷系，均掌握多种瓷器花纹装饰技巧。五代瓷器制作工艺高超，北瓷系统的河南柴窑有"片瓦值千金"之誉，南瓷系统以越窑的"秘色瓷器"最为著名。宋代瓷业愈发繁荣，汝窑、官窑、哥窑、钧窑和定窑并称五大名窑。元代瓷器造型雄伟浑厚，装饰丰富多彩，构图严谨密实，以瓷都江西景德镇的青花瓷为代表。明代景德镇成为中国瓷器生产的中心。清代迎来中国陶瓷工艺发展的鼎盛时期，瓷器胎质细腻，釉光莹润，色彩绚丽，镂雕精工。

三、茶与茶文化

饮茶的习惯起源于中国西南地区。晋代《华阳国志》记载，当时已有人工栽培的茶园。唐代陆羽（733—804）所著《茶经》是世界现存最早、最完整、最全面介绍茶的一部专著，被誉为"茶叶百科全书"，它将普通茶事升格为美妙的文化艺能。随着饮茶渐渐在人们生活中变得不可或缺，饮的境界也进一步升华，进而形成了茶文化，包括茶叶品评技法、艺术操作手段的鉴赏、品茗环境的领略等，糅合佛、儒、道诸派思想，体现形式和精神的统一。中国的茶与茶文化远播国外，在世界范围内产生了影响。

第二节 儒家思想演变轨迹

儒家是春秋战国时期尊奉孔子学说、崇尚"礼乐仁义"的学派。儒家注重伦理道德的修养，提倡"忠恕""中庸"，宣扬"德治""仁政"。汉武帝以后，儒家思想成为统治阶级的正统思想，对中国文化产生了多方面的深刻影响。

一、"仁"与"中庸"

图6-2 孔子像

孔子为儒家学派的创始人，汉代以来被尊为"圣人"。孔子思想以"仁"为本，仁之本是爱。实现这种"仁"与"爱"的做法是"忠恕"。朱熹引申为"尽己之谓忠，推己之谓恕"，体现为"己所不欲，勿施于人"（《论语·颜渊》）与"己欲立而立人，己欲达而达人"（《论语·雍也》）。孟子把孔子"仁"的学说发展成为"仁政"学说，表达了儒家的重民思想。

"中庸"是儒家提出的最高道德标准，是指处理事情不偏不倚、无过无不及。《礼记·中庸》进一步发挥孔子的思想，强调要想做到中庸，必须依礼行事，不至偏激，并要求人们加强内心的修养来培养这种道德。

二、"礼"与"乐"

《周礼》《仪礼》和《礼记》合称"三礼"。《周礼》又称《周官》，讲官制和政治制度；《仪礼》详细记载古代有关冠、婚、丧、祭、乡、射、朝、聘等的各种礼仪制度；《礼记》讲礼的种种规定，解说各种礼的意义，还记录孔门弟子的言行，以礼为核心而不限于礼。儒家希望通过"礼"来区分人们的贵贱尊卑，维护封建等级制度。礼的核心在于强调分、别、序。如齐景公问政于孔子，孔子对曰："君君、臣臣、父父、子子。"（《论语·颜渊》）荀子称"行之得其节，礼之序也"（《荀子·大略》），"贵贱有等，长幼有差，贫富轻重，皆有称者也"（《荀子·富国》），突出身份地位的分别与严格的序列，含有政治的与伦理的两种含义；又说"礼者，治辨之极也，强国之本也，威行之道也，功名之总也"（《荀子·议兵》），点明小到个人修养，大到治国理政，都与礼密切相关。

孔子认为礼和乐都是维护统治秩序的工具，二者相辅相成，音乐能起感化作用，有重要的社会功能。他强调乐在内容方面的"善"甚于形式方面的"美"。鲁国大夫季氏使用了天子的"八佾"舞，孔子表示"是可忍也，孰不可忍也"（《论语·八佾》），把乐看得和礼一样严肃，强调阶级差别是不能逾越的。《荀子·乐论》指出，"故乐者，所以道乐也。金石丝竹，所以道德也。……故乐者，治人之盛者也"；"故乐者，出所以征诛也，入所以揖让也"。说明乐的作用在于涵养节制人的情欲，也可用作统治者专政的工具，把音乐的社会功能提高到政治的高度。《礼记·乐记》提到"凡音之起，由人心生也。人心之动，物使之然也"，从理论上探究了音乐的产生过程，以及音乐形成后对人们心情的影响。

三、"孝"与宗法制

孝是中国古代的道德规范，主要指孝顺父母，尊敬长辈。《周礼·大司徒》规定"六行"（孝、友、睦、姻、任、恤）中"孝"居首；曾子把孝视作一切道德之本；后来发展成"百行孝为先"之说。《孝经》的基本内容是儒家倡导的封建孝道，宣扬"孝，德之本也""人之行莫大于孝""夫孝，始于事亲，中于事君，终于立身"等说教。元代出现宣扬孝道的通俗读物《二十四孝》，流传甚广，影响很大。

宗法制是指以血缘关系为基础的法则，标榜尊崇共同祖先，维系亲情，在宗族内部区分尊卑长幼，规定继承秩序及不同地位的宗族成员各自的权力和义务。宗法制的具体内容在西周、春秋时期的文献中已有较详细的说明，其起源则可追溯到更久远的时代。敬祖含有宗法的意思，"孝"的观念就是从中生发出来的。封建社会后期的家族制度以宗谱、宗祠、族田、族长、族规为具体表现形式，体现封建族权。

四、儒家经典

儒家学说被封建统治者奉为正统思想，儒家的一些重要著作则被称作"经"。东汉班固《白虎通义》中称，"经"意为"常""常道"，指永恒不变的道理。儒家经典包括政教、纲常伦理、道德规范的教条，是维持封建秩序的根本保证和封建意识形态的核心，常见六艺、四书五经、十三经等说法。

（一）六艺（六经）

六艺含义有二：一指礼、乐、射、御、书、数六种才艺；二指六经。孔子开私学以六艺教人，但未立六艺之名。我们倾向于认为孔子传授的六艺为六经，而不是上述六种才艺。《庄子·天下》言"《诗》以道志，《书》以道事，《礼》以道行，《乐》以道和，《易》以道阴阳，《春秋》以道名分"，最早言及六艺之名。司马迁扼要言及六艺的内容与性质："《易》著天地、阴阳、四时、五行，故长于变；《礼记》纪人伦，故长于行；《书》纪先王之事，故长于政；《诗》记山川、溪谷、禽兽、草木、牝牡雌雄，故长于风；《乐》所以立，故长于和；《春秋》辨是非，故长于治人。是故《礼》以节人，《乐》以发和，《书》以道事，《诗》以达意，《易》以道化，《春秋》以道义。"（司马迁《史记·太史公自序》）六艺中的《乐》在战国时期已经失传，剩下的称"五经"。

（二）四书

儒家经典著作《论语》《大学》《中庸》《孟子》自南宋起称"四书"，朱熹撰成《四书章句集注》后四书成为科举取士的依据。《大学》《中庸》是从《礼记》中抽取出来的两篇，论及儒家修养道德、为人处世的哲学伦理观念。《大学》被认为是"初学入德之门"的书，《中庸》被认为是"孔子传授心法"的书。四书与汉武帝时设立的五经合称"四书五经"。四书五经保存了中国古代丰富的历史资料、哲学思想，且具有很高的文学价值。

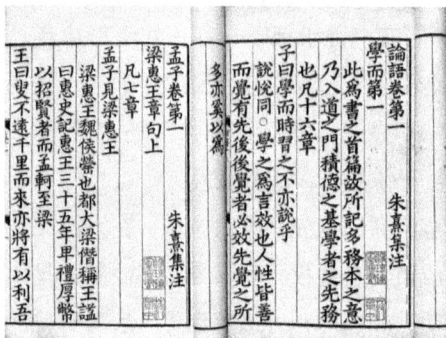

图6-3 《四书章句集注》书影

《大学》有三纲领八条目，三纲领是指："大学之道，在明明德，在亲民，在止于至善。"八条目是指：格物、致知、诚意、正心、修身、齐家、治国、平天下。格物、致知指穷究事物的原理而获得知识；"修齐治平"把封建伦理同封建政治结合起来，主张由近及远，由己及人。

对于修养的功夫，《中庸》提出"尊德性而道问学"。博学与审问属于对外在知识的获取，慎思与明辨属于对内在知识的整理。"尊德性"强调在学习过程中尊重、遵从人与生俱来的本能与天性；"道问学"则鼓励勤学外在于人的后天的知识。"尊德性而道问学"要求采取博学、审问、慎思、明辨、笃行的途径达致。对内外知识的追求为"择善"，笃行则是择善基础上的"固执"。"尊德性"与"道问学"到宋儒手中各有侧重，陆九渊强调"尊德性"，推重"心即理"，主直觉，重演绎；朱熹强调"道问学"，重学问思辨，主经验，重归纳。二者以后逐渐成为中国思想界的两大主流。

（三）十三经

西汉武帝时确立"罢黜百家、独尊儒术"的方针，将五经列为官学，设立五经博士。东汉时在五经之外加入《论语》《孝经》，扩大为七经。唐代《春秋》分为《左传》《公羊传》《谷梁传》"三传"，《礼经》分为《周礼》《仪礼》《礼记》"三礼"，这六部书再加上《易》《书》《诗》，并称"九经"，立于学官，用于开科取士。唐文宗开成年间在国子学刻石，内容除"九经"外，还加上《论语》《尔雅》与

《孝经》，称"十二经"。宋代理学家把《孟子》也提高到经书的地位，从此儒家的经典便成了"十三经"。战国和西汉时期对这些经的"注"或"笺"，唐、宋时期的"疏"或"正义"，在南宋以后被选择合刻为《十三经注疏》。

第三节 中国的哲学与宗教

春秋战国时期，以孔子、老子、墨子为代表的三大哲学体系与各种思想学术流派兴盛，形成百家争鸣的繁荣局面。两汉之际佛教从印度传入中国后，一方面要适应中国传统的思想文化和宗教观念，另一方面也对中国传统产生了重大影响，并演变为中国的民族宗教之一。道教以黄老学说为基础，吸收传统的鬼神观念和迷信方术而形成，发展中受到佛教的较大影响。佛、道两教在发展中都受到在社会上占统治地位的儒家学说的制约，宋代以后儒、释、道合流的趋势日益显著。

一、百家争鸣

春秋战国时期，社会经历了划时代的变革，许多思想家从不同的立场和角度出发，针对当时的社会变革发表不同的主张，产生了儒、道、墨、法等各家学说，出现了"百家争鸣"的学术文化繁荣局面。美国汉学家史华慈（Benjamin I. Schwartz, 1916—1999）在《中国古代的思想世界》一书中高度评价先秦"先学"（learned vanguard）、"先哲"（the vanguard of those who know）和"先贤"（the vanguard of society），认为正是他们界定了构成中国思想文化传统底蕴的一系列基本范畴和问题。

主张兼爱、非攻、节用的墨家与儒家并称"显学"，《孟子·滕文公》云："杨朱、墨翟之言盈天下，天下之言，不归于杨，即归墨。"法家与杂家的出现，表现出文化思想由分化而混合的趋势。韩非集管仲、申不害、商鞅、慎到的政治主张之大成，本于荀子与道家之言，建立法家学派；法家代表人物之一李斯的思想是典型的"儒表法里"。《淮南子·要略》指出杂家思想融合的状况："非循一迹之路，守一隅之指，拘牵系连于物而不与世推移也。"阴阳家的五行说与天人相感的休咎说，对中国后世的思想文化影响很大。

春秋战国时期的儒家、道家、阴阳家、法家、名家、墨家、纵横家、杂家、农家统称九流（《汉书·艺文志》）；九流与儒、释、道三教（《北史·周高祖记》）合称"三教九流"，后泛指社会上各种行业、各色人物；"九流十家"则是九流以外加上小说家。

二、佛教

佛教在公元前6世纪至前5世纪产生于印度，西汉时经中亚传入中国。东晋十六国后期，中国战乱不断，生灵涂炭，佛教因宣传因果报应和彼岸世界的教义而受到普遍欢迎，几乎普及到社会各个阶层。南北朝时达摩从天竺经海路来到中国，为禅宗始祖。隋、唐统治者对儒、释、道都予以扶植，其时佛教达到鼎盛状态。佛教十三宗等具有鲜明中国民族特色的佛教宗派均初起于东晋至隋唐之际。佛教传入中国后，尽管与中国传统文化发生过矛盾、冲突，也曾遭遇过不同程度的抵制，但最终与儒、道传统形成互补，融入中国文化，并发展成为其中的一个组成部分。

佛教一方面在教义理论与僧团组织方面吸收中国因素，另一方面又为道教的形成提供借鉴。佛教教义及其对心理作用的细密分析对中国哲学的发展有启示和推动作用；佛教对中国文化最大的影响是促进了宋明理学的形成。中国文学创作与文学批评的形式和内容与佛教相互影响，最典型的表现在于诗使禅意美化，禅使诗意深化。梁启超指出，佛教典籍的汉译勃兴引起了国语的实质的扩大，引起了语法与文体的变化，也引起了文学情趣的发展。另外佛教也切实影响了中国的音乐、绘画、建筑、雕刻、塑像、地理学、医学及社会习俗。

三、道家与道教

道家是春秋战国时期以宣扬"道"的学说为中心的学派，对中国文化影响深远。因其主要代表人物是老子和庄子，又称"老庄之学"。道家学说的思想中心是"道"，"道"被视为一切事物的根源，且循环不息。道家强调顺应自然，追求精神上的超脱、逍遥与心灵上的开放。老子《道德经》一书广泛论及"道"的形而上学义与人生智慧义，其思想核心是主张清静无为。《庄子》一书大旨本于《老子》，但也有自己独到的见解，除哲学性与思想性以外，还具有极高的文学价值。

图6-4 老子像

道教是东汉时民间兴起的一种宗教，它源于战国时的道家思想和神仙方术，崇奉黄帝和老子为教主。至南北朝时，佛、道两教并盛，道教仿照佛教经典与佛教仪式创制道教诸经与道教仪式。隋、唐时期佛、道二教与儒家形成鼎足并立的局面。道教与儒、释既有互相排斥的一面，同时又有互相吸收借鉴的一面。宋室南渡后，道教分为南北二宗：南宗主性，属于丹鼎一派；北宗主命，属于符箓一派。道教对中国古代的政治、哲学、文学、艺术以及医药、卫生保健等领域都有深刻影响。

四、魏晋玄学

魏晋盛行的玄学本质是援道入儒，曹魏时期把老庄的道家虚无思想同儒家提倡的伦理道德和礼仪制度（名教）糅合在一起，宣扬名教本于自然和"天地万物皆以无为本"。东晋以后玄学又与佛学合流。玄学家从佛学那里获得启发，以佛教学说来发挥玄学的理论；佛教学者亦用玄学语言解释佛经，推动了佛学在中国的发展，形成佛、玄交融贯通的格局，此后中国传统文化开始了儒、释、道合流的发展趋势。

五、宋明理学

宋代经学大都抛弃传统的训诂、义疏，直接从经书原文中阐释义理性命（人的本性及其根源），因此被称为"性理之学"，简称"理学"。宋朝的理学家大讲"存天理、弃人欲"，强调"三纲五常"，标榜自己是儒学的正统，因而理学又称"道学"。理学实质上是把先秦的子思、孟子学派，汉代的公羊学及魏晋南北朝的玄学、佛学等思想糅合在一起，是儒家天命思想的进一步发展。理学由北宋的周敦颐、程颢、程颐等人创始，南宋朱熹集其大成，以其博览和精密的分析而形成朱子学。朱子学在宋理宗（1225—1264）时得到朝廷表彰；自元延祐（1314—1320）以降科举又用其法，几于一统；在明、清两代被提到儒学正宗的地位。朱子学于13世纪20年代开始传入与中国邻近的朝鲜、日本与越南等国，并很快参与到其本土化的文化建构进程中。16世纪朱子学传至欧洲，18世纪传至美国，并分别引起研究的热潮。

六、清代朴学

明末清初，顾炎武、黄宗羲等进步学者批判日益反动腐朽的理学沦于空谈和迂腐说教，大力提倡实用之学，经学领域中一种继承汉代古文经学，注重训诂、考证的考据之学逐渐兴盛起来。从事考据的学者注重对古代经史典籍的辑佚校勘和考证音韵字义、名物训诂，学风比较朴实，故这一学派称"朴学"，也称清学、汉古文学。

朴学讲求学以致用，其精神在于考证，是清代经学的正统派（梁启超《清代学术概论》）。胡适在《清代学者的治学方法》中指出清代朴学的治学方法是先归纳后演绎。

考据之学在清代乾隆、嘉庆两朝最盛，后世又称当时的学者为乾嘉学派。乾嘉学派在整理古代典籍方面取得了丰硕成果，他们对古代文字、音韵的研究也取得了极大成就，为中国近代语言学的研究奠定了基础。到朴学极盛时期，这种重考据、实证的精神也被运用到其他学术上而成为专门化的研究。

第四节　中国的科学与技术

中国古代的科学技术，除造纸术、印刷术、指南针和火药四大发明以外，在天文、历法、医药和算学方面也有许多世界领先的重要成就。

一、天文

《尚书·尧典》记载在尧的时代已专门设置观察天象和时令的官员。汉画像石上绘有禹的使臣拿着绘图与测量的仪器"规"（校正圆的工具）和"矩"（画方形的曲尺）。中国古代"天文"的概念中不仅包含天象及其运动，而且还推究其演变。天文仪器的设计与制造、关于宇宙理论的探讨，以及对一系列天象特别是奇异天象的长期系统的观测与记录，与历法一起组成了中国古代天文学的丰富体系。

中国古代天文观测的功能之一是为朝廷占卜吉凶，预报祸福，如《周易·系辞》所载"古者包牺氏之王天下也，仰则观象于天，俯则观法于地"；另一功能是编订历法，指导农业生产，如《尚书·尧典》说尧"乃命羲和，钦若昊天，历象日月星辰，敬授人时"。中国古代天文学精于记录天象，如《春秋》中就有世界最早的有关哈雷彗星的记录，历代史书中也都有天象记载。在中国古人心中，天象与人间社会、国家兴衰息息相关，因而天文观测多被用于占星术，并没有像古希腊人那样通过建立数学化的体系来理解宇宙。

二、历法

历法是长时间的纪时系统，具体而言是对年、月、日、时的安排。因为农事活动和四季变化密切相关，所以历法最初是出于农业生产的需要而创制的。中国古代历法不单纯是关于历日制度的安排，而是大致相当于现代编制天文年历的工作，并为此开展了一系列观测与研究活动。

中国古代曾制定过许多历法，比较著名的有四家。汉代落下闳、邓平等人制定的《太初历》是中国第一部比较完整的历法，也是当时世界上最先进的历法，它开始采用有利于农时的二十四节气，调整了太阳周天与阴历纪月不相合的矛盾。南北朝祖冲之制订的《大明历》（亦称"甲子元历"），采用的朔望月与回归年长度和利用现代天文手段测得的数据非常接近。唐代傅仁均等制订的《戊寅元历》，太阳年和朔望月的天数计算更加精确。元代郭守敬、王恂等人制订的《授时历》，年、月的数值全凭实测得到，与现在所使用的公历的数值完全相同，但比公历早推行二百九十九年。

三、中医中药

中医药体系创立于春秋战国时期，早期阶段的成就以《内经》《伤寒论》《神农本草经》等著作为代表。中国古代名医辈出，较知名的有扁鹊、华佗、孙思邈、张仲景、李时珍等，古典医籍数量巨大，《黄帝内经》是现存最早的中医理论著作，唐代的《新修本草》是世界上第一部由国家发布的药典，明代李时珍的《本草纲目》堪称古代世界的药物大全。中医用精气、阴阳和五行等来自中国古典哲学的学说解释生命的奥秘，认为人体的阴阳保持中和平衡才不会生病。中医药学把人体放在自然界整体运动和广阔的动态平衡中进行研究，同时把人体看作有机整体，并将生理、病理、诊断、用药、治疗、预防等有机地结合在一起，坚持整体观念与辨证施治。中医药学很早就传到邻近的日本、朝鲜等国，继之又传到阿拉伯、欧洲等地，对世界医学的发展有积极的影响。

四、算学

中国传统算学有着悠久的历史，自汉至唐有《周髀算经》《九章算术》《海岛算经》《张丘建算经》《夏侯阳算经》《五经算术》《缉古算经》《缀术》《五曹算经》《孙子算经》等"算经十书"。其中《周髀算经》是中国现存最古老的数学著作，内含用勾股定理进行天文计算的内容；成书于1世纪下半叶的《九章算术》标志着古代中国数学体系的初步形成。

图6-5 算盘

至迟到商代时，中国已采用十进位制。在计算数学方面，大约商周时已有四则运算，到春秋战国时期整数和分数的四则运算已相当完备。春秋时期出现正整数乘法歌诀"九九歌"。唐代末珠算取代了传统的算筹。算盘和珠算口诀是当时世界上最先进的计算工具和计算方法，对实用数学的普及具有重要意义。中国还在古代世界长期保持最精确的圆周率计算水平。

第五节 中国的职官与科举

职官制度一般特指东亚古代的官职设置制度，"爵者官之尊也；阶者官之次也；品者官之序也；职者官之掌也"，包括职官的名称、职权范围和品级地位等内容。科举制度是中国封建社会中、后期的主要选举制度。明清两朝的统治者都规定科举考试必须用八股文体作文章。

一、职官

相传在尧、舜、禹时期曾设有"百官"，管理氏族社会。有限的文献记载表明，尽管夏朝的职官设置简略，但已初具官僚机构的雏形。商代由商王直接统治的中心区域称内服，商王亲属的受封地和被征服部落的臣服地区称外服。西周开始确立了师、保的中枢职官地位，内服、外服职官的设立和分工也更加细致，被分封的诸侯有公、侯、伯、子、男五种爵号。春秋时期以宗法制度相维系的旧官僚体制出现了裂隙。战国时期各国君主集权进一步加强，大都实行以国君为首，下有相、将二官分掌文武的中央集权制，同时在地方设置郡、县，长官由国君任免。

秦、汉确立了中央朝廷的三公九卿制，地方继续实行郡县制。南北朝推行九品中正选官制，门阀士族垄断了国家高层官职。隋、唐、五代确立了三省六部制，还建立起一套比较完备的品阶勋爵制度，在地方设十个或十五个道，由皇帝派官员进行监督。宋朝中央朝廷实行中书门下和枢密院分掌政、军大权的二府制，宋初实行州（府、军、监）和县两级地方官制，后来在州之上设"路"作为监察区，但因路一级的军、政、财、监四权分散，始终未构成独立的一级地方官制。契丹贵族建立的辽设立了两套官僚机构：北院掌管朝廷大政及契丹本部事务，南院掌管境内汉人州县。

元代中央以中书省、都督府、御史台分掌行政、军事、监察；设有专管宗教及吐蕃等少数民族事务的宣政院。行中书省为地方最高一级的行政管理机构，行省之下设路、府、州、县。明初职官设置沿袭元朝，后撤消中书省，并规定永不设丞相，一切政务统归六部，由皇帝直接辖制；后设带有皇帝私人秘书或顾问性质的内阁；建立御史出巡地方的制度，设锦衣卫、东厂、西厂等特务机关；地方行政系统为省、府（州）、县三级制。清初内阁的地位得到不断提高，后来设立的军机处虽不是正式官署，却取代了内阁的许多职权，权限扩大为参预全部军国大政，内阁大学士成为文臣的荣誉称号。清朝的地方行政机构有省、府（州、厅）、县三级。省一级的最高军政长官为总督、巡抚。督、抚之下设掌管财赋、民政的布政使和掌管司法、监察、驿传的按察使。督抚、布政使、按察使合称"三大宪"。

二、科举

科举制度是古代中国一项重要的政治制度，指朝廷允许普通士人和官员自愿报名，经过分科考试，依照成绩选取人才和授给官职的一种制度。科举制由隋代开创，其前身可溯至汉代察举选官的考试策问；唐代继承、发展和完善了科举制；宋代科举中有武举；元代规定科举考试的试题须出自朱熹的《四书章句集注》；明清时参加正式的科举考试前须先取得"童生"身份，最重要的进士科考试须经过院试、乡试、会试和殿试四关。

科举制度自隋唐至清末实行了千年有余，它把读书、应考、做官三件事紧密地联系在一起，把选官权力集中到朝廷，加强了中央的权威，巩固了封建统治的基础，也在一定程度上促进了社会的发展。科举对中国社

图6-6 范进中举

会和文化产生了巨大影响，直接催生了不论门第、以考试产生的"士大夫"阶层。科举制度的僵化摧残了知识人的精神，并加剧了好官名利禄、趋炎附势的不良社会风气。越南、日本和朝鲜等邻国都曾引入科举制度选拔人才；近现代欧美一些国家纷纷仿效它创立文官制度；现代公务员制度亦是从科举制间接演变而来的。

三、八股文

八股文又叫"八比文""制艺""时艺""时文""四书文"等，每篇由破题、承题、起讲、入手、起股、中股、后股、束股（大结）八个部分组成，从起股到束股的四个部分各有两股排比的文字，故称八股。

八股文是命题作文，应试者只能依照题意揣摩古人语气去宣扬封建伦理道德，是谓"代圣贤立言"。八股文的体式固定，文章的每个段落死守固定的格式，连字数都有一

定的限制，只能按照题目的字义敷衍成文。

八股文曾在士人接受儒家伦理熏陶、倡导文精意赅的写作理论与技巧、促进楹联等文体发展方面起过一定的积极作用。但一系列的清规戒律从形式到内容都禁锢了知识分子的思想，且与社会实际相隔绝，遂与日益僵化的科举制度一起引起了积弊和积怨，最终成为封建保守派抵制进步思想的工具，阻碍社会进步和发展。

第六节 文化的融合与对话

"中国"的概念是历史形成的，中国文化是由中华大地上不同民族共同创造的。中国文化既具有以华夏文化为主体的统一性，又具有多元发展的特点，在区域与民族的汇集交融中显示出一贯性、持久性和旺盛的生命力。中国文化倡导秉持"和而不同"的理念与异质文化对话与互动，除具有持续的辐射力之外，也善于吸纳外来文化中的有益成分，体现出强大的包容性。

一、文化的接触、碰撞与融合

西周晚期，周边各族尤其是西北与北方诸民族大举内徙，多民族交侵杂处，出现了中国多民族文化的第一次大融合。秦汉以后，多民族统一国家由发端到确立，中经多次分裂和统一，其中也有军事征服的过程，然而更多的时候表现为各民族融合，不同地域保持着政治、经济和文化上的密切联系。

中国文化内容丰富，理念、体制与运行机制完备，具有较强的稳定性，并因其自足性与历史惯性而表现出一定的保守性。由于古代中国的文明程度在所接触到的范围内基本上整体领先，因而中国文化在遇到异质文化因素与外来文化系统时极具包容性。汉代佛教文化传入中国，明中叶以后西方基督教文化与西方近代科学、技术、政治、经济、文学、艺术等领域的学问传入中国，中国文化都表现出健康自信的开放性与敏于借鉴的优秀品质。

汤用彤归结外来思想输入中国需经历三个阶段：因为看见表面的相同而调和；因为看见不同而冲突；因发现真实的相合而调和[1]。异质文化间接触与交流呈现如下特点：一是有交流的需求；二是相接触的文化间既具共性又有差异，共性使交流成为可能，差异使交流显得必要；三是在接纳、吸收异质文化到一定程度后必然走向反观自身，进而

---

①汤用彤：《文化思想之冲突与调和》，原载《学术季刊》1943年第1卷第2期；《汤用彤全集》第五卷，河北人民出版社2000年版，第281页。

吐纳取舍。中国文化正是在与异质文化接触、碰撞的过程中对外来文化有取有舍，并加以必要的改造，或进行有利于自身的解读、阐释与发挥，以使吸收进来的异质文化因素融入自身。

二、异质文化间的对话与互动

中国文化始而与邻国交流，继而远播欧美，不仅以独具的风姿播扬海外，更以恢宏的气度接纳外来文化中的精华，这种交流自古至今未曾须臾中止，交流过程中逐渐形成并趋于坚守的态度是"和而不同"。"不同"强调世界的多样性和差异性，承认多样性基础上的"和"有利于不同事物相辅相成、共生共长。

中国文化倡导对话与互动，其实质不是一方消灭另一方，也不是一方"同化"另一方，而是借助"他者"的眼光来更加有效地客观审视自己。即取全球化的视野，以平视的姿态，既注重对"客体性"的了解，又强调"主体性"的能动发挥，通过不断交往和对话，寻找不同文化的交汇点，达到互识、互补的目的，并在此基础上推动双方文化的共同发展。

如何有效地与异质文化进行对话与互动，鲁迅先生曾在《文化偏至论》中做过经典表述："洞达世界之大势、权衡较量，去其偏颇，得其神明，施之国中，翕合无间。外既不后于世界之思潮，内之仍弗失固有之血脉，取今复古，别立新宗。"[1]陈寅恪亦精辟地指出："其真能于思想上自成体系，有所创获者，必须一方面吸收输入外来之学说，一方面不忘本来民族之地位。此二种相反而适相成之态度，乃道教之真精神，新儒家之旧途径，而二千年吾民族与他民族思想接触史之所昭示者也。"[2]先贤的探索与洞见不仅为中国文化如何守正出新指明了方向，而且也提供了颇具可操作性的方法论指引。

文化传统的继承很大程度上是对传统的"再创造"，自孔子以后，中国儒家称美"三代"，西方也不断祭出"文艺复兴"的大旗，二者都是借助传统的声威提出对思想和文化领域崭新的诉求。20世纪以来，中国文化比较强烈地受到西方文化与学术话语的冲击、影响乃至遮蔽。如何在传承中国文化传统与固有学术传统的基础上发展中国文化，在接受西方理论的同时又不被西方话语体系羁绊与支配，既坚守中国文化的体性又避免陷入文化本位主义的泥淖，值得每一个中国人深思。

---

① 鲁迅：《文化偏至论》，《鲁迅全集》第一卷，人民文学出版社1981年版，第28页。
② 陈寅恪：《冯友兰中国哲学史下册审查报告》，《金明馆丛稿二编》，生活·读书·新知三联书店2001年版，第284—285页。

日本编

第七章　日本语言与文字

一般来说，语言总是优先于文字而产生，日本也不例外。关于日本语言的起源有多种说法。一种说法认为起源于神代，但缺乏立论根据。如果细读《魏志倭人传》中的日本地名、官名和人名可知，"倭语"在弥生时代以前应该已广泛流行，然而这种"祖语"又分出了以下三个语言体系，即南方语言体系、北方语言体系、南北重层语系。

而日本文字的形成，据考古学的精密考证，直至绳文时代的许多物品上并没有一点文字的痕迹，而一些日本学者主张的"神代文字"并不足为信。

那么，日本文字到底什么时候起源，特点又是什么？

首先，来看两则2014年1月14日日本雅虎网站上的标题新闻：

①カフェインを摂取すると、記憶力が高まることが分かったとの研究論文が12日、英科学誌『Nature Neuroscience』に掲載された。（12日英国科学杂志《自然神经科学》刊载了"摄取咖啡因可提高记忆力"的研究论文。）

②新橋に九州豊前うどん店「UDON　BUZEN」－初の立ち食い業態。（新桥九州丰前乌冬面店"UDON BUZEN"的首次立食状况。）

第一则标题含有五种文字，即片假名（カフェイン）、平假名（すると等）、汉字（記憶力等）、阿拉伯数字（12）以及英语（Nature Neuroscience），而第二则含有三种，除汉字、平假名外，还有罗马字（UDON BUZEN）。

类似上述的句子或文章，在日语中是比较普遍的。因此，从文字方面来看，日语的最大特点是多种文字混用。

第一节 汉字

所谓"汉字"，顾名思义是中国汉族发明和使用的文字。在历史的发展长河中，汉字不仅对国内其他民族，还对周边的地区和国家产生过积极影响，形成了人们常说的"汉字文化圈"。时移世易，日本至今还在广泛使用着汉字。

一、弥生汉字

1955年9月，一场台风袭击了鹿儿岛县熊毛郡的种子岛。经暴风雨的洗刷，岛上裸露出一批人骨和土陶。经考证，这一带乃弥生时期的墓地，这就是著名的"种子岛广田遗址"。在埋葬品中，有一雕有蟠螭纹的贝符挂件引起了学者们的注意，原因是有些贝符表面刻着"山"字（见图7-1），笔法有汉隶风格。部分学者认为此"山"乃"仙"字之略，可能与徐福东渡相关。因此，它也被认为是迄今为止日本发现的最古汉字，从而名噪一时。

图7-1　鹿儿岛县熊毛郡种子岛广田遗址出土的"山"字形贝符

但是，针对上述结论，我们有理由提出质疑。一是由于"山"字本身笔画过于简单，贝符上的雕刻究竟仅是一种文饰，还是隶书"山"字，一时难以定论。二是"广田遗址"乃弥生时代后期的墓群，出现如此成熟楷隶风格的"山"字，从书法学角度来说也应持谨慎态度。

当然，有关弥生汉字出土的消息还有不少，例如长野县根冢遗址粗陶上的"大"字、福冈县三云遗址陶瓮颈部的"竟"字、三重县大城遗址粗陶上的"奉""幸"等字，都有待进一步的研究确证。

二、汉字东传

从理论上分析，3世纪前后，江南的水稻和金属器皿传至日本之时，汉字也理应被带入了日本。而从考古结果和出土文物来看，也与上述的理论分析基本相符。试举几例如下：

日本江户时代天明四年（1784）2月23日，在筑前国那珂郡志贺岛上，一位名叫甚兵卫的农民在田间劳作时意外发现了一枚白文金印，上有"汉委奴国王"五个篆字。学者研究认为，这就是后汉光武帝赐给倭奴国的印绶，主要根据是《后汉书》卷八十五《东夷列传第七十五》中有如下记载：

> 建武中元二年，倭奴国奉贡朝贺，使人自称大夫，倭国之极南界也。
> 光武赐以印绶。

建武中元二年即57年。对照上述记载，这是出土文物与文献记载难得吻合的一个历史事件。尽管也有一些质疑声，但肯定意见占据绝对优势。也就是说，在1世纪有确凿证据证实了汉字已经东传日本。为了纪念这一重大发现，博多还专门修建了金印公园，金印也被珍藏在福冈市博物馆。

图7-2 位于福冈市志贺岛的金印公园

图7-3 邮票上的金印

再者，王莽新政时期的铜钱——货泉在日本全国五十多处地方发掘出土。所谓货泉，是王莽执政期间发行的一种货币，新政权虽然只维持了十五年的时间，但货泉却流

通了三十多年。日本在弥生时代的遗址中出土了货泉，表
明其在流通期间或取消后的一段时间内就流传到了日本。

幸运的是，从以上两例中我们还可以目睹当时汉字的
魅力。另有一些是只见文献记载，而不见实物，但也显示
了汉字早期东传日本的痕迹，如最为人们津津乐道的是
《三国志·魏书·倭人传》中关于邪马台与曹魏之间的文
书往来：

图7-4 铜钱货泉

　　景初三年卑弥呼遣使魏都，明帝"诏书报倭女王"，翌年带方郡使梯
俊"奉诏书、印绶，诣倭国"，卑弥呼"因使上表，答谢恩诏"。
　　正始六年（245）"诏赐倭难升米黄幢"，二年后带方郡使张政"因赍
诏书、黄幢，拜假难升米，为檄告谕之"。

上述提到的"诏书""上表""檄"等，均应是用汉文写成的官方文书，说明当时
中日之间已经可以用汉文进行正式外交事务了。虽然不难想象，当时倭国懂得汉文的人
群可能仅限于极少数大陆移民或者其后裔，但汉文作为一种交流工具已经充分发挥了它
的功能。

至于在出土文物中，有比较完整的汉字铭文的，当数以下三件。

1. 江田船山古坟铁刀铭文：出土于中期古坟，错银铭文共七十四个字，创作年代当
在5世纪中叶。

图7-5 江田船山古坟铁刀铭文（局部，东京国立博物馆藏）
释文：卤大王世奉事典曹人名无

2.隅田八幡宫铜镜铭文：一般认为是6世纪初的作品，刻有四十八个字。

图7-6 隅田八幡神社人物画像镜（和歌山县桥本市隅田八幡神社藏）

释文：癸未年八月日十大王年男弟王在意柴沙加宫时斯麻念长寿遣开中
费直秽人今州利二人等取白上同二百旱作此竟

3.埼玉稻荷山古坟铁剑铭文：一般认为是雄略天皇时期的作品，上有错金铭文一百一十五个字。

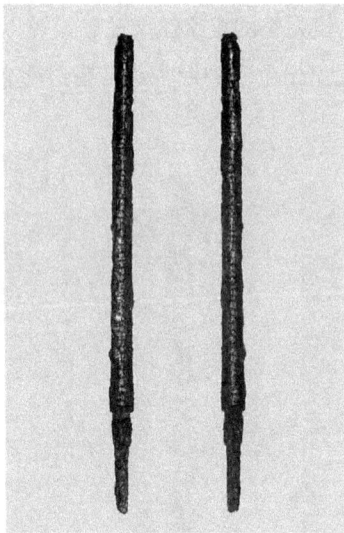

图7-7 金错铭铁剑（日本国宝，藏于埼玉县立埼玉史迹博物馆）

释文：（表）辛亥年七月中记乎获居臣上祖名意富比㙥其儿多加利足尼其儿名弓已加利获居其儿
名多加披次获居其儿名多沙鬼获居其儿名半弓比
（里）其儿名加差披余其儿名乎获居臣世世为杖刀人首奉事来至今获加多支卤大王寺在斯鬼
宫时吾左治天下令作此百练利刀记吾奉事根原也

三、汉籍东传

汉字东传也如其他文化一样，断片、零碎的单个汉字先行，主动权掌握在传授方，接受方无所谓领悟，有时只是对这种先进文化感到好奇而当作纹饰来使用，接着才是系统的文化工程传递，即书写工具、书写载体、书写主体及汉文书籍相继传去，尤其是书籍的东传，为岛国日本的文化进程带来了革命性的变化。

那么，究竟是谁最早把何种汉籍传入日本的呢？其实，要准确回答此问题绝非轻而易举之事。但是，学者们还是在孜孜不倦地探索着。管见所及，主要有以下几种观点：

第一，"王仁传入说"。根据是《古事记》"卷中·应神天皇"条中的记载，即王仁于4世纪后半期，携《论语》十卷、《千字文》一卷入日本。[①]

第二，"阿直岐传入说"。理由是博士阿直岐于日本应神天皇十五年（215）受百济王派遣来日后，曾教授太子菟道稚郎子"经典"，这其中应该使用了某些教科书，而这教科书正是阿直岐从百济带来的汉籍。同时，朝鲜史书《海东绎史》也确实记载了阿直岐携《易经》《孝经》《论语》《山海经》来日本。[②]有学者甚至推测，阿直岐本人是一位养马之人，所以他让菟道稚郎子阅读的第一本汉籍既不是字书，也不是儒家经典，而应是一部与马有关的书籍——《相马经》。[③]

四、汉字使用

日本人接触汉字后，究竟是如何运用的呢？

上述已经提到，汉字传入日本后，最初极有可能是作为一种装饰来使用，其次是用于与中国的外交文书中。接着就是借用汉字的音读和训读来表示日语，即找出一些与日语音同或音近的字来记音。这时的汉字，已不是表意的记号，而是类似拼音，也就是把整个汉字作为音符看待。

（一）音假名

如果一个词有两个或以上音节，就用两个或多个音节来表达，例如"山"（やま），就用"也麻"两个汉字来拼写。又如"打鱼"（あさりする）就用"阿左里须流"来拼写。把汉字当作音标文字来使用时，也称作"音假名"。

---

①严绍璗：《汉籍在日本的流布研究》，江苏古籍出版社2000年版，第4—5页。

②王勇：『書物の中日交流史』，国際文化工房2005年，第13—14頁。

③静永健：《汉籍初传日本与"马"之渊源关系考》，《浙江大学学报》（人文社会科学版）2010年第5期。

（二）训假名

除了音假名外，也可以把字的意思译成日语，用以表示译词的读音，例如"ね"写成"根"，"なつかし"（怀念）写成"夏樫"。这种以汉字意思来翻译的方法叫作"训假名"。

（三）万叶假名

日本文字的开始，可以看作音假名和训假名的混用。而音假名和训假名又合称为"万叶假名"，因为日本的第一部和歌总集《万叶集》就是用此法写成，故有此名。

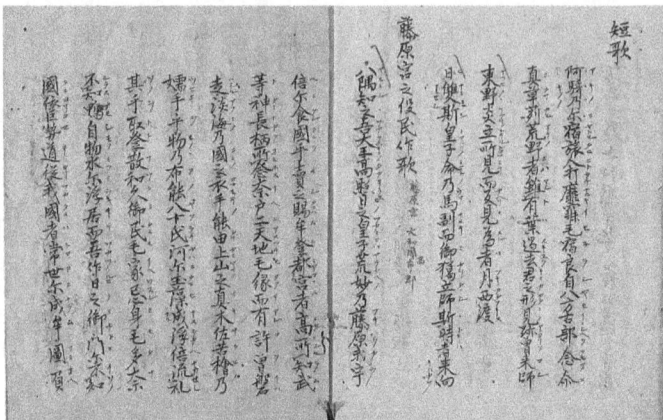

图7-8 《万叶集》（近卫文库藏本）卷一

右数第三首短歌乃柿本人麻吕的歌："东野炎立所见而反见为者西渡"，现代日语翻译为："東の野にかぎろひの立つ見えてかえり見すれば月かたぶきぬ。"

五、日本国字

所谓"日本国字"通常指由日本人模仿汉字的造字方法而创制的、中国没有的汉字，也称"和字""倭字""皇朝造字""和制汉字"等，其中以会意方法造的字占据多数。这是日本人在使用汉字的过程中，结合本国的实际情况而对文字进行的一种改革。"国字"这一概念首先由日本江户时代的朱子学者新井白石提出，标准大致有以下三条：

第一，日本制作的汉字；

第二，中国字书里没有的汉字；

第三，只有训读没有音读的汉字。

上述标准看似合理，但实际情形复杂，难以自圆其说。1908年日本国语调查委员会编纂的《汉字要览》将日本制作的汉字分为以下四类：

1.模仿汉字结构创造的国字。如"凧、働、畑"。

2.在原有汉字基础上另作新解的国字。又分作以下两类：

（1）和原有汉字意义不同的国字。如"偲、咄、拵"。

（2）原有汉字有音无义的国字。如"蚫、雫"。

3.通过改换原汉字的部分结构而赋予新义的国字。如"鈍、鮹"。

4.用于翻译近代西方医学、数学等新概念而创制的国字。如"腺、糎"。

如果说上述第1、3、4项还可以理解的话，第2项就显得让人费解了，说到底它只是对原有汉字的一种新用，并不是创制。因此，学者又将第二类汉字称为"国训"，即中国汉字在日本的语义引申或语义变体。

鉴于上述甄别国字的复杂情况，我国学者何华珍建议根据汉字的六书之说来划分也许更合理。[①]

（一）会意字。这是日本国字中最多的一类，如"畑（旱田）、嵐（山上刮下来的风）、峠（山顶）、躾（教养）、榊（祭神之木）"等。

（二）形声字。这类字一般只有音读，没有训读，如"腺、鈍、燵"等。但为了翻译西方近代衡名用字，出现了"粁"（千米）、"瓩"（千瓦）、"糎"（厘米）等新的形声字。

（三）合音字。这类汉字既复合两汉字，也取两音，但不一定合义，如"粂（用于人名、地名）、麿（我，用于人名）、杢（木工）"等。

（四）变体字。其变体方法又可一分为四：

1.省形。如与"风"有关的字，往往以其他汉字置换去风字里面的部分而构成新字："凧（风筝）、凩（晚秋初冬的寒风）、凪（风平浪静）"等。

2.增繁。即在原有的汉字上再增加偏旁或笔画，构成新字。如"簗（鱼梁）"等。

3.草书变体。一般认为只有"俣""枡"两字，"俣"由"俣"字的草体讹变而来，而"枡"则来自"桝"的草体。

4.构字变异。这种方法通过改变原有汉字的部分构件而成新字。如"峸"（山脚），即把"麓"字下部"鹿"改成"下"而成新字。

六、汉字的特殊性

汉字传入日本后，经过长时间的演变，逐渐形成许多与母国不同的特点，这也是日语学习者要注意的地方。主要有以下几个方面。

---

① 何华珍：《日本汉字和汉字词研究》，中国社会科学出版社2004年版，第20—84页。

（一）字音

在漫长的历史进化过程中，汉字的发音逐渐被纳入、整合到日语的语音体系当中。具体表现为以下两点：

1. 语音简化。一些本来完全不同发音的汉字简化成了统一发音，如"张、赵、朝""收、拾、秋、秀、祝""陈、赁、朕、枕"等。

2. 发音复杂。在语音简化之同时，由于汉字传入日本的年代不同，加之汉字本身读音在中国有地区差异，致使日语汉字读音复杂化，即通常所说的一字多音，具体可分为吴音、汉音、唐音及特殊音。

所谓吴音，是最早传入日本的汉字音。"吴"指我国长江中下游地区，在5—6世纪，当时的日本主要受到该地区汉字发音的影响，尤其是佛教词汇更为明显。如"供养"（くよう）、"建立"（こんりゅう）等。

汉音大约是隋唐时期通过儒家经典等传入日本，主要是我国西北长安一带的发音。现代日语中的字音大多数是汉音，如"成功"（せいこう）、"名誉"（めいよ）等。

唐音是宋朝以后传入日本的，主要受我国南方地区发音的影响，又称为"宋音""唐宋音"。现代日语中，涉及禅宗及一些器皿、事物等的名称时，还有不少词汇保留着唐音，如"蒲团"（ふとん）、"椅子"（いす）等。

而所谓"特殊音"是指本为错误发音，但习惯成自然而形成的字音，如"货物"（かもつ）、"消耗"（しょうもう）等。

（二）字形

中日两国都曾对汉字进行过简化运动，所以造成了目前汉字的字形情况复杂，即大部分相同，但不少汉字存在繁简区别、微妙差异，给学习者带来麻烦。试举例如下（括号内为日本汉字）：

1. 完全相同：国（国）、街（街）、衡（衡）、好（好）等。

2. 繁简区别：爱（愛）、鸦（鴉）、报（報）、开（開）等。

3. 微妙差异：步（歩）、污（汚）、角（角）、房（房）等。

（三）字义

汉字在日语中的发音有"音读""训读"两种，所谓"音读"即模仿汉字原来的发音，所以它与原音相近，但由于涉及吴音、汉音、唐音等问题，也存在一字多音的现象。"训读"即是对汉字进行的和译，以两者意义上的相近或相关性为纽带，但同字异训（一个汉字有多种训读）、异字同训（不同汉字训读一样）的现象非常多见。如"物"的音读有"ぶつ、もつ"，"生"的训读有"いきる、いかす、いける、うむ、うまれる、はえる、おう、なま、き"，而"计、图、测、量、谘、谋"都可读"はかる"。

还有一类就是上述提到过的"国训"，即日本人按照独特的方式用汉字来对应其固有词语，如"承（うけたまわ）る"、"設（もう）ける"等。

（四）假借字

所谓"假借字"，就是与汉字本来的意思没有关系，纯粹借用其音或训来表示的汉字，在日语中称为"当て字"。一般有表音假借字、表词假借字之分。

1. 表音假借字：包括"借音"和"借训"两种方式。如借音的"兎角"（とにかく），借训的"出鱈目"（でたらめ）。近代日本人在翻译外来人名、地名时较多采用这种方法，如"仏蘭西"（フランス）、"護謨"（ゴム）等。

2. 表词假借字：即一般所称的"熟字训"。大致包括三种情况：第一，两字以上的字组成一个词的形式与日语词语对应而逐渐固定，如"土産"（みやげ）、"雪崩"（なだれ）等；第二，汉字中找不到一个贴切的字或词来表示日语意思，重新拼合而成的汉词语，如"五月雨"（さみだれ）、"時雨"（しぐれ）等；第三，中世以后用来表示外来词语的，如"硝子"（ガラス）、"煙草"（タバコ）、"麦酒"（ビール）、"洋燈"（ランプ）等。

最近日本流行的"護美箱"（ゴミ箱）应该是假借字中比较成功的一例，既借用了音，也借用了词。

图7-9 垃圾箱

七、汉字的整理与简化

日本的国语审议会与文部省曾对汉字做过多次整理与简化，这些措施主要包括限制汉字的数量、废弃汉字改用假名、规范形体、简化笔画等。

（一）限制汉字数量改用假名

1.改用平假名：一些代名词、副词、接续词、助词、助动词、接头词、接尾词等，若改用平假名而意义不发生混淆的，就尽量避免使用汉字，用平假名来表示。

2.改用片假名：外来语、特殊词语、人名、地名及新输入的科技和学术用语，也尽量采用片假名译音。

3.汉字、假名混用：对于一些改用假名而使词义晦涩、易生歧义的词语，采用汉字、假名混搭。

（二）规范汉字形体

由于手写体和印刷体的不同，即使是同一个字也会因字体的差异，导致笔画有多少、连笔不连笔等问题的产生，给学习者和应用者带来了许多麻烦。鉴于此，日本国语审议会曾对汉字分歧的形体进行规范，大致可分为四种方法：一是采用接近手写体；二是采用楷书；三是采用连笔；四是省略容易遗漏的笔画。

（三）简化汉字的笔画

简化汉字的方法，基本类似中国，大致可分为以下九种：

1.同音代替。在不引起意义混淆或误解的前提下，用一个笔画少的字，或者用笔画多但常用的字代替一个或几个同音或音近的字。

2.同义代替。以意义相同或相近的字代替另外一个或两个以上的字。

3.采用古俗字。所谓"古俗字"即古代繁简并用时笔画比较简单的那个通假字。

4.采用今俗字。所谓"今俗字"是指一般民众书写的，虽与正字不同但又广泛流传的字，由于已经达到约定俗成的阶段的字，就把它规范为正体字。

5.更换偏旁。选用一个笔画比较简单的偏旁来代替笔画复杂的声旁。

6.简省偏旁。省去原来汉字部分结构或笔画，使笔画趋于简单化。

7.草书楷化。即由汉字的草书体简化而来的汉字，往往是简化了笔画。

8.简存轮廓。把汉字繁杂部分进行减省，只保存原字的轮廓，或保留原字的特征，使得笔画简明清晰，容易辨认、书写。

9.符号代用。以符号来代用汉字的某部分，达到简略的目的。

第二节 假名

所谓假名即假借的文字，是指日本发生、发展而来的音节文字。"假名"是相对"真名"而言，真名即汉字。假名从广义上可分为万叶假名、片假名、平假名，狭义上则是指片假名、平假名的总称。

一、万叶假名

上文已经提到，所谓的"万叶假名"实质上就是用汉语作为标音符号，如"波奈"（花）、"岐美"（君）等。可见，严格来说，万叶假名还是汉字，使用之际无非是只取汉字的读音，而不考虑汉字的意思。用万叶假名写成的文章被称为万叶假名文，除前面提到的《万叶集》为典型的例子外，《日本书纪》也使用了比较规整的万叶假名。一般认为，万叶假名文的形成大概在7世纪末期，创始人是歌人柿本人麻吕。

2006年10月，在大阪市中央区的难波宫遗址出土了用万叶假名文书写的木简，它被认为是迄今为止最古老的万叶木简，书写时间推断为7世纪中叶。这对上述的万叶假名文形成时期及创始人的推断起到了有力佐证。

图7-10 大阪难波宫遗址出土的万叶假名文书写的木简
释文：皮留久佐乃皮斯米之刀斯（はるくさのはじめのとし）

二、片假名

坊间传说片假名出自一名遣唐使之手，他就是日本养老元年（717）同阿倍仲麻吕等人一起来唐朝的吉备真备（695—775）。说到片假名的起源，其实很有意思，很有可能与僧侣的诵经有关。在没有录音设备的奈良时代，手捧经典的日僧，在聆听经师诵经之际，为了记住那些连绵不断的梵音，在经文的行间迅速用汉字的一部分或者笔画少的汉字标注经文读音，以作课后吟诵。如"夕"（"多"的一部分）、"ム"（"牟"的一部分）。至于其中缘由，主要有三：第一，经文行间较窄，所以只能用笔画少的汉字来标注；第二，为了和本来的经文相区别；第三，可留存原来汉字的发音。

ア阿	イ伊	ウ宇	エ江	オ於
カ加	キ機	ク久	ケ介	コ己
サ散	シ之	ス須	セ世	ソ曽
タ多	チ千	ツ川	テ天	ト止
ナ奈	ニ仁	ヌ奴	ネ祢	ノ乃
ハ八	ヒ比	フ不	ヘ部	ホ保
マ末	ミ三	ム牟	メ女	モ毛
ヤ也		ユ由		ヨ與
ラ良	リ利	ル流	レ礼	ロ呂
ワ和	ヰ井		ヱ惠	ヲ乎
ン尓				

图7-11 片假名的由来

图7-12 吉备真备像（仓敷市真备支所）

三、平假名

据说平假名由日本平安时代初期的名僧空海（774—835）所创，但这只是一种传说而已，不足为信。如同前面的吉备真备一样，空海也曾于日本延历二十三年（804）入

图7-13 杭州灵隐寺内的空海大师铜像

唐求学，是遣唐使的杰出代表之一。

其实平假名的起源可以追溯至奈良时代的借字（万叶假名）。平安迁都以后，作为借字使用的汉字进一步草体化，最终从草体独立成为单独的文字，并成为文章的一种记载文字。

图7-14 平假名由来

在8世纪的正仓院文书中，从字形、笔顺上来看，已经可见类似平假名的草体化文字。到了9世纪中叶，各地出土的土陶上都可见这种文字。也正是在此时期，平假名随赴地方任职的官员一同被传播至日本各地而普及。现存最古老的平假名文书据传为宇多天皇宽平年间（889—898）御书的《周易抄》。

"平假名"一名的出现要等到16世纪以后，主要是为了和片假名相区别，所以多称其为"普通假名"，而早期以"草假名"呼之。平假名最初主要用于私人书信及女性的专属文字，所以也被称为"女手"。除了和歌、信息不分男女都可以用平假名书写外，它主要被用于女流文学。最初用平假名写成的文学作品是纪贯之（约866—945）的《土佐日记》。纪贯之是平安时代著名的歌人，虽然是男子身，但却假托女子撰写了不朽的《土佐日记》。从中也可见当时平假名主要流行于女性知识分子阶层。

图7-15　纪贯之（狩野探幽《三十六歌仙额》）

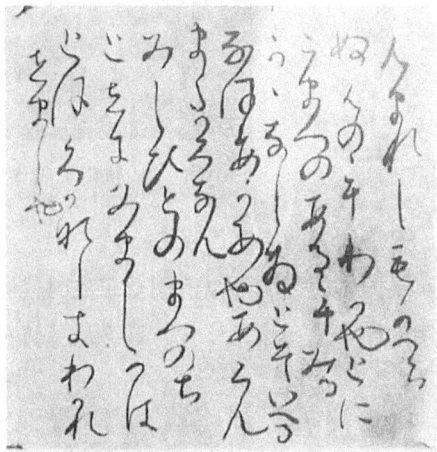

图7-16　《土佐日记》藤原定家临写部分

四、伊吕波歌

所谓的"伊吕波歌"是指不重复使用所有四十七个假名而编成的一首歌谣，歌词全文最初见于日本承历三年（1079）所写的《金光明最胜王经音义》，所以大概出现在11世纪末期。关于作者，有"空海说""源高明说""柿本人麻吕说""天台宗僧侣说"等，具体不明。关于写作动机，目前流行的有两种观点，一是"暗号说"，即把要说的话巧妙地安插在句中；另一种是"经译说"，即将《涅槃经》"圣行品"内的偈文"诸行无常，是生灭法，生灭灭已，寂灭为乐"以诗的形式译成了日文。还有的作品加上了"ん"或"京"，成为四十八个文字的歌谣。四十七字的伊吕波歌如下：

いろはにほへと　ちりぬるを（色はにほへど　散りぬるを）
わかよたれそ　　つねならむ（我が世たれぞ　常ならむ）
うゐのおくやま　けふこえて（有為の奥山　今日越えて）
あさきゆめみし　ゑひもせす（浅き夢見じ　酔ひもせず）

　　"伊吕波"除了上述的歌谣外，现在还能经常看见"某某伊吕波"，如"運転心得の伊呂波"（驾驶知识入门），这里的"伊吕波"是指事情的初级阶段或基础、入门等意思。还有就是"伊吕波顺"，开头的"い"为第一，按次序编至结尾的"す"为第四十七，这种编序法现在还常见。

五、变体假名

　　所谓的"变体假名"，是指与现在通行的平假名字体不同的假名，由与现行假名源出汉字不同的汉字草体生成的假名。明治三十三年（1900）的《小学校令》中规定学校教育中废止变体假名的学习。但是，变体假名至今仍然可以看见，主要活跃在商店的招牌和书法界，如图7-17所示。

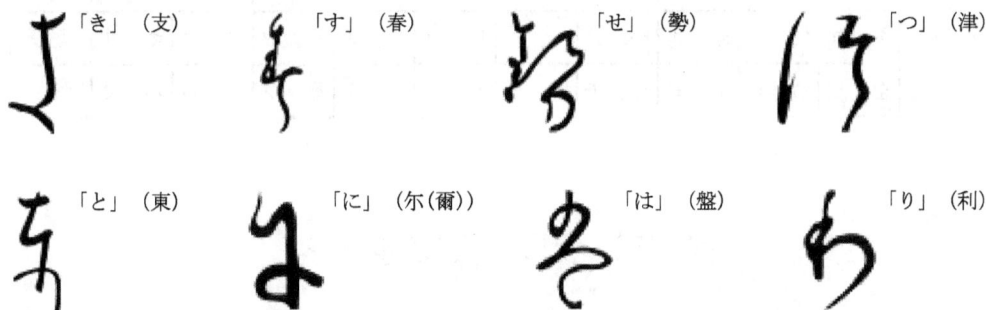

「き」（支）　　　　「す」（春）　　　　「せ」（勢）　　　　「つ」（津）

「と」（東）　　　　「に」（尔（爾））　　「は」（盤）　　　　「り」（利）

图7-17 变体假名

图7-18 变体假名商标

图7-18是大阪"寝惚堂"糕点商店挂在门口的变体假名商标"祢保゛希",从左至右念作"ねぼけ"。

六、五十音图表

所谓的"五十音图表",就是把所有假名按照段、行分列成一张图表。从日本文献记载汇总可见,中世纪以前的五十音图排列法与现在的有很大不同。现在通行的排列法是在室町时代以后才定型,主要受到梵文音韵学的悉昙学和反切两大因素的影响。在当今的日语语法讲授中经常会提到五十音图表。

表7-1　假名五十音图表

	わ行	ら行	や行	ま行	は行	な行	た行	さ行	か行	あ行	
ん、ン	わ、ワ	ら、ラ	や、ヤ	ま、マ	は、ハ	な、ナ	た、タ	さ、サ	か、カ	あ、ア	あ段
	ゐ、ヰ	り、リ	い、イ	み、ミ	ひ、ヒ	に、ニ	ち、チ	し、シ	き、キ	い、イ	い段
	う、ウ	る、ル	ゆ、ユ	む、ム	ふ、フ	ぬ、ヌ	つ、ツ	す、ス	く、ク	う、ウ	う段
	ゑ、ヱ	れ、レ	え、エ	め、メ	へ、ヘ	ね、ネ	て、テ	せ、セ	け、ケ	え、エ	え段
	を、ヲ	ろ、ロ	よ、ヨ	も、モ	ほ、ホ	の、ノ	と、ト	そ、ソ	こ、コ	お、オ	お段

第三节　罗马字及其他文字

在日语中,人们把用来表示日语假名读音的拉丁文称为罗马字。日本战国时代来日布教的耶稣会最初用葡萄牙语来标读日语,这就是"葡萄牙式罗马字"。1581年,数名宣教师在日本大分完成了最早的日葡双语对应辞书,1603—1604年由长崎学林出版,分为正篇和补遗。其中收录了三万余日语词条,全用葡萄牙语式的罗马字标音,并附有葡萄牙语解释。

到了江户锁国时期(有学者主张应该称为"海禁时期"),荷兰成为唯一一个与日本有往来的欧美国家,所以也曾一度用"荷兰式罗马字"来标日语。

1867年,由美国人黑本著的《和英语林集成》在上海印刷,日本横滨出版。书中首次使用了"英语式罗马字",也称"黑本式罗马字",这也是假名和罗马字一对一对应的最初方式。明治五年(1872)该书再版,1886年经大幅度修改后第三次出版,成为幕末、明治初期重要的日语资料。鉴于黑本的标记法破绽较多，所以在1885年，一位名叫田中馆爱橘的日本人根据音韵学理论发明了"日本式罗马字"，但是遭受了英语圈人士的强烈反对。1937年，近卫文麿内阁以日本式罗马字为基础，在内阁训令第三号的文件中正式公布了罗马字，这就是"训令式罗马字"的来源。

1945年，黑本式罗马字一度再兴，以致训令式罗马字被废。为了防止混乱，1954年，内阁告示第1号再次公布了正式的罗马字，这就是"新训令式罗马字"。1989年，国际标准化机构（ISO）以国际规格ISO 3602正式采用了训令式罗马字，这就是目前流行的罗马字。

表7-2 罗马字标记法

五十音					拗音		
あ ア a	い イ i	う ウ u	え エ e	お オ o	(ya)	(yu)	(yo)
か カ ka	き キ ki	く ク ku	け ケ ke	こ コ ko	きゃ キャ kya	きゅ キュ kyu	きょ キョ kyo
さ サ sa	し シ si	す ス su	せ セ se	そ ソ so	しゃ シャ sya	しゅ シュ syu	しょ ショ syo
た タ ta	ち チ ti	つ ツ tu	て テ te	と ト to	ちゃ チャ tya	ちゅ チュ tyu	ちょ チョ tyo
な ナ na	に ニ ni	ぬ ヌ nu	ね ネ ne	の ノ no	にゃ ニャ nya	にゅ ニュ nyu	にょ ニョ nyo
は ハ ha	ひ ヒ hi	ふ フ hu	へ ヘ he	ほ ホ ho	ひゃ ヒャ hya	ひゅ ヒュ hyu	ひょ ヒョ hyo
ま マ ma	み ミ mi	む ム mu	め メ me	も モ mo	みゃ ミャ mya	みゅ ミュ myu	みょ ミョ myo
や ヤ ya	(i)	ゆ ユ yu	(e)	よ ヨ yo			
ら ラ ra	り リ ri	る ル ru	れ レ re	ろ ロ ro	りゃ リャ rya	りゅ リュ ryu	りょ リョ ryo
わ ワ wa	ゐ ヰ i	(u)	ゑ エ e	を ヲ o			
			ん ン n				
浊音							
が ガ ga	ぎ ギ gi	ぐ グ gu	げ ゲ ge	ご ゴ go	ぎゃ ギャ gya	ぎゅ ギュ gyu	ぎょ ギョ gyo
ざ ザ za	じ ジ zi	ず ズ zu	ぜ ゼ ze	ぞ ゾ zo	じゃ ジャ zya	じゅ ジュ zyu	じょ ジョ zyo
だ ダ da	ぢ ヂ zi	づ ヅ zu	で デ de	ど ド do	ぢゃ ヂャ zya	ぢゅ ヂュ zyu	ぢょ ヂョ zyo
ば バ ba	び ビ bi	ぶ ブ bu	べ ベ be	ぼ ボ bo	びゃ ビャ bya	びゅ ビュ byu	びょ ビョ byo
ぱ パ pa	ぴ ピ pi	ぷ プ pu	ぺ ペ pe	ぽ ポ po	ぴゃ ピャ pya	ぴゅ ピュ pyu	ぴょ ピョ pyo

日语中除了上述的汉字、假名、罗马字外，经常出现的还有英语，尤其是在歌词中。当然还有汉语，由于中日都在使用汉字，所以许多时候中国的简体汉字也直接在日语中使用。

第四节 日语语体

日语语体是指日语使用者在语言交际中，根据不同语境约定俗成地选择使用的不同表达方式的总称，属于语言运用的领域。

一般来说，根据话语领域的不同，日语语体大致可分为文艺语体、实用语体。文艺语体可分为诗歌、小说、戏剧、散文四类体裁，而实用语体主要指科学语体、事务公文语体、新闻广告语体、政论语体等。

语体如果按照话语交际媒介的不同又可分为口语体、书面语体，而根据是否意识到交际者的存在及根据交际双方关系的不同而区别使用简体、敬语。

一、文艺语体

文艺语体的选择出于作家个人的主观标准、美学标准，显示出作家个人与众不同的个性化艺术风格，从而营造出相同的体裁不同的语篇风格。小说、随笔的句尾形式基本上采用「だ/である」体；剧本、漫画一般为口语会话体；诗歌较多地使用名词、感叹词结句。

二、实用语体

（一）科学语体

科学文章所传递的内容主要为客观的知识信息，所以科学语体要求准确而系统地思考论证自然、社会和思维现象的规律性，要求排除个人风格、主观情感等情绪化、人格化的表达，要求平淡简约。

科学语体根据读者对象不同，进一步分为专业科学语体、通俗科学语体。

1. 专业科学语体

这类语体为典型的科学语体，包括专著、学术论文、科研报告等。一般情况下，作者与读者具有共同的专业知识背景，因而可以大量使用含义精确、固定而单一的专业俗语。

2. 通俗科学语体

通俗科学语体主要用于科普读物、产品使用说明书等。目的是向不具备专业知识的读者深入浅出地讲解各种科学现象，普及科学知识。因此，尽量避免深奥的专业俗语和过于复杂的长句。

（二）事务公文语体

此类语体的特点是措辞准确，文字简练，句子完整，表达庄重得体，通常不带感情色彩的表达。因此，多用于政府机关、企业、社会团体的行政事务，商务工作相关的文件、法令、公告、会议纪要、条例、通知、计划、合同、证明、申请书、履历等。句尾基本上采用「だ/である」体。

（三）新闻广告语体

新闻语体的范围包括报刊、电视、广播等。

新闻语体的功能主要在于快速、准确、客观地传递信息。新闻语篇从表达方式的角度主要分为叙述文、议论文、描写文三大类。

广告语体具有两大特征：一是追求个性和特色，讲究语言艺术；二是受时间、费用的控制，要求语言简洁。

三、口语语体

口语以语音为媒介，以听者的存在为前提，在特定的时间地点使用。口语语体按照话语种类可以分为对话、会话、讨论、采访、辩论、陈述、演讲等。

（一）典型口语

典型口语为对方参与型谈话。日语口语的典型语体具有三个特点：第一，对语境的依赖性强，谈话者之间具有共知的信息，因而多使用指示词、缩略语等。第二，谈话双方强烈意识到对方的存在。第三，强调与对方共同完成对话。

（二）非典型口语

非典型的口语为对方不参与型谈话，主要为一人对多人的授课、讲演、致辞、发言等。

对方不参与型谈话多属于面向公众的非私人谈话，谈话者之间共知的信息比较少，所以句子成分不宜省略，不宜使用性别语，很少采用语气词、倒装句。

四、书面语体

（一）典型的书面语体

这类语体主要以非特定的读者为对象，根据作者与读者的关系可分为一对多的文学作品、报刊杂志、论文、通知和多对多的联名作者等。

由于读者不在眼前，所以书面语体在表达上不能依赖语境，因而要求语言的完整性和严密性，用词精确，造句严谨，多采用规范的表达方法。

（二）非典型的书面语体

这类语体主要以特定的读者为对象，多为作者与读者一对一的书信、留言、电子信函、传真等。此外，没有读者的个人记录也属于非典型书面语体。

五、简体

日语语篇中，以「だ」「である」做句尾的可称为简体。

六、敬语

日语语篇中，包括文章和话语，以「です·ます」「であります」结束句子的可称为敬语。

第八章　日本文学

文学是语言文字的艺术，是社会文化的一种重要表现形式。叶渭渠先生曾对日本文学从古代向近古（镰仓时代至江户时代）发展的变革过程做过总结，称其共有五个特点：一是公家文学与武家文学的对立、并存与消长；二是英雄叙事诗的兴起；三是文学走向多元化、庶民化和大众化；四是新佛教文学和禅林文学的兴起；五是禅文化精神育成近古的审美主体。①

日本文学史一般把明治之前的文学称为古典文学，将之后的统称为近现代文学。古典文学又分为上代、中古、中世、近世等时期。近现代文学按时代分为明治、大正、昭和等时期，1945年以后的又称为战后文学。

第一节　神话传说

在汉字传入之前，日本的文学形式主要是以口传方式为主的神话和传说。神话与传说在概念上并没有明确的界定，但一般认为比起神话，传说更加具有历史性。日本古代神话主要与祭祀的起源、地名的由来及各种事物的发祥有关。

汉字传入以后，日本人开始用文字记录神话传说，记载文学逐渐取代了口传文学，代表作品有《古事记》《日本书纪》《风土记》《万叶集》。

一、《古事记》

《古事记》为日本现存最古老的书籍，分为上中下三卷。上卷记述了从天地开辟至神武天皇诞生间的传说和史事，中卷记载了从第一代神武天皇至第十五代应神天皇间发生的

---

① 叶渭渠、唐月梅：《日本文学史近古卷（上）》，昆仑出版社2007年版，第28—40页。

重大事件，下卷记述了从第十六代仁德天皇至第三十三代推古天皇期间发生的重大事件。全书以日式汉语语体为基调，其间穿插的一百一十二首歌谣则采用了一字一音的表音方式，严格保留了古日语的形式。

上卷内容主要包括以下故事：

1. 天地开辟与伊耶那歧、伊耶那美兄妹结婚；

2. 天照大神、月读命、建速须佐之男命的诞生；

3. 八头八尾大蛇与草薙剑；

4. 大国主神让国与天孙降临；

5. 迩迩艺命的婚姻与神武天皇的诞生。

中卷的内容主要包括以下几个故事：

1. 神武天皇东征；

2. 三轮山传说；

3. 倭建命的西征东征；

4. 神功皇后远征新罗；

5. 应神朝与百济朝的交流。

下卷内容主要有以下几个故事：

1. 仁德天皇的仁政；

2. 轻太子与轻大郎女；

3. 雄略天皇的风流故事。

二、《日本书纪》

《日本书纪》是一部受我国史书影响，为了对外显示日本国力而编纂的编年体史书。全书共30卷，记述了上自神代下至持统天皇期间发生的事件，为日本六部国史的滥觞。

神代部分分为上下两卷，其他二十八卷都以天皇名命名。神代两卷的内容与《古事记》中有关内容基本相同。

与《古事记》的叙述故事性相比，《日本书纪》侧重于史实的记录，有些记载生动形象。书中还插入了一百二十八首和歌，全部用万叶假名来标记。

三、《风土记》

日本和铜六年（713），天皇命令各国司为所辖郡乡整理记录各地特产物名、土地沃瘠、山川名号的由来及古老相传的旧闻逸事，此即《风土记》诞生的缘由。《风土记》属于地方志，是中央政府为了便于掌握各地情况而要求地方官员所作的报告文书，最主要内容是当地的地理资料。现存有《常陆国风土记》《出云国风土记》《播磨国风土记》《丰后国风土记》《肥前国风土记》，以及被《释日本记》等著作引用的40余国风土记佚文，其中只有《出云国风土记》为全本。

《风土记》中还记载了不少文学色彩浓厚的传说，这些内容与其后世的说话文学甚至物语文学有着密切关系。

四、《万叶集》

歌谣在文字传入之前就已经以口耳相传的形式在民间流行，汉字传入日本之后，一部分被记录在《古事记》和《日本书纪》中，所以又被称为"记纪歌谣"。但是，相当数量的上代歌谣被记录在日本最古老的诗歌总集《万叶集》中，分门别类在作者未详的歌卷中。

《万叶集》成书于桓武天皇的延历时期（782—783），编纂者为大伴家持。由于"叶"含有"世、代"之意，所以《万叶集》暗藏了作者希望此书流传万世的愿望。

现存《万叶集》共二十卷，收录了四千五百多首和歌，其中长歌二百六十五首、短歌四千二百零七首、旋头歌六十二首、连歌一首、佛足石歌体歌一首、汉语诗歌四首、汉语文章一篇及汉语序文、书简若干。

第二节 说话文学

"说话"广义上是包括神话、传说、童话在内的简短故事。"说话文学"则指以神话、传说、童话为素材的，具有一定文学性质内容和形式的作品，广义上包括上代的叙事文学，狭义上主要指平安时代至室町时代所编纂的《日本灵异记》《今昔物语集》《十训抄》《古今著闻集》《三国传纪》等说话集。

"说话"与"物语"的区别在于，物语作品多属于较长篇幅的虚构创作，而"说话"则属于短篇的传承故事，有意虚构和创作的成分较少，多具有某种明显的编纂动机和说教意图。所以，叙事性、传奇性、教育性、寓言性、大众性是"说话"的特点。

奈良中期以后，随着佛教的隆盛，产生了诱导民众信仰的"说话"，"佛教说话"应运而生，《日本灵异记》《三宝绘》《打闻集》是其中代表。到了平安后期，"世俗说话"成为收录的对象，源隆国编纂的《宇治大纳言物语》就是这类的先驱之作，集大成者就是《今昔物语集》。

第三节 汉文学

在假名正式确立之前，日本的记载文学便是用汉语创作的，这些作品也被称为"汉文学"。日本历史上的汉文学可以分为以下三个时期。

一、奈良、平安时代

此时期主要受到中国六朝、初唐时期的影响，平安时代白居易受到了热捧。

（一）《怀风藻》

天平胜宝三年（751）成书的《怀风藻》是日本现存最为古老的汉诗集，共一卷。从书名分析，它是一部缅怀先哲遗风之作，收录了六十四位诗人的一百二十首作品。从诗风来看，前期主要模仿我国《文选》《玉台新咏》《艺文类聚》等六朝诗歌，后期还受到了《王勃集》《骆宾王集》等的影响。作者包括天皇、皇子、官吏、僧人等，内容主要涉及侍宴、从驾、游览、述怀、七夕、咏物、临终、算贺等，其中侍宴诗特别多。

（二）"敕撰三集"

所谓"三集"即《凌云集》《文华秀丽集》《经国集》。《凌云集》由小野岑守、菅原清公、勇山文继等奉敕命编纂，成书于814年，是日本最初的敕撰汉诗集。收集了自延历元年（782）到弘仁五年（814）共三十三年间的九十首诗，作者二十三人。入选诗数最多的人是嵯峨天皇，共二十二首。

四年后的弘仁九年（818），由滋野贞主、仲雄王、藤原冬嗣、菅原清公、勇山文继等人奉敕编纂的《文华秀丽集》面世，它收集了《凌云集》的遗漏之作，共二十六名诗人的一百四十八首作品。

淳和天皇即位后，天长四年（827），良岑安世、菅原清公、南渊弘贞等人又奉敕编纂了《经国集》。《经国集》中除汉诗外，还有大量的汉文，所以它又是日本最早的汉诗文集。

二、中世五山文学

镰仓时代，禅宗传入日本，随着两国僧侣交往的日益频繁，中国宋元文学也传至日本，形成日本文学史上汉文学的鼎盛时期。因为是以禅宗的"五山"为中心发展起来的文学活动，文学史上又称为"五山文学"。所谓"五山"指的是镰仓、室町幕府管辖下的镰仓、京都的各五大寺，以及被称为五山之上的京都南禅寺，共十一所寺院。当然，这一文学现象其实还包括了五山以外的禅宗寺院的文学，所以也有人认为将其称为"禅林文学"更为贴切。"五山文学"的基本特点是受到同时代中国文学的影响，具有宗教性、学问性的要素，内容多为宗教性较强的偈颂、法语等语录类文章及四六骈俪文。

图8-1 南禅寺山门

镰仓时代传入日本的朱子学到了室町时代已成了儒学的主流。南北朝时期的虎关师炼编写了日本第一部韵书《聚分韵略》，著有日本佛教史书《元亨释书》和汉诗文集《济北集》，为日本的儒学史做出了较大贡献。此外，中岩圆月、义堂周信以及岐阳方秀等都是著名的儒僧，也是五山派儒学的泰斗。

五山儒学又可分为以下几个学派：第一是公卿学派，代表人物是一条兼良、三条西实隆和壬生雅久。第二是萨南学派，代表人物是桂庵玄树。他在萨摩出版的《大学章句》是日本最早出版的朱子新注。第三是海南学派，代表人物是南村梅轩；第四是博士家的折中学派，代表人物是清原业忠和清原宣贤。

所谓"五山文学"，狭义来说，是指镰仓末期至室町时代盛行于京都、镰仓五山禅林中的汉文学。事实上，当时五山十刹之外，还存有许多重要的宗派，他们也创作了大量的汉诗文。因此，从广义上来说，五山文学不应限定为五山派的禅僧文学，而应该包括非五山派的其他宗派的诗和骈文的创作。例如一休宗纯、寂室元光等就是不属于五山的文学僧。

镰仓时代末期、室町时代初期，五山文学处于萌芽状态，以记录禅师言行的语录为表现形式，主要内容是阐述宗教哲理。1386年室町幕府正式将五山制度确定为新的宗教政策后，五山不仅获得了宗教的繁荣，而且聚集了一批文学僧，五山文学也从以前的"语录"形式中分离，形成独立的汉诗文形态，开始走向纯文学方向。

五山文学之祖是东渡扶桑的宋僧一山一宁，其门下诗才辈出。弟子梦窗疏石的《梦窗国师语录》和雪村友梅的《岷峨集》被视为前期五山文学的代表作。其后，有五山文学"双璧"之称的义堂周信和绝海中津把五山文学推向高潮。这时期五山文学的代表作有义堂周信的《空华集》《空华日工集》，以及绝海中津的语录和诗文集《蕉坚稿》等。顺便说明，因躲避元末之乱而东渡日本的原苏州教授陆仁，与义堂周信、绝海中津都有交往，并于洪武元年（1368）随同绝海中津回了国。

五山文学的题材十分广泛，有入寺、住山的上堂法语、佛事、诗文、随笔及论说文。它的发展主要可分为三个阶段：第一阶段是14世纪前期，以宗教的偈颂为主，以古典主义作品最为多见；第二阶段为14世纪后期，以带有世俗倾向的诗文为主；第三阶段为15世纪到16世纪前期，作品彻底世俗化和日本化，汉诗与传统的《万叶集》恋歌相承，以颂恋情为主。

在五山文学没落的时候，有两种现象值得关注。第一是一休宗纯的出现。这位自称"狂云"的"疯癫和尚"，用自己的实际行动对禅林的腐败和颓废风俗进行了体无完肤的嘲讽和反驳。第二是策彦周良等被称为是颓废的五山文学中的奇葩。

叶渭渠先生曾对日本文学从古代向近古（镰仓时代至江户时代）发展的变革过程做过总结，称其共有五个特点：一是公家文学与武家文学的对立、并存与消长；二是英雄叙事诗的兴起；三是文学走向多元化、庶民化和大众化；四是新佛教文学和禅林文学的兴起；五是禅文化精神育成近古的审美主体。[1]笔者认为叶先生的上述总结也非常有助于我们对室町文学的认识。

五山文学中，还有一类作品非常有特色，那就是艳诗。室町时代的禅林，同性恋倾向比较突出，满足变态性欲的其中一个方式就是给身边的美少年（往往是喝食）写艳诗，如著名的有心田清播的《心田诗稿》、三益永因的《三益艳词》等。详细描写寺院同性恋的书籍很少，但是成书于镰仓时代的《弘儿圣教密传》（现藏比睿山麓的睿山文库）借密教经轨的形式对同性恋现象做了详细介绍，有兴趣者可以一览。

对于室町时代的寺院同性恋现象，来看一则真实记录。《碧山日录》"宽正三年四月一日"中有如下记载：

> 等久侍者来曰："前夕有招余者，乃入其居，同床终夜。一团和气，宛似回春。于复欲尽之时也，作词欲以谢焉。然而不知所以为谢也，请为余作一诗，赐之不亦幸乎。"乃领之曰："九十韶光流景频，又知故意为君新。同床今夜只须睡，纵到晓钟犹是春。"久笑而净书赠之。[2]

来访者等久侍者某日应邀和一少年同床，那夜感觉和气回春，后欲作诗以谢，无奈

---

①叶渭渠、唐月梅：《日本文学史近古卷（上）》，昆仑出版社2007年版，第28—40页。

②[日]史籍集覧研究会：『碧山日録』，すみや書房1969年，第260—261頁。

自己不会，只得求助云泉太极。从等久侍者堂堂告知太极的口吻判断，当时禅林这种现象可能极为常见。

当然，室町时代除了上述的文学形式外，还有以下几点值得关注，一是对古典的研究，二是歌集的出版，三是抄物（讲义笔记）的流行。公家因在政治上失意，于是把精力转向对古典的注释研究，其中首推对《日本书纪》的研究，主要表现在对该书的抄录、校勘和讲解。如一条兼良的《日本书纪纂疏》、吉田兼俱的《日本书纪抄》等。其次是对《古今和歌集》《伊势物语》和《源氏物语》等文学作品的研究。例如有北畠亲房的《古今和歌集注》和一条兼良的《古今集童蒙抄》《伊势物语愚见抄》《花鸟余情》等。再如曾居正二位内大臣的三条西实隆一生致力于古典的书写、校勘、注释，著有《弄花抄》《细流抄》《伊势物语直解》及《万叶一叶抄》，其日记《实隆公记》是一部记述公家生活的珍贵史料。顺便提一句，在此日记中，提到东渡日本的明朝宁波人宋素卿曾与三条西实隆会面的情景。在抄物上取得成就的主要有桃源瑞仙（1430—1489）的《史记抄》、惟安妙高（1480—1567）的《诗学大成》和《玉尘》、清原宣贤（1475—1550）的《长恨歌抄》及《神代卷抄》等。

由一条兼良和三条西实隆等开创的古典研究，后为中御门宣胤等人承袭，为近世的日本学奠定了基础。

而南北朝时期代表性的歌集是完成于贞和二年（1346）的《风雅和歌集》和弘和元年（1381）的《新叶和歌集》。前者是京极派和歌的集成，后者是吉野朝廷侍奉者作品的荟萃。而进入室町时代以后，作为公家文化象征的"敕撰和歌"传统宣告终止，相对应的是连歌作为一种新的文艺形式开始兴起，这是室町时代文化动向的一个重要现象。到了室町时代后期，连歌的地位被俳谐连歌所取代。

三、江户时代

这一时期朱子学盛行，还受到明代前后七子[①]的拟古主义思潮的影响。

应该说，自古以来到近世，汉文学一直在日本的文学史上占据了重要地位。可是到了明治时代，在"欧风美雨"的冲击下，汉学成为旧体制的代表之一，地位因此一落千丈。与此同时，所谓的用其本国语言书写的表达其固有思想、感情、想象的作品"国文学"受到了重视。因此，用本国语言书写的平安假名文学获得了中心地位，直至今日，"国文学"也一般指假名文学。

①所谓的前七子，指李梦阳、何景明、王九思、边贡、康海、徐祯卿、王廷相，是一个以李梦阳为核心代表的文学群体。后七子指李攀龙、王世贞、谢榛、吴国伦、宗臣、徐中行、梁有誉，其中以王世贞声望最显，影响最大。

第四节 和歌

一、平安和歌

所谓"平安和歌"，即平安时代的和歌。奈良时代，和歌曾一度被冷落，以致成为《古今和歌集》"真名序"中所说的"好色之家，以此为花鸟之使。乞食之客，以此为活计之谋"。到了仁明天皇时代，和歌出现了复苏的迹象。现择要介绍如下。

（一）《古今和歌集》

《古今和歌集》又称《古今集》，是根据醍醐天皇的敕命编撰而成的第一部敕撰集，编者为纪友则、纪贯之、凡河内躬恒、壬生忠岑，基本完成于905年，经四次修改，最终于延喜十三年至十四年（913—914）完成，共二十卷，收录和歌大约一千一百首。卷首卷尾分别附有《假名序》和《真名序》，序文多有对偶句，文字相当优美。

（二）《后撰和歌集》

自《古今集》以后，大约每隔五十年编撰一部敕撰集。到了村上天皇的天历五年（951），天皇下令在后宫的梨壶设立了"撰和歌"所，成员包括大中臣能宣、清原元辅、纪时文、坂上望城，即日本文学史上的"梨壶五人"。他们的工作一是为《万叶集》作训点，二是编撰第二部敕撰集即《后撰和歌集》，也称《后撰集》。

《后撰集》也是二十卷，据《新编国歌大观》记载，其共收录和歌一千四百二十五首，没有序文。作者为纪贯之、伊势、凡河内躬恒、藤原兼辅、藤原敦忠、藤原定方、右近等。

（三）《拾遗和歌集》

在《后撰集》之后编撰的敕撰集被称为《拾遗和歌集》，也称《拾遗集》。文学史上将《古今集》《后撰集》《拾遗集》合称"三代集"。《拾遗集》共二十卷，作者可能为花山院上皇。所收和歌为一千三百五十一首，没有序文。从入选的和歌数来看，前三名分别是纪贯之、柿本人麻吕、大中臣能宣。

（四）其他和歌集

除上述的三代集外，还有《后拾遗和歌集》（白河天皇于1075年下令编撰，作者为藤原通俊），《金叶和歌集》（白河上皇下令编撰，作者为源俊赖，1126年完成，十卷），《词花和歌集》（1144年崇德上皇命令藤原显辅编撰，1151年完成，十卷，收录和歌409首）。

二、中世和歌

到了中世，和歌依然是文学的主流。与平安时期不同的是，中世的歌人出现集团化现象，形成不同的派别，这些派别与政权相结合，以编撰敕撰和歌的方式来主导和歌的创作。

（一）《千载和歌集》

寿永二年（1183）二月，后白河法皇下令藤原俊成编撰《千载和歌集》（简称《千载集》）。该集于1188年完成，共二十卷。入选作品大多为当代歌人的和歌，其中不少带有浓郁的述怀色彩。源俊赖的作品入选最多，达五十二首。《千载集》既保留了中古的歌风，也开拓了通往《新古今和歌集》的方向，是一部承前启后的作品。

（二）《山家集》

《山家集》的作者西行原本是负责上皇御所警卫的武士。后出家为僧，在战乱的年代里一边周游全国，一边创作了大量和歌。从内容来看，《山家集》大致可以分为歌咏自然美景、抒发宗教情怀、描绘隐居生活、歌颂男女恋情等几大类。后鸟羽天皇称赞其为天生的歌人，他的和歌流畅，让人感觉不到技巧，达到了自然与艺术高度融合的境界。

（三）《新古今和歌集》

《新古今和歌集》（简称《新古今集》）是后鸟羽上皇下令编撰的第八部敕撰和歌集。1201年的11月，后鸟羽上皇对源通具、藤原有家、藤原定家、飞鸟井雅经、寂莲下达了编撰的命令，1205年基本完成。《新古今集》由真名、假名两个序文与二十卷正文构成，收入了自万叶时代以来古今和歌近两千首。歌风大致可以分为两大类：一是以藤原定家为代表的妖艳、华丽的风格；二是以定家之父俊成及西行为代表的寂幽的歌风。

在和歌史上，将《万叶集》《古今集》《新古今集》的特色歌风合称为三大歌风，具体指万叶调风、古今调风、新古今调风。万叶调风的基本特征是率真地表达内心的感动以及由此产生的紧张有力的节奏。古今调风的特色在于不直接抒发对现实或眼前事物的感受，而是将生活感情升华为美的理念，不直接表述引起感动的对象，而是试图表达歌咏主体的内心状态。新古今调风强调以优美为主，主张幽玄而富有象征性的歌咏方法，作品多表达日常的真情实感。

（四）其他

《新古今集》之后的和歌集主要有源实朝的家集《金槐和歌集》（简称《金槐集》，六百首），藤原定家编撰的《新敕撰和歌集》（简称《新敕撰集》，1235年完成，二十卷，一千三百七十四首），藤原为家编撰的《续后撰和歌集》（简称《续后撰集》，1251年完成，二十卷，一千三百七十一首），藤原定家等编撰的《续古今和歌集》（简称《续古今集》），藤原为兼编撰的《玉叶集》（1313年完成，二十卷，二千八百首），光严上皇编撰的《风雅集》（1349年完成，二十卷，二千二百一十一首）等。

第五节 物语文学

平安时代，日本文学产生了一种新的文体——物语，所谓"物语"就是"讲故事、日常杂谈"，最早用例可见于《万叶集》第七卷第一千二百八十七首的和歌。"物语"可分为传奇物语、和歌物语、历史物语、军记物语等。

一、传奇物语

传奇物语是指具有非常强烈的非现实因素的物语。主要有《竹取物语》《宇津保物语》《落洼物语》等。

（一）《竹取物语》

大约成书于9世纪后半叶，作者不明，有"源顺""源融"之说。讲的是从月宫来的赫野姬在竹取翁的抚养下成人，最后又回到月宫的故事。故事包含了化生、致富、求婚、升天、地名起源等民间故事的母题。

（二）《宇津保物语》

成书于11世纪后半叶，二十卷，是日本文学史上第一部长篇物语体小说，作者不明，有"源顺"说。故事讲的是一位名叫清原俊阴的秀才在赴唐途中遭遇风暴漂流至波斯国，在那里遇见了天仙，并获得了演奏古琴的秘技。得到秘技真传的女儿与大臣的公子有一私生子仲忠，母子相依为命。在宇津保洞穴中，母亲将古琴秘技传给了仲忠。故事围绕古琴秘技的传承和仲忠的暗恋而展开。

（三）《落洼物语》

大约成书于10世纪末，作者可能为有学识的男性，全书四卷。故事讲的是源忠赖中纳言的家事。源忠赖有五个女儿，那位非正室所生的女儿受到继母的百般虐待，住在"落洼"的房间里，所以也被称为"落洼君"，这就是《落洼物语》的源起。故事围绕源忠赖正室对落洼君的虐待和落洼君与当时的贵公子道赖少将的恋爱展开。

二、和歌物语

和歌物语是指以和歌为中心的许多小故事组合而成的物语集，一般特指形成于平安时代10世纪中期的《伊势物语》《大和物语》《平中物语》。

（一）《伊势物语》

最早最具代表性的和歌物语，作者不详，全书分为一百二十五篇，主要描写了男主人公的种种爱情故事及其他人际关系。

（二）《大和物语》

平安时代早期的和歌物语，作者、成书年代均不详。现行文本由一百七十三篇构成。主要描绘了平安时代宫廷社会中贵族们的恋爱、羁旅、生死离别等日常生活。整部作品共收入和歌295首。

（三）《平中物语》

作者、成书年代均不详。全书共三十九篇，各篇内容基本独立。作品通过穿插和歌的手法，描述了某男子（平中）种种曲折的爱情故事。

三、历史物语

到了平安时代后期，出现了用假名书写的史书，文学史上将这类作品称为"历史物语"，主要作品有《荣华物语》《大镜》《今镜》《水镜》《增镜》等。

（一）《荣华物语》

共四十卷，前三十卷为正篇，后十卷为续篇。正篇叙述了宇多天皇、醍醐天皇至藤原道长去世间的历史，续篇描写了一条天皇至堀河天皇的历史。一般认为正篇的作者是大江匡衡的妻子赤染卫门，续篇的作者不详，可能是位宫廷仕女。

（二）"四镜"

《大镜》《今镜》《水镜》《增镜》合称"四镜"，为历史物语的代表性作品。

1.《大镜》分为五部，成书于11世纪后半叶，叙述了自文德天皇嘉祥三年（850）至后一条天皇万寿二年（1025）共十四代天皇一百七十六年的历史。

2.《水镜》是为了弥补《大镜》的不足而作，成书于12世纪末，作者一说为"中山忠亲"。全书共三卷，以编年体的形式记述了从神武天皇至仁明天皇共五十四代一千五百一十年的历史。

3.《今镜》的作者为藤原为经，成书于1170年后，记载了后一条天皇万寿二年（1025）至高仓天皇嘉应二年（1170）的历史。

4.《增镜》成书于14世纪中期，作者不详，记述了治承四年（1180）后鸟羽天皇诞生至元弘三年（1333）后醍醐天皇从隐岐返回的历史。

四、《源氏物语》

日本物语的巅峰之作当属《源氏物语》，作者紫式部，成书于11世纪初。全书共五十四卷，通常分为三部。第一部从《桐壶》至《藤花末叶》，共三十三卷。以光源氏为主人公，描写了他不同寻常的出生、浪漫的爱情生活及升官经过。第二部从《若菜上》至《魔法使》，共8卷。描写了光源氏迎娶三公主后，独自品味人生的诸多无常变故。第三部从《匂宫》至《梦浮桥》，共十三卷，主要描述了光源氏去世后的故事。

图8-2　位于京都宇治川边的紫式部石像

五、军记物语

军记物语又称为战记物语，是以历史上的战乱为题材而构思、润色而成的文学作品。它的主要特征有以下几点：

第一，描写对象主要是战争及其相关的历史人物、历史事件；

第二，作品一般不是由个人完成，而是借助民间传承、民间力量完成，所以每一部作品都有不同的版本存在；

第三，作品原则上按照编年体的形式串联起来；

第四，一般通过琵琶法师或物语僧来传播，口诵性比较强；

第五，吸收了佛教、儒教、朱子学等外来思想，多为和汉混合文体。

（一）《保元物语》

《保元物语》是描述保元元年（1156）发生的保元之乱始末的军记物语，全书共三卷，成书时间、作者不详，初期有琵琶法师的说唱，与《平治物语》《平家物语》《承久记》合称"四部合战之书"。

（二）《平治物语》

《平治物语》是描述平治元年（1159）京城发生的大规模战乱的军记物语。作者、成书时间不详，分为上中下三卷，1296年之前就有琵琶法师说唱其内容了。

（三）《平家物语》

《平家物语》被誉为军记物语的最高杰作，全书共十三卷，以佛教的因果观和无常观为基调，用和汉混合文体描写了平氏一族的兴衰过程。成书过程复杂，一般认为在很长时间内有为数不少的作者对作品进行了多次修改和润色。前六卷以主人公平清盛为中心勾画出一幅势力结构图。卷六末至卷八主要描写了源义仲从北陆攻入京城的过程以及平氏仓皇逃离京都的场面。卷九至卷十二主要描写了失败方平氏一族的悲惨命运。

（四）《太平记》

《太平记》主要描写了从元弘三年（1333）推翻镰仓幕府、建武中兴到明德三年（1392）南北统一为止的长达六十年动乱的历史。全书四十卷，是军记物语中的巨作。作者不详，一说是小岛法师，但应该是多位作者合力而成。成书年代大约在应安末至永和年间（1368—1379）。《太平记》总体来看，可分为三个部分：卷一到卷十一为第一部分，主要以正中、元弘之变为中心，直至后醍醐天皇倒幕为止；第二部分从卷十二到卷二十一，描写建武中兴因足利尊氏的叛离而终结，最后足利氏建立足利幕府为止；第三部分从卷二十二开始到卷四十，主要描写了足利幕府内部激烈、无休止的权力斗争过程。

六、其他文学形式

除了上述的一些文学形式外，日本文学史上还出现了连歌、俳谐、川柳、狂歌等文学形式。

连歌的第一句称为"发句",第二句称为"胁句",从第三句开始以顺序称呼,最后一句称为"举句"。基本形式是"百韵",也就是百句。

俳谐,就是滑稽,带有滑稽味道的连歌便是俳谐连歌。其在中世的时候是俳谐连歌的简称,到了近世才是俳句、连句的总称。它是作为连歌会之后的余兴而发展起来的一种文学形式。

所谓川柳,早期是百姓中流行的非常具有游戏性的杂体俳谐。江户时代的柄井川柳在宝历七年(1757)出版了《川柳评万句赛》,获得了好评。之后,有出版商从中选取了没有"前句"而句意也可以理解而且有意思的"付句"汇编成《柳多留》,因点评者之故,从此把从"前句"独立出来的"付句"命名为"川柳"。

狂言就是狂体和歌,是指在和歌形式中掺入滑稽的内容。其起源可追溯至《万叶集》和《古今集》的俳谐歌,到近世成为独立的艺术形式。

第六节 女性文学

日本古典文学中的"日记文学"特指假名文学,一般称为"女流日记文学"。9世纪假名产生后,女性也有了运用这一新文字记录日记的可能。现择要介绍如下。

一、《土佐日记》

作者纪贯之,成书年代不详,一般认为是纪贯之于承平五年(935)二月回京之后以旅途中的闲散杂记为基础创作而成。日记描写了从启程之日至次年到达为止约五十五天的旅途生活。纪贯之假托为女性,全文用假名散文与和歌对会话内容、场景进行了细致生动的描述。

《土佐日记》开创了假名日记文学的先河,使日记走入了文学殿堂。其中涉及交通、海盗出没的情况、各地风俗、民谣等的记载,是研究当时风俗文化史的宝贵资料。

二、《蜻蛉日记》

作者为藤原道纲母。作品以回忆的方式,记录了作者自954年起的近二十一年的人生经历。成书时间不详,分为上中下三卷,主要描写了其与丈夫藤原兼家的婚姻生活。作者擅长对内心世界的描写,所以其自我剖析也更为深刻,这也成为后继日记文学的一个重要特征。《蜻蛉日记》使日记文学这一体裁达到了崭新的高度。

三、《紫式部日记》

作者为紫式部,成书年代不详。全文由日记体和书信体两部分构成。也许是由于《源氏物语》的成功,紫式部成了一条天皇中宫彰子的家庭教师。日记部分主要记载了彰子生产敦成亲王前后及敦良亲王诞生五十日贺宴等宫廷各种活动。而书信体部分主要记载了对后宫沙龙、清少纳言等才女的评判，随后记述自己的心境、身世及为人处世的心得等。

四、《和泉式部日记》

作者和泉式部，成书时间不详。日记记载了某女与敦道亲王之间十个月的恋爱过程。作品以一百四十七首和歌的赠答为主线，展现了两人之间炽热但又充满猜疑、不安的情感世界及追求爱情的深刻苦恼。

五、《更级日记》

作者菅原孝标女。日记记载了孝标女从十三岁随父亲从上总返回京城至五十三岁与丈夫生死离别为止的四十多年的个人生活。日记从回京的旅途起笔，具体描述了热衷于以《源氏物语》为首的物语作品的少女时代，出仕祐子内亲王，婚姻及家庭生活，前往石山、长谷、鞍马、太秦等地拜佛，丈夫病逝及其后一心等待阿弥陀佛前来接引的孤独的晚年生活。

全书可分为八十个段落，分为包含和歌的段落群及不含和歌的纯散文段落群。

六、《枕草子》

作者清少纳言，成书于11世纪初。清少纳言出仕一条天皇的定子皇后，《枕草子》就是用定子的兄长伊周献给皇后的纸张写下来的。作品形式分为类聚形式、随感形式、日记形式三大类，共有长短不一的记录三百余段。类聚形式通过对各类事物的描写，充分体现了作者观察事物的敏锐。随感形式主要描绘了四季自然景色的变化。日记形式记录了宫中见闻以及与定子皇后、同僚们的交往情况。

《枕草子》与《源氏物语》被誉为平安时代文学的"双璧"，堪称日本古典文学史上的璀璨明珠，也是日本随笔文学的代表作。中世吉田兼好的《徒然草》就是在其影响启发下产生的。

第九章　日本历史

关于"历史"，许慎在《说文》中如此解释：历，过也。史，记事者也。从又持中；中，正也。即"历史"就是正确记载过去的人。虽然是非常简单的几个字，但要做到绝非易事。具体到日本历史来说，由于受到文献资料、考古水准的限制，迄今为止就连一些基本的问题都很难达成共识。但也正因为每个阶段都有该时期特有的历史阐述，才给后人提供了无限接近历史真相的可能。鉴于此，笔者不揣简陋，拟对日本历史做一简单综述。

第一节 日本人起源

历史归根结底由人来创造，所以在探讨日本历史之际，自然而然要追问日本人的起源这一大问题。

迄今为止，学者们对上述问题的研究探索可以总结为三种观点：

第一，人种交替说。这种观点认为土著绳文人的祖先被现代日本人的祖先驱逐出了日本，外来民族成了日本人的祖先。

第二，混血说。此观点认为绳文时代的土著居民在进入弥生时代以后和日本周边族群的人融合，逐渐形成了今天的日本人。

第三，演变说。这种观点认为现代日本人是土著绳文人经过长期进化逐渐形成的。

那么，上述提到的绳文人到底来自何处呢？

在大约距今三万年前的原始时代，日本列岛与欧亚大陆还是陆地相连的时候，亚洲人为了赡养大量增加的人口而从今天的东南亚地区开始大规模迁徙。迁徙队伍至少有两支，一支沿着中国大陆北上，到了今天的中国河北省。另一支沿着东海大陆架或者中国大陆东进，登上了日本列岛。这批人被认为是日本绳文人的祖先。当然还有其他观点，如"朝鲜半岛直接渡来说""北亚人种间接渡来说""江南农民直接渡来说"及"中国吴太伯之后说"等学说。考古资料表明，绳文人遍布了整个日本列岛。

曾经在相当长的时间里日本没能发现打制石器，因此日本旧石器时代的存在受到了怀疑。直到1949年，一名叫相泽忠洋的业余考古学家在群马县的岩宿偶然发现粗陋的黑曜石打制石器，由此证实了旧石器时代日本列岛已经出现人类踪影的猜测。日本的八幡一郎教授将此时代称为"岩宿时代"。

众所周知，倭是日本的古称，倭人就是居住在日本列岛上的日本人。我国古籍中有关倭的记载最早见于《山海经》第十三"海内东经"的"盖国在钜燕南，倭北。倭属燕"一节中。"倭"的本义，据《说文解字》是"顺儿"。张舜徽考证说"倭乃委之增偏旁体"，而"委"乃"随"之意。"倭"与"委"意义大致相同，皆以柔顺为本义。之所以把古代的日本取名为"倭"，大概是因为许慎认为"唯东夷从大。大，人也。夷俗仁，仁者寿，有君子不死之国"吧。倭的命名不仅取其义，也借其音。"倭"日语读作"わ"，"わ"乃"我"之意。日本古籍《弘仁私记》序说："日本国……古者谓之倭国，但倭义未详。或曰，取称我之音，汉人所名之字也。"因此，倭的命名是基于古代中国人对日本人习性的认识，是字义和字音的结合。但是，日本学者有多种不同于我国的说法，主要有：委从禾从女，是与种稻有关的表意文字；倭从人从女，因闻女人治国而名之；倭含有矮、丑的轻蔑之意；倭通"薇"，为污秽之人；等等。应该说这些都是后人的推测，而非古人原意。

第二节 绳文时代（约8500年前—2500年前）

图9-1 土偶

大约距今一万年前，地球温度升高，冰河融化，导致海平面上升，日本遂成为一个岛国。此时日本列岛上的人能够制作土陶，因这些土陶表面有绳文图案，所以将它们命名为"绳文土器"，这个时代也被称为"绳文时代"。

绳文时代开始使用磨制石器，狩猎、采集、捕鱼成为当时人的生存手段，这可以从众多被发现的贝冢中得知。同时，心型土偶、遮光器土偶的发现，让我们感觉到了当时对女性生殖崇拜的一种神秘力量。而从青森县的三内丸山遗址发掘可知，当时的人们住在一种被称为"竖穴住居"的简易房子里。

第三节 弥生时代（前3世纪—3世纪）

1884年3月，东京弥生町的向冈贝冢中发现了一件与绳文土器不同的陶壶，1898年正式定名为"弥生式粗陶"，此时代也被称为"弥生时代"。

图9-2 弥生土器

弥生时代的历史大事件中，最先发生的应是稻种技术的传入。这场"农业革命"的到来，其意义可与近代的工业革命媲美，是日本列岛上第一次人类推动自然的进步。对于稻种技术，虽然有人提出"日本自生说"，但"外来说"已成学界定论。然不可忽视的是，绳文时代中期以后就已经出现一些人工栽培植物的原始农耕迹象。

其次是金属的传入。所谓金属，这里包括两大类：一是铜剑、铜铎之类的青铜器，它们主要用于祭祀或占卜，已经失去了原有的实用性；二是铁器，它们仍然保持了原来的实用性。

1980年在佐贺县发现了日本国内最大的环濠聚落吉野里遗址，从中可见保存食物的高床仓库，防御外敌入侵的壕沟、栅栏等。

随着贫富差异的出现，人的身份也出现了分化，一些具有宗教色彩的领袖呼之欲出。随后，村落组织出现，几个村落合并成为国，大国的指导者称为王。其中最大的王国为邪马台国。《后汉书》卷八十五"东夷列传"第七十五中有如下记载：

> 倭在韩东南大海中，依山岛为居，凡百余国。自武帝灭朝鲜，使驿通于汉者三十许国，国皆称王，世世传统。其大倭王居邪马台国。[1]

---

[1]范晔：《后汉书》，中华书局1996年版，第2820页。

上述《后汉书》简单的描述，给日本史留下了一个极大的谜，即大倭王所在的邪马台国到底在哪里？

迄今为止，主要有"畿内大和说""九州说""出云说""吉备说""阿波说""其他说"等，全日本有九十余处曾被比定为邪马台国所在地。其中"畿内大和说"和"九州说"是争论的焦点。"畿内大和说"源于《日本书纪》，该书将卑弥呼认定为神功皇后。新井白石、伴信友是持此观点的代表者。但是，日本国学大师本居宣长认为向魏遣使的并不是女王卑弥呼，而是九州的熊袭势力，正是他们冒充了女王之名。所以，"九州说"一度占据上风。1910年，持"畿内说"的内藤湖南和赞同"九州说"的白鸟库吉就此进行了唇枪舌战，使世人重新把目光聚焦到"畿内说"和"九州说"的争论上。

1989年，在九州佐贺县神埼郡发现了弥生时代最大规模的环濠聚落吉野里遗迹，这为"九州说"提供了有力证据。最近几年，持"九州说"的学者也将福冈县的久留米、八女、朝仓等地纳入研究视野。

可到了1998年，在奈良县天理市的黑冢古坟出土了三十三面三角缘神兽镜，这些铜镜被认为就是《魏志·倭人传》中记载的景初二年（238）魏少帝赐给倭女王"铜镜百枚"中的一部分。因此，"畿内"一时成了邪马台国的有力候选地。

2009年，奈良县樱井市缠向遗迹的发掘中，随着一些被认为是卑弥呼的居所、祭祀场所的确认，"畿内说"再次引起了世人瞩目。此外，奈良盆地东南部大型箸墓古坟的发现等，都为"畿内说"提供了新的证据。

当然，迄今为止考察"邪马台国"的所在地，最可靠的文献仍然是中国的《魏志·倭人传》。只是该文献年代久远，加之记载上的一些模糊，导致判断困难。研读文献，我们可以发现，如果从方位和路程上判断，邪马台应该位于九州，但从日程、魏晋里程标准来看，邪马台似乎又该位于畿内。随着近年日本考古工作的不断推进，邪马台位于畿内即"畿内说"略占上风。

图9-3 位于韩国庆州的新罗双圆坟

最近日本有一种新观点认为，正是全球的气候异动使得中国、罗马两大帝国衰退，与此同时，朝鲜半岛和日本都不约而同地出现了巨大坟墓，这些王墓应是权力集中的表现，是走向统一的前奏。

第四节 古坟时代（4—6世纪）

到了3世纪后期，以大和（今奈良）为中心的畿内出现了大型的古坟，因此历史上将此时期称为"古坟时代"。根据形状可将古坟分为圆坟、方坟、上圆下方坟、前方后圆坟等。从规模来看，大阪堺市的大仙古坟（一时称"仁德天皇陵"）堪称世界最大级别，长达四百八十六米，高三十多米，外濠长三公里左右。古坟周边有土俑，呈兵士、马、巫女等形状，应该是当时的陪葬品。

如此巨大的坟墓背后一定有势力巨大的政权支撑，这个政权就是以大和地方为中心的大和朝廷。根据《好太王碑》的记载，大和朝廷曾于4世纪末入侵朝鲜半岛的高句丽、新罗。

图9-4 位于吉林集安市的《好太王碑》及碑文　　图9-5 萧绎《职贡图》中的倭国使者

而根据中国《晋书》《宋书》《梁书》的记载，在413—502将近90年的时间里，倭五王（赞、珍、济、兴、武）为了争取朝鲜半岛的权利，曾十三次遣使来中国。至于当时倭国使者的形象，梁代萧绎绘于大同六年（540）的《职贡图》可做参考。

古坟时代还有一个历史事件值得注意，那就是538年（一说为552年）佛教正式由百济传入日本。围绕是否接受佛教，当时的两大势力苏我氏与物部氏展开了激烈斗争，最终苏我氏灭了物部氏而胜出。

第五节 飞鸟时代（593—710）

593年，圣德太子作为推古天皇的摄政登上历史舞台。日本以天皇为中心的国家体系初现于飞鸟时代以后，推古天皇是日本历史上第一位女帝。推古朝也被认为是日本历史上"天皇"一号成立的时期之一，另一观点认为是天武、持统朝。603年，圣德太子颁布《冠位十二阶》；604年制定《十七条宪法》；607年开始遣使隋朝，史称"遣隋使"，至614年止，前后遣使多次①。遣使的主要目的表面上看是摄取佛教文化，但真正的用意在于在外交和军事上牵制半岛。

图9-6 一万元日币上的圣德太子像

630年，第一次遣唐使出发，632年回国。在飞鸟时代共派遣遣唐使8次，一般由2艘船组成，乘员约二百五十人。

645年，中大兄皇子密谋诛杀了苏我氏，为其改革清除了障碍，史称"乙巳之变"。大化二年（646），孝德天皇发布"改新之诏"，推出了一系列重大改革措施，主要包括公地公民、班田收授法、租庸调制及国郡里制。明治时代以后，人们把上述一系列改革总称为"大化改新"。当然，也有不少学者对"大化改新"表示怀疑。

663年，围绕半岛局势的利益争夺，唐朝、新罗联军与日本、百济联军展开了海战，史称"白村江海战"，最后以唐朝、新罗完胜日本、百济告终。中大兄皇子害怕唐朝报仇来袭，将首都迁到了内陆的滋贺县大津，并在此即位，史称"天智天皇"。

672年，天智天皇去世。围绕皇位继承权，其弟大海人皇子与其子大友皇子互相倾轧，史称"壬申之乱"。战乱最终以大海人皇子胜利、大友皇子自杀结束。翌年，大海人皇子即位，称"天武天皇"。天武天皇迁都至飞鸟净御原宫，制定了日本最初的律令《飞鸟净御原令》。701年，文武天皇制定了《大宝律令》。同年，再度任命遣唐使，702年遣唐使赴唐，704年回国。在此期间，新国号"日本"得到唐朝的承认。顺便说一下，2011年在中国发现的《祢军墓志》（678）中的"日本"两个刻字是迄今为止发现的最早的"日本"二字的用例。

---

①学界一般认为日本第一次派遣遣隋使的时间是607年，然王勇主张是600年，而且次数达六次之多。详见王勇：《从遣隋使到遣唐使》，《郑州大学学报》（哲学社会科学版）2008年第5期。

708年，武藏国秩父（今埼玉县秩父）首次产铜，为了表示纪念，特铸铜钱"和同开珎"，成为"富本钱"之后又一货币。

图9-7　日本铜钱"和同开珎"

第六节　奈良时代（710—784）

710年，天智天皇的第四个女儿元明天皇以唐朝长安为模型，在奈良建造了京城，这就是平城京。2010年奈良市举行了隆重的平城京建都一千三百周年纪念活动，重建了大极殿。平城京遗址被指定为世界文化遗产。

图9-8　2010年重建的平城京大极殿

然而与上述雄伟庄严的京城不太相称的是，当时的人民被分成良民、贱民两大类，贱民没有人身自由，其中的奴婢还可以买卖。一般的农民也因租庸调而生活非常艰辛。关东地区的农民还居住在竖式洞穴中，还有义务作为"防人"赴北九州一带以防备外来侵略。农民当时的这种生活状况在《万叶集》中多有表现，歌人山上忆良的"贫穷问答歌"就是其中代表。

随着人口不断增加，耕田却越来越少，于是朝廷在723年颁布了《三世一身法》，鼓励农民开荒，所开垦田地的使用权可以保留至三代，但是，效果并不明显。743年，朝廷再次颁布《垦田永年私财法》，规定凡自己开垦的荒地将永远归属私有。

在奈良时代，体弱多病的天皇、皇太子较多，在下一位天皇成人之前，经常由去世天皇的妻子或母亲来执掌大权，以作权宜之计，所以奈良时代也是一个女帝较多的时代。而从6世纪到8世纪后半叶的皇位继承情况来看，比起性别更重视年龄。在《大宝令文》中甚至预示了女帝的出现，规定女帝之子为亲王。

上文提及的文武天皇也是在二十五岁英年早逝，留下当时未成年的首皇子（后来的圣武天皇），其间由文武天皇的母亲元明天皇即位任天皇，之后经姑母元正天皇，最后皇位才轮到圣武天皇。

在圣武天皇年幼时，代理朝政的长屋王因反对非皇族出身的藤原不比等的女儿光明子成为皇后，遭到藤原家族的迫害，于729年自杀，史称"长屋王之变"。有研究者曾认为长屋王与圣武天皇是政敌，是竞争对手，而现在基本认为两者是一种合作关系。因为从奈良时代皇位继承情况来看，先帝之意是最重要的，天皇即位之际宣命中"不改常典"所表达的就是此意。所以，长屋王根本没有成为天皇的可能性。

长屋王冤死后，光明皇后的四位兄弟相继病死，世间还发生了传染病。一系列的灾难促使圣武天皇几度迁都，但是情况并没有改善，天平十七年（745）5月，他又将都城迁回到平城京。迁都无效后，圣武天皇拟借助佛教的力量挽回颓势。741年，他命令全国各地建立国分寺、国分尼寺，京城建立东大寺，在东大寺金堂安置卢舍那佛，这就是著名的"奈良大佛"。研究表明，奈良大佛的建造是圣武天皇停止迁都的条件。遗憾的是，大佛在之后的源平合战、战国时代两度被烧，现在的佛像是江户时代重建的，被认定为日本的国宝之一。

图9-9 东大寺金堂

在奈良大佛建造过程中，一位名叫行基（668—749）的高僧通过游说各地，向民众宣传了建造大佛的好处，为朝廷顺利建成东大寺贡献不小。

表9-1　日本古代女帝即位年龄一览表

女帝名	即位时间	即位年龄（岁）	当时皇子及年龄
推古天皇	592年	39	厩户（19岁）
皇极天皇	642年	49	古人大兄（不明）、中大兄（17岁）
齐明天皇	655年（皇极天皇重祚）	62	中大兄（30岁）
持统天皇	690年	46	草壁（29岁）
元明天皇	707年	47	首（7岁）
元正天皇	715年	36	首（15岁）
孝谦天皇	749年	32	大炊王（17岁）
称德天皇	764年	47	白壁王（56岁）

图9-10　行基菩萨铜像

图9-11　西安市内的阿倍仲麻吕纪念碑

当然，值得大书特书的是，奈良时代继飞鸟时代之后，仍然保持与唐朝的往来，多次派遣遣唐使学习中国文化。奈良时代实际成行的遣唐使派遣有六次，另三次被终止。尤其值得一提的是藤原清河为大使，大伴古麻吕、吉备真备为副使的这次遣唐使派遣，任命时间是日本天平胜宝二年（750）9月，他们于天平胜宝四年闰三月出发，抵达明州、越州，受到唐玄宗的接见。翌年11月从苏州解缆回国。被誉为中日友好大使的鉴真和尚也于这年的12月20日抵达萨摩国。十余年间，鉴真率领门徒六次渡海，历经千辛万苦，为中日文化交流做出了不可磨灭的贡献。此外，阿倍仲麻吕也随藤原清河大使一行回日本，但归国途中遭到大风，其乘坐的第一船漂至安南，其后辗转返唐，最后埋骨异乡。

第七节 平安时代（784—1192）

平安时代是日本历史上跨度最长的一个时期，大致可以分为天皇亲政、藤原氏摄关政治、上皇院政、武士抬头四个时期。

一、天皇亲政

784年，桓武天皇从平城京迁都至长冈京。794年，为了摆脱奈良守旧的僧俗势力，加之京都的地理优势，桓武天皇又将首都从奈良迁至平安京，迈入盛世，因此也创建了流芳后世的千秋大业。[①]

第一，废除了征兵制度，取而代之的是在地方官吏郡司的男孩中选取善于骑射的组成军队，这就是"健儿制度"。

第二，在地方设立"勘解由使"官，以此来监督国司的不正行为。

第三，命令坂上田村麻吕征伐虾夷。所谓的"虾夷"，是指古代居住在从北关东到东北、北海道地区的人们。他们不服从朝廷的统治，其族长阿弖流为在802年被坂上田村麻吕降服并处刑。这位"征夷大将军"坂上田村麻吕还建造了京都著名的清水寺。

第四，编撰了一系列律令，如《弘仁格式》《天长格式》《贞观格式》《延喜格式》等。

第五，重视佛教新宗派，尤其是最澄创立的天台宗和空海创立的真言宗，被视为镇护国家的法宝。

二、藤原氏摄关政治

这里的藤原氏，其祖先就是在大化改新中立下汗马功劳的中臣镰足，后被赐姓"藤原"。藤原一族通过将女儿嫁给天皇继而扶持外孙成为天皇的手段，掌控了朝廷大权。所谓"摄政"，是指代替幼主或女帝行使政治。而"关白"是指代替成人的天皇行使权力。因此，"摄关政治"就是指通过摄政、关白来进行的政治统治。藤原良房是首位天皇家族以外的太政大臣，藤原基经则是首位关白。摄关政治的高潮期当推藤原道长，他

---

①也有学者主张将桓武天皇把首都从奈良迁移至平安京的794年作为平安时代的开始。

没有当过关白，但这位有"御堂关白"之称的人物其不简单之处在于三位女儿都成了天皇之后，这就是日本历史上绝无仅有的"一家三后"。女儿彰子嫁给了第六十六代天皇一条天皇，育有一子即第六十八代天皇后一条天皇，彰子的家庭教师是因著述《源氏物语》而出名的紫式部。另一女儿妍子嫁给了第六十七代天皇三条天皇，因无子嗣被道长强行逼迫退位。还有一个女儿威子嫁给了第六十八代天皇后一条天皇。

图9-12　平等院凤凰堂

到了道长的儿子藤原赖通的时代，日本流行佛教的末法思想，赖通相信净土教的"极乐净土"思想，拟通过建造京都宇治的平等院凤凰堂拯救末法之世。现在的平等院不仅成为日本十元硬币上的图案，也是世界文化遗产。

道长的日记《御堂关白记》详细记载了998—1021年的家国大事，其阳明文库藏本被指定为日本国宝，也是"世界记忆文献遗产"。

在藤原氏行使摄关政治期间的894年，菅原道真提议废除遣唐使的派遣，这是日本历史上的重大事件。受这一事件影响，诞生了具有日本特色的"国风文化"。

菅原道真是平安时期著名的学者，有"学问神"之称，受到藤原时平的迫害而被贬谪至福冈大宰府，两年后郁闷致死。不料，道真死后，朝廷多位重要命官相继去世，自然灾害频发。惊愕的人们认为这是冤死的道真在作祟，于是菅原道真就成为雷神即天神，得到了崇拜。到了室町时代，传说菅原道真曾凭借一枝梅花飞渡大海，投入杭州径山寺的无准师范门下为徒，最终学成归国。这就是风靡一时的"渡唐天神"之由来。[1]

图9-13　渡唐天神像（明代宁波人方梅厓题赞）

---

[1] 陈小法：《渡唐天神与中日交流》，《日语学习与研究》2007年第5期。

三、上皇院政

9世纪开始的摄关政治到了11世纪前半叶，即藤原道长、赖通的时候迎来了鼎盛期。11世纪后半叶的后冷泉天皇与藤原氏没有子嗣，所以与藤原氏几乎没有血统关系的后三条天皇即位后，设法排除藤原氏，这就是上皇院政的开始。所谓"上皇"就是辞去天皇之职后在被称为"院"的地方继续行使统治权力的政治体制。有时是法皇，即出家的天皇继续掌管国家政权。遗憾的是，后三条天皇在实施院政前就驾崩了，真正开始院政的是他的儿子白河上皇，那一年是1086年。白河上皇的母亲还是藤原氏，其实藤原氏行使摄关政治一直延续至明治时期，无非权势已今非昔比而已。

尽管实现了院政，但问题接踵而来。那就是在几位上皇（法皇）同存的时代，围绕"治天之君"即谁是真正的掌权者问题，上皇之间展开了斗争。不仅如此，现任天皇与上皇（法皇）之间的争夺战也越演越烈，最终导致了1156年的"保元之乱"。在这场战乱中，天皇派的力量包括后白河天皇、摄关藤原忠通、平清盛、源义朝，而上皇方的势力包括崇德上皇、摄关藤原赖长、平忠正、源为义，最终天皇方胜利。

四、武士抬头

前面已经提到，自743年实行垦田永年私财法以后，荒地被大量开垦。为了保住这些土地，一些农民和地方小豪族遂将土地以捐赠的方式献给了藤原氏这样的有权贵族或寺社。这种大量的私有土地被称为庄园。为了保证庄园的利益，贵族和寺社从政府处得到了特殊权利，即"不输之权""不入之权"。所谓"不输之权"就是免于向政府缴纳税金，而"不入之权"就是拒绝国司等官吏进入庄园检查之权利。因此，庄园成了一个全封闭的、充满利益的私有领地。贵族和寺社雇用庄园的捐赠者为庄官，以实施有效管理。以庄园收成的一部分作为庄官的年薪，庄官又上交收成的部分作为地租，贵族和寺社从中不劳而获。可见，本来应该上缴给国家的税金，却全部被贵族和寺社中饱私囊了。

随着庄园经济的进一步发展，贫富差距逐渐增大，社会不安定因素越来越多。国家统治和地方政治都出现了危机。但国库空虚，无力守卫，致使盗贼横行，人们生命和财产受到严重威胁。因此，庄园开始组织自己的私人武装，这就是武士阶层诞生的背景。各庄园的武士团经过多次战争，逐渐兼并成了大型的武士集团。其中，最大的两大武士集团为具有桓武天皇血统的平氏和具有清和天皇血统的源氏。

平安时代，两个武士集团的叛乱值得一提，即935年发生的"平将门之乱"和939年发生的"藤原纯友之乱"，在日本历史上被合称为"承平、天庆之乱"。最后，平将门战死，而藤原纯友被处死，但武士阶层之地位却因此提高，并得到了重用。

但是，在"保元之乱"中本在同一战壕的平清盛和源义朝为了争功，借朝廷内讧和藤原摄关家的内部纷争，上演了一场大乱，即1159年的"平治之乱"。战乱的结果是平清盛完胜，源义朝败走尾张内海，结果死于部下之手。其子源赖朝本应被处斩，后因平清盛继母池禅尼认为源赖朝特像她死去的儿子，哀求平清盛留其一命，最后以流放伊豆岛作了了结。但是，历史却和平清盛开了一个极大的玩笑，之后打败平清盛并最终取得政权的恰恰是这位他曾手下留情的宿敌。

在"平治之乱"中取胜的平清盛官至太政大臣（相当于现在的总理大臣），这也是武士首次获此殊荣。平氏家族一时权倾天下，世间流行"不是平家人就不是人"之说。为了保证经济实力，平清盛与我国的宋朝以神户为主要港口积极展开海外贸易，赢取了巨大的经济利益。这在日本历史上称为"日宋贸易"。

为了推翻平氏，后白河法皇举行了"鹿谷密谈"，结果消息走漏，与会者惨遭杀害。后白河法皇之子以仁王名义向全国武士发出了声讨平家之檄，引来了众多武士的响应。其中源氏家族的武士最为积极，代表人物是伊豆的源赖朝和木曾（现长野县）的源义仲，最终上演了"源平合战"，平氏家族就此退出历史舞台，而源赖朝开创了新时代"镰仓时代"。

图9-14 源义经画像（中尊寺藏）

在日本历史上，源赖朝之弟源义经是个具有浓厚传奇色彩的人物。在"源平合战"中立下赫赫战功的他，最终与哥哥同室操戈，落了个自杀的结局。但是，迄今为止，源义经还是日本最受欢迎的武将之一。民间甚至传说他转世成了大漠英雄成吉思汗。

表9-2 日本主要战乱一览表

战乱名称	时间	胜方	败方
日本列岛最古之战	公元前3世纪左右	不明	不明
倭国大乱	2世纪后半叶	卑弥呼	不明
朝鲜半岛侵略	4世纪末	高句丽	倭国
磐井之乱	527年	物部麁鹿火	磐井
丁未之乱	587年	苏我马子	物部守屋
乙巳之变	645年	中臣镰足、中大兄皇子	苏我虾夷、苏我入鹿
白村江之战	663年	唐、新罗	倭国
壬申之乱	672年	大海人皇子	大友皇子
藤原广嗣之乱	740年	大野东人	藤原广嗣
藤原仲麻吕之乱	764年	吉备真备	藤原仲麻吕
虾夷征讨	8世纪末—9世纪初	坂上田村麻吕	阿弖流为
元庆之乱	878年	藤原保则	出羽俘虏集团
平将门之乱	939—940年	藤原秀乡、平贞盛	平将门
藤原纯友之乱	939—941年	小野好古	藤原纯友
刀伊入寇	1019年	日本	女真
平忠常之乱	1028—1031年	源赖信	平忠常
前九年之役	1051—1062年	源赖义、清原武则	安倍赖时、安倍贞任
延久虾夷合战	1070年	源赖俊	虾夷
后三年之役	1083—1087年	藤原清衡	清原家衡
保元之乱	1156年	后白河天皇	崇德上皇
		藤原忠通	藤原赖长
		平清盛	平忠正
		源义朝	源为义
平治之乱	1159年	平清盛	藤原信赖、源义朝
以仁王兵变	1180年	平清盛	以仁王、源赖政
石桥山之战	1180年	大庭景亲	源赖朝
富士川之战	1180年	源赖朝、武田信义	平维盛
俱利伽罗峠之战	1183年	源义仲	平维盛

战乱名称	时间	胜方	败方
生田森·一之谷合战	1184年	源范赖、源义经	平知盛、平忠度
长岛之战	1185年	源义经	平宗盛
坛之浦之战	1185年	源范赖、源义经	平宗盛、平知盛
奥州合战	1189年	源赖朝	藤原泰衡
和田合战	1213年	北条义时	和田义盛
承久之乱	1221年	北条义时	后鸟羽上皇
文永之役	1274年	日本	蒙古、高丽
弘安之役	1281年	日本	中国（元朝）、高丽
霜月骚动	1285年	平赖纲	安达泰盛
正中之变	1324年	六波罗探题	后醍醐天皇、日野资朝、日野俊基
笠置山之战	1331年	足利高氏、大佛贞直	后醍醐天皇、千种忠显
赤坂城之战	1331年	镰仓幕府军	楠木正成
千早城之战	1333年	楠木正成	镰仓幕府军
分倍河原之战	1333年	新田义贞	北条泰家
东胜寺合战	1333年	新田义贞	北条高时
中先代之乱	1335年	足利尊氏	北条时行
箱根·竹之下之战	1335年	足利尊氏、足利直义	新田义贞、尊良亲王
多多良滨之战	1336年	足利尊氏、足利直义	菊池武敏
凑川之战	1336年	足利尊氏、足利直义	新田义贞、楠木正成
四条畷之战	1348年	高师直	楠木正行
观应扰乱	1350—1352年	足利尊氏	足利直义
明德之乱	1391年	足利义满	山名氏清、山名满幸
应永之乱	1399年	足利义满	大内义弘
应永外寇	1419年	日本	朝鲜
永享之乱	1438—1439年	足利义教、上杉宪实	足利持氏
结城合战	1440—1441年	上杉清方	结城氏朝
嘉吉之乱	1441年	赤松满佑——足利义教	
享德之乱	1454—1482年	足利成氏——关东管领	
柯夏玛因之战	1457年	武田信玄	柯夏玛因

战乱名称	时间	胜方	败方
应仁·文明之乱	1467—1477年	东军（细川氏、畠山氏、斯波氏等）——西军（山名氏、大内氏、畠山氏、斯波氏等）	
山城国一揆	1485年	国人、农民	畠山义就、畠山政长
加贺一向一揆	1488—1580年	本愿寺门徒	富樫政亲
伊豆攻杀	1493年	北条早云	堀越公方茶茶丸
河越合战	1546年	北条氏康	上杉宪政、上杉朝定、足利晴氏
严岛之战	1555年	毛利元就	陶晴贤
桶狭间之战	1560年	织田信长	今川义元
第四次川中岛之战	1561年	上杉谦信——武田信玄	
教兴寺之战	1562年	三好长庆	畠山高政
第二次月山富田城之战	1565—1566年	毛利元就	尼子义久
东大寺大佛殿之战	1567年	松永久秀、三好义继	三好三人众、筒井顺庆、池田胜正
姊川之战	1570年	织田信长、德川家康	浅井长政、朝仓义景
石山合战	1570—1580年	织田信长	显如
火攻比睿山	1571年	织田信长	延历寺
三方原之战	1572年	武田信玄	德川家康
小谷城之战	1573年	织田信长	浅井长政
长筱之战	1575年	织田信长、德川家康	武田胜赖
耳川之战	1578年	岛津义久、岛津家久	大友宗麟、田原亲贤
天目山之战	1582年	织田信长	武田胜赖
本能寺之变	1582年	明智光秀	织田信长
备中高松城水战	1582年	羽柴秀吉	清水宗治、毛利辉元
山崎之战	1582年	羽柴秀吉	明智光秀
天正壬午之战	1582年	德川家康——北条氏直	
贱岳合战	1583年	羽柴秀吉	柴田胜家
小牧·长久手之战	1584年	羽柴秀吉	织田信雄、德川家康
冲田畷之战	1584年	有马晴信、岛津家久	龙造寺隆信
攻占四国	1585年	羽柴秀吉	长宗我部元亲
攻占九州	1587年	丰臣秀吉、丰臣秀长	岛津义久、岛津义弘
摺上原之战	1589年	伊达政宗	芦名义广

续 表

战乱名称	时间	胜方	败方
小田原之战	1590年	丰臣秀吉	北条氏政、北条氏直
九户政实之乱	1591年	丰臣秀次	九户政实
文禄之役	1592—1593年	中国（明朝）、朝鲜	日本
庆长之役	1597—1598年	中国（明朝）、朝鲜	日本
关原之战	1600年	德川家康	石田三成、毛利辉元
侵占琉球	1609年	萨摩藩军	琉球王国
大阪冬之阵	1614年	德川家康、德川秀忠——丰臣秀赖	
大阪夏之阵	1615年	德川家康、德川秀忠	丰臣秀赖
岛原之乱	1637—1638年	江户幕府	天草四郎
夏克夏胤之战	1669年	松前泰广	夏克夏胤
大盐平八郎之乱	1837年	大阪奉行所	大盐平八郎
樱田门外之变	1860年	水户、萨摩藩脱藩浪人	井伊直弼
萨英战争	1863年	萨摩藩	英军
禁门之变	1864年	一桥庆喜、松平容保	长州藩
下关战争	1864年	长州藩	英法荷美联军
第二次幕长战争	1866年	长州藩	幕府军
鸟羽、伏见之战	1868年	小松宫彰仁亲王	德川庆喜
甲州胜沼之战	1868年	板垣退助、伊地知正治	近藤勇、土方岁三
上野战争	1868年	大村益次郎	天野八郎
北越战争	1868年	山县有朋、黑田清隆	牧野忠训、河井继之助
会津战争	1868年	板垣退助、伊地知正治	松平容保
箱馆战争	1869年	清水谷公考	榎本武扬

说明：①交战双方无胜负的用"××——××"来表示；

　　　②在日语中有"之乱""之役""之变"的区别，一般来说将以推翻朝廷和当时政权为目的的称为"乱"，政变或内讧称为"变"，对外战争称为"役"。

第八节 镰仓时代（1192—1333）

关于镰仓幕府的成立时间，现在有了不同观点。最主要是两种观点，一种是传统的1192年；另一种是1185年，理由是这一年乃源义经、源行家叛乱，朝廷认可设置守护、地头的年份。

灭了平氏家族的源赖朝就任征夷大将军，开始了武士政权。

镰仓幕府的组织架构比较简单，统治地方的是守护和地头。所谓守护，就是各行政区域的武士头领，而地头就是管理庄园的责任人。可见，到了镰仓时代，武士的力量渗透进了庄园。

而在中央的统治机构，主要以三个组织为中心。第一是管理赖朝家臣即"御家人"的侍所，第二是管理财政的政所，第三是负责裁判的问注所。将军统辖这三个机构，将军职位下设"执权"一职。将军和"御家人"之间的关系通过土地的"御恩"和"奉公"来维系，"御恩"就是将军将土地给予御家人，并保证领地安全。而御家人必须为幕府效力，甚至付出生命，这就是"奉公"。

但是，好景不长，首任将军源赖朝据说因骑马跌落从此卧床不起，最后一命呜呼。儿子赖家继承将军职位。但是，赖家的威望不高，没有得到御家人的支持，尤其是在土地的判决上，赖家专横跋扈，最终被御家人征讨，惨死于伊豆岛。和其父亲一样，其死因也存疑，民间有被暗杀之说。第三代将军是源赖朝的次子，即赖家的弟弟源实朝，不料他也是一位命运悲惨之人。源实朝无意于政治，也不讨武士的欢喜，却热衷和歌，还出版了私家集《金槐和歌集》，获得了世间好评，有的作品还入选了《百人一首》。

日本建保四年（1216），为再建东大寺大佛，宁波鄞县出生的宋僧陈和卿赴日。在面见源实朝时，陈和卿说源实朝前世实为宋朝医王山的长老，而自己是本门弟子。令这位将军奇怪的是，之前梦见的一位高僧也曾说过同样的话。因此，源实朝认为自己与宋朝有缘，决定亲往医王山参拜。11月24日，命令陈和卿建造渡宋船只。1217年4月，海船造成，但是下水失败，结果搁浅在沙滩最后朽烂。据说当时用于造船的木材采伐自相模湾的大锯地区，而当时祈祷航海安全的神社就是当地的船玉神社。

1219年1月27日，参拜完鹤冈八幡宫的实朝被兄弟公晓杀害在大银杏树下，公晓也遭到处刑。至此，源氏势力大减，政权终被北条氏掌控。而此时，源赖朝的妻子北条政子还健在，具有很强的影响力。最后，北条氏选取藤原氏一族的九条赖经作为将军，继续垂帘听政。到了1221年，后鸟羽上皇为了铲除幕府势力，竟向全国武士发出了声讨北条义时的命令，一时镰仓大乱。危难之际，有"尼将军"之称的北条政子力挽狂澜，打败了上皇军队，保住了镰仓，并把后鸟羽、土御门、顺德三位上皇分别流放到隐歧岛、土佐和佐渡岛。这就是史上著名的"承久之乱"。

经过承久之乱后的幕府，迎来了暂时的安稳。为了防止类似事件重演，幕府在京都设立了特别机构以监视天皇行动，这就是"六波罗探题"。"六波罗"是京都的地名，"探题"就是指刺探情报。

北条义时死后，其嫡子北条泰时接任执权。北条泰时在位时的1232年，诞生了第一部由武士制定的法律《御成败式目》，也称《贞永式目》。能剧《盆景取暖》（日语为"鉢木"）的主人公之一就是北条泰时，主要颂扬其体恤民情、为政清明。

到了北条时宗出任执权的时候，其与忽必烈发生了两次大的战争。第一次在1274年，史称"文永之役"，第二次在1281年，史称"弘安之役"。两次战役均以元军失败而告终。当然，元军战败之因有很多，其中主要是受到台风的影响。但是，日本有"神风"相助、日本是"神国"等流言四起，强烈地催生了日本的民族优越感和民族主义情绪。[1]

元军的两次来袭虽然失败了，但幕府无法支付为其浴血奋战的御家人的战争费用，奖赏更是无从谈起。于是，幕府与御家人之间的矛盾凸现了出来。为了缓和这种矛盾，幕府强制发布德政令，即免除御家人的债务。但是，御家人并没有因此而过上富裕的生活，部分人因借不到钱生活反而更加落魄。因此，御家人的抱怨一触即发。

其实，对幕府不满的还包括当时的天皇。1318年，后醍醐天皇即位。为了打倒幕府，后醍醐天皇策划了两次倒幕计划，史称"正中之变"和"元弘之变"，结果都失败了，天皇自己也遭到了流放。1333年，足利尊氏攻陷了幕府的六波罗探题，新田义贞消灭了北条氏，镰仓幕府至此灭亡，开始了犹如昙花一现的后醍醐天皇的"建武新政"。

第九节 南北朝时代（1333—1392）

后醍醐天皇的理想政治是醍醐、村上两天皇时代的"延喜、天历之治"，即天皇亲政的政治。可时过境迁，武士的力量已今非昔比，而有着源氏血统的武士足利尊氏就是其代表。帮助后醍醐天皇打倒镰仓幕府的他，因得不到征夷大将军之封号，最终与天皇反目成仇，重新拥戴了另一名天皇即位，即光明天皇。

关于这段历史，《明史·日本传》中曾记载，"时良怀年少，有持明者，与之争立，国内乱"。这里的"良怀"就是征西府将军怀良亲王，实际上此时的怀良亲王已年逾不惑，所以不能说其年少。"持明者"也没有与其争立皇位之史实。而真正与持明者（持明院）争立皇位的是大觉寺统。

事情还得从镰仓时代的后嵯峨天皇说起。后嵯峨天皇将皇位让给儿子后深草天皇

---

①陈小法：《日本"神国思想"与元明时期的中日关系》，《许昌学院学报》2005年第1期。

后，开始了院政。但是，另一位皇子深得后嵯峨上皇的欢心，于是，上皇就强迫后深草天皇退位，让这位皇子继了位，这就是龟山天皇。之后，后深草天皇的系统（因其曾住在持明院，所以称之为"持明院统"）与龟山天皇的系统（因其曾住在大觉寺，所以称之为"大觉寺统"）围绕皇位继承展开了斗争。经镰仓幕府调停，双方达成相互即位之原则，史称"文保和谈"。因此，属于大觉寺统的后醍醐天皇实行建武新政之际，实际上还有持明院统的皇族存在。足利尊氏以封自己为征夷大将军为条件，另立了新天皇即光明天皇。后醍醐天皇出逃至奈良的吉野。自此至1392年为止，日本两皇、两朝并存，史称"南北朝时代"。

后醍醐天皇的理想是建立以天皇为绝对中心的律令制国家。在政府机构中，除保留了太政官和中务、式部、治部、民部、兵部、刑部、大藏和宫内八省外，还重开或新设了一些机构，主要有"记录所""恩赏所""杂诉决断所"和"武者所"。

此外，后醍醐天皇还发布了德政令，其内容主要包括两个方面：其一是规定可以用本金半额之值赎回原先抵押的田地；其二是关于已经出卖的土地的认定。

建武新政期间，北条氏和足利氏之间发生了战争，史称"中先代之乱"。足利尊氏与后醍醐天皇翻脸，两集团展开了激战。其中南朝将领楠木正成父子作为勤王派载入史册。

建武三年（1336）11月7日，足利尊氏制定了《建武式目》。历应元年（1338）8月，足利尊氏被任命为征夷大将军，成为名副其实的日本历史上最著名的"倒戈将军"，幕府的名实因此具备。

新生幕府初期由足利尊氏和其胞弟直义两个将军同时统辖，即常说的"二头政治"。尊氏作为武士的主君而行使权力，而直义主要负责处理武士与贵族、寺社的利害关系。幕府机构与前代并无多大差别，在将军之下设置"执事"（类似将军的秘书长，1362年改称管领），其地位相当于镰仓时代的执权。"执事"下设"侍所""政所"和"问注所"，恢复了"评定众"与"引付众"，但已无实权。各地配备的官员也几乎全是老面孔。但是，也有不同之处，那就是在镰仓幕府时期，评定是最高的合议、决裁的机构，但室町幕府却置其于足利直义之下，由直义指挥。

围绕幕府权力之争，幕府内部开始了斗争。斗争开始于师直与直义之间的幕府分裂，最终演变为两大集团的对立，即尊氏、义诠对直义、直冬。观应元年（1350）10月，尊氏与师直西下征讨直冬，直义临危逃出京都，这就拉开了"观应扰乱"的序幕。

不料尊氏与直义之间的关系，也由于各自手下有力守护的争端，从一开始的貌合神离，到最后势如水火。这就是史称的"第二次观应扰乱"。

第二代将军足利义诠即位后，就人事任免在斯波氏与京极氏、赤松氏之间产生了龃龉。贞治五年（1366）8月，斯波氏失意垮台，在封地越前没落，这就是历史上的"贞治政变"（也称"贞治之变"）。

义诠去世后的应安元年（1368）6月，实际掌控幕府政务的细川赖之进行改革，推出与领地相关的一系列法律，中心内容就是禁止武士对天皇、上皇、寺社及摄关领地的统治。这一政策获得世人好评，被称为"应安半济令"或"应安大法"。

第十节 室町时代（1392—1467）

对于室町时代的年代划分，史家各执己见。时间较短的从明德三年（1392）即南北朝统一开始至"应仁之乱"爆发（1467年）。时间较长的有从建武三年（1336）足利尊氏在京都建立幕府开始至足利义昭（1537—1597）被织田信长（1534—1582）逐出京都的天正元年（1573）。但是，问题的复杂性在于室町幕府成立时间因观点不同也存在多种说法。从形式上判断，室町幕府成立于南北两朝合一后，幕府的存在受到正统天皇承认之时即元中九年（1392）；也有的认为应从永和四年（1378）义满在京都室町营建新府邸时算起；还有的认为应从延元三年（1338）足利尊氏受命出任征夷大将军时起；更早的认为应该是后醍醐天皇的"建武中兴"失败、足利尊氏宣布实施《建武式目》的延元元年（1336）；也有的认为从真正意义上来说，室町幕府体制真正的确立要等到第三代义满时。

笔者认为应该把"室町幕府"和"室町时代"这两个概念区别对待，室町幕府的上限为足利尊氏开创幕府的建武三年（1336），下限为第十五代将军足利义昭被逐出京都的天正元年（1573）。而作为一个时代，理应把南北朝统一的明德三年（1392）作为室町时代的开始，而把标志幕府权力失落的"应仁之乱"作为时代的结束。换言之，笔者对室町时代的立场是起于明德三年终于应仁元年，即1392—1467年。

第三代将军是第二代将军足利义诠的儿子。1392年，在他的斡旋下，南北朝实现和平统一。天皇一位由双方轮流继承，先从北朝开始，并接受了象征皇权的三种神器，即安放在伊势神宫的八尺镜、热田神宫的草薙剑、皇居的八尺琼勾玉。

此时，倭寇肆虐中国沿海一带。明廷多次遣使与南朝政府交涉，效果并不理想。之后，由于南朝势力衰败，明廷转向与北朝交往。足利义满被册封为"日本国王"，并与大明开始了勘合贸易。勘合贸易始于1404年，终于1547年，前后派遣使者达十六次之多。除第一次外，正使均由汉学水平造诣高深的五山禅僧担任。日本输往明朝的商品主要集中在刀剑、铜、硫黄等，而从明朝进口的主要是铜钱、生丝、绢织物及书籍。

在日本史中，还有一个专业用语值得一提，那就是"遣明使"。所谓遣明使，特指室町幕府派遣的赴明使节。使节所乘的船只被称为"遣明船"，与上述的勘合贸易船几乎相同，但因遣明船没有携带勘合，所以不能称其为勘合贸易船。也就是说，遣明船与勘合贸易船并不是一回事，从次数上看，遣明船多于勘合贸易船。

图9-15　遣明船

　　足利义满在对明贸易中集聚了巨额财富，为了展现自己的威望，在京都北山建造了私人别墅即现在的金阁寺。动画片《聪明的一休》中经常出现将军和一休斗智斗勇的场面，很多时候就在这金阁寺内。

图9-16　金阁寺

　　足利义满接受明朝册封之举，在日本史上一直受到谴责，后人主要不满于他对明廷的谦卑态度。其实，足利义满是个非常有野心的政治家，据说他不仅想与皇族平起平坐，而且还想把儿子足利义嗣推上天皇宝座。岂料诸事未成，足利义满就匆匆归天，给世人留下一堆谜团。

　　接替义满成为第四代将军的是其儿子足利义持。足利义持从小缺乏父爱，对义满怀有不满。他执政时许多政策发生了重大改变，还中断了与明朝的朝贡贸易。现在有研究表明，足利义持的治世是室町幕府最安定的时期。

　　足利义持早早就把将军职位托付给了时年十六岁的长子足利义量，谁知多病的足利义量继位两年后就一命呜呼，无奈足利义持只好再行将军之权。直至临死，义持也没有决定下一任的将军人选。于是，"抽签将军"诞生了。

将军足利义教是位幸运儿，他从四名候选人中被抽中出任第六代幕府将军。足利义教是位非常强硬和专断的将军，对排除异己毫不手软，有"万人恐怖""天魔"之称，因此得罪的人不在少数。同时，他还重新开始了与大明的勘合贸易，很大程度上缓解了幕府的财政困境。

嘉吉元年（1441），守护大名赤松满佑在家里谋杀了足利义教，史称"嘉吉之乱"。

继承义教将军之位的是年仅九岁的足利义胜，不料两年后就夭折了。因义胜没有子嗣，所以由其弟足利义政出任第八代幕府将军。

足利义政有个怪癖，喜欢年长的女性。虽然有正房日野富子，但他沉迷于奶妈而不能自拔，所以一直没有子女。鉴于此，义政让已经出家的弟弟义寻还俗，改名义视，并收作自己的养子以继任将军职位。可是，第二年日野富子就产下男婴一名，取名义尚。从此，就下一任将军继承问题，义视和义尚展开了激烈的派别斗争。这最后导致了1467年的应仁之乱。东军（足利义视、细川胜元）与西军（足利义尚、日野富子、山名宗全）在京都大打出手，战争持续了十一年，不仅使京都化为灰烬，也使战火烧到了地方。幕府失去权威，日本进入战国时代。

第十一节 战国桃山时代（1467—1603）

进入战国时代后，原来的守护大名摇身一变成为战国大名，他们凭借实力不断扩大自己的领地，真所谓群雄割据、战火纷飞。在这个枭雄得势的时代里，原来等级森严的身份秩序全被打乱，这就是日本史上著名的"下克上"。典型的例子有织田信长、斋藤道三、北条早云等。

战国大名为了有效地统治领地，分别制定了各自的法律，这些法律统称为"分国法"，比较有名的如越前（今福井县）朝仓氏的《朝仓敏景十七个条》、甲斐（今山梨县）武田氏的《信玄家法》、今川氏的《今川假名目录》等。

战国大名为了争夺领地，发起了无数次战争。其中武田信玄与越后（今新潟县）的上杉谦信在十二年间进行五次大战的"川中岛之战"尤其著名。

战国时代一个明显的特点是各地城堡的建立，周边的城镇被称为"城下町"。那些以寺社为中心繁荣起来的被称为"门前町"，以港口为中心的被称为"港町"。港町的杰出代表是大阪府的堺市，居住在里面的居民被称为"町众"，他们不隶属于任何大名，城市通过有力的町众来自治。

1543年，一艘载有葡萄牙商人的船只漂至萨摩种子岛，其中一名被称为"五峰"的中国儒者也在此船上，并帮助葡萄牙人和日本人进行交流。这位"五峰"就是中国历史上鼎鼎大名的倭寇王王直。这次，葡萄牙商人给日本人带来了一种全新的武器——铁炮。铁炮的传入，改变了日本战争的格局，加速了日本统一的进程。

铁炮传入日本六年后的1549年，西班牙的基督教传教士方济各·沙勿略登上鹿儿岛，把一种全新的宗教——基督教传到了日本。随着布教活动在日本各地展开，众多信徒迅速涌现，一些大名也纷纷信教，如高山右近、小西行长等皆有"天主教大名"之称。

日本当时把葡萄牙人、西班牙人称为"南蛮人"，因此当时的商人、大名在长崎、平户与他们展开的贸易也就被称为"南蛮贸易"。在南蛮贸易中，日本出口的主要是银，而进口的主要是铁炮、火药、工艺品等。

战乱不断的年代因织田信长的登场而得以终止。出生于尾张国（今爱知县北部）的他天生具有武才，在统一织田家后，1560年，织田信长在尾张迎战骏河（今静冈县）大名今川义元而完胜，史称"桶狭间之战"。1567年，攻陷斋藤龙兴的领地稻叶山城。因其心仪我国周文王"凤鸣岐山"之举，遂将稻叶山城改名为"岐阜"。也正在此时，信长使用"天下布武"之印，显示出了他统一天下的野心。丰臣秀吉（时名"木下藤吉郎"）正是信长手下一员大将，因在墨俣一夜筑城而崭露头角。

图9-17 丰臣秀吉像

室町幕府第十三代将军足利义辉之弟足利义昭投靠织田信长，借助其力量坐上了第十五代将军之宝座。但好景不长，两人之间的矛盾越来越深。于是，足利义昭联合甲斐的武田信玄、越前的朝仓义景等大名的力量及大阪石山本愿寺、比睿山延历寺等寺社的势力，组成了信长包围圈。但是，在1570年的"姊川之战"中，信长打败了朝仓、浅井的联合军。1571年，织田信长火烧比睿山延历寺。但是在1572年的"三方原之战"中，织田、德川联合军败在了号称无敌的武田信玄骑兵队下，不料意欲乘胜追击的武田信玄却在途中暴病而亡，武田军只好撤退，老天爷救了织田信长一命。

1573年，彻底打破包围圈的织田信长把足利义昭赶出了京都，室町幕府就此宣告结束。

1574年，织田信长在伊势长岛（现三重县）镇压了一向一揆，连小孩、女人都不放过。

1575年，织田联合德川家康的铁炮队，在爱知县长筱打败了武田胜赖，这就是史上著名的"长筱之战"。同年，他命令柴田胜家镇压了加贺的一向一揆。

1576年，在琵琶湖附近开始建筑安土城。

1582年，家臣明智光秀在京都本能寺伏击了织田信长，信长自尽，史称"本能寺之变"。

图9-18 琵琶湖

图9-19 位于京都市区的本能寺

　　织田信长非常重视商业，他免除了城下町的税金，使得大批工商业者汇集于此，令城镇得到了进一步繁荣。同时，他废除了享有特权的"座"组织，让工商业者能够自由制作、买卖，称之为"乐市乐座"。还有，他废除关所，取消通行税，使人们能够自由往来。

　　发生本能寺之变的时候，织田信长的部下羽柴秀吉正在中国地区与毛利氏开战。得知主公被杀的消息后，羽柴秀吉迅速命令安国寺惠琼与毛利军队议和，并火速返回京都，在京都的山崎与明智光秀展开激战，并取得了胜利。这就是"山崎合战"。

　　织田信长的仇恨已报，接下来就是织田家继承人问题了。虽长子织田信忠在本能寺之变中随父而死，可次子信雄、三子信孝健在，按理应该从他俩中选择一位执掌织田家族。不料，在清洲城的会议上，羽柴秀吉亮出了一张意外的王牌，他主张应该由织田信忠之子三法师来继承织田家事业。最后，在信长家臣丹羽长秀等的支持下，三法师顺利取得继承权，羽柴秀吉成为三法师的监护人。

　　织田家重臣柴田胜家对此不服，1583年，与秀吉在近江国开战，史称"贱岳合战"，结果秀吉胜利，柴田胜家及妻子阿市（信长的妹妹）自杀身亡。秀吉非常想挽救阿市，但无果，最后保护了阿市的三位女儿。这三姐妹的经历可与我国民国时期的宋氏三姐妹相媲美，长女茶茶成为秀吉的侧室，并育有一子秀赖。二女儿阿初嫁给了大名京极高次，三女儿小督起初嫁给了佐治一成，后改嫁给信长的第四子秀胜，秀胜死后，又嫁给德川幕府第二代将军德川秀忠，生了第三代将军德川家光及其弟德川忠长。

　　羽柴秀吉铲除了柴田胜家后，又逼迫织田信孝自杀。1584年，秀吉与信雄、家康的联合军在尾张的小牧、长久手开战，秀吉处于劣势，形势很不利。于是，他诱引织田信雄议和，使得家康失去了战争的正当性，只得退兵，并与秀吉议和。

　　秀吉自知出身低微，要统一天下，非得取得合适的身份不可。于是，他请求被废除的第十五代将军足利义昭收自己为养子，不料遭到义昭的拒绝。于是只好请时任关白的近卫前久收自己做养子，这次计划成功实施。1585年，秀吉出任关白，翌年朝廷赐予"丰臣"一姓，从此以"丰臣秀吉"著名天下。

　　丰臣秀吉统一了度量衡，丈量了田地，统计了收成，这被称为"太阁检地"。所谓"太阁"，是关白退休之后的称号。为了防止农民暴动，秀吉还实施了"刀狩"政策，收缴了农民、城市居民及寺社的刀枪、铁炮等武器。于是，兵农分离也得到了实施，结束了"下克上"时代。

　　之后，秀吉平定了九州、四国的大名，1590年消灭了小田原的北条氏，东北诸大名也随之归顺。至此，秀吉完成了信长未尽的事业，统一了天下。

　　统一日本后的丰臣秀吉，把眼光投向了国外。不仅是中国，甚至还打起了印度的主意。为了攻打明朝，秀吉请朝鲜协助，岂料朝鲜不答应。于是，1592年秀吉发兵侵略朝鲜，日本史称"文禄之役"。日军的侵略，得到了中朝联军的坚决抵抗。其间，以浙江嘉兴出生的沈惟敬为首，在中日朝之间上演了一幕议和闹剧，最终和议破裂，1597年中朝联军再次与日军开战，史称"庆长之役"。1598年，秀吉病死，这场长达七年的三国之战宣告结束。在我国和朝鲜的史书中，通常把这段历史称为"壬辰、丁酉倭乱"。

丰臣秀吉侵略朝鲜，不仅给中朝两国人民带来了无尽的苦难，加速了明朝的灭亡，也致使日本国内怨声四起，直接导致了丰臣政权的短命。

表9-3 主要的战国大名一览表

姓 名	别 名	生卒年	出 身
伊达植宗	伊达高宗	1488—1565	国人①
伊达晴宗	无	1519—1577	国人
上杉谦信	长尾景虎	1530—1578	守护代②
上杉景胜	无	1556—1623	守护代
武田信玄	武田晴信	1521—1573	守护大名
武田胜赖	诹访胜赖	1546—1582	守护大名
北条早云	伊势宗瑞	？—1519	国人
北条氏康	无	1515—1571	国人
北条氏政	无	1538—1590	国人
今川氏亲	无	1473—1526	守护大名
今川义元	无	1519—1560	守护大名
德川家康	松平元康	1542—1616	国人
织田信秀	无	1511—1551	守护代
织田信长	无	1534—1582	守护代

①所谓国人，就是对日本中世时期当地领主、乡村武士等人的称呼。
②所谓守护代，就是当守护离开其国领地时代理行使政务的人。

姓　名	别　名	生卒年	出　身
斋藤道三	斋藤利政	1494？—1556	其他
斋藤义龙	无	1527—1561	其他
朝仓孝景	无	1428—1481	守护代
朝仓义景	无	1533—1573	守护代
浅井久政	无	？—1573	国人
浅井长政	无	1545—1573	国人
细川政元	无	1466—1507	守护大名
细川高国	无	1484—1531	守护大名
三好长庆	无	1522—1564	守护代
松永弹正	松永久秀	1510—1577	其他
山名宗全	无	1404—1473	守护大名
山名政丰	无	1441—1499	守护大名
尼子晴久	尼子诠久	1514—1561	守护大名
毛利元就	无	1497—1528	国人
毛利辉元	无	1553—1625	国人
大内义兴	无	1477—1528	守护大名
大内义隆	无	1507—1551	守护大名
陶晴贤	无	1521—1555	守护代
长宗我部元亲	无	1539？—1599	国人
大友宗麟	大友义镇	1530—1587	守护大名
龙造寺隆信	无	1529—1584	国人
岛津贵久	无	1514—1571	守护大名
岛津义久	无	1533—1611	守护大名

第十二节 江户时代（1603—1868）

秀吉死后，幼子秀赖无法应付错综复杂的政治形式。于是，由秀吉任命的五大老、五奉行联合协助秀赖执政。1600年，作为五大老之一的德川家康率领的东军在关原大破石田三成等的西军，史称"关原之战"。本次战役由于小早川秀秋倒戈，西军惨败，石田三成等人被处死，丰臣秀赖被降为摄津、河内、和泉六十万石的大名。德川氏从此确立了霸权地位，俗称"定天下之战"。

1603年，德川家康就任征夷大将军，在江户开创幕府，拉开了江户幕府的帷幕。

江户幕府的分封分为三个层次，德川家的亲戚即"亲藩"据守在江户附近重要地带，关原之战以前德川家的家臣及友军即"谱代大名"被安置在仅次于江户的重要地带，而关原之战后归顺德川家的"外样大名"被配置在偏远地带。

万一将军的继承人发生问题，就由"御三家"来决定。所谓的"御三家"即分封在尾张名古屋的第九子义直、和歌山纪伊的第十子赖宣、茨城水户的第十一子赖房。为何第九、十、十一子成为"御三家"？这是因为大儿子德川信康在织田信长时代就被杀害，次子结城秀康三十四岁英年早逝，三子继任第二代将军，四子松平忠义二十二岁就归天了，五子武田信义因多病也在二十二岁时去世了，六子松平忠辉不讨德川家康喜欢，七子松千代、八子仙千代均在六岁时夭折。

幕府把俸禄在一万石以上的武士称为大名，所统治的领地称为藩，所以江户时代的政治架构又可称为"幕藩体制"。在幕府的组织中，将军当然雄居榜首，接下来是辅佐将军的老中若干名，他们选自谱代大名。大老是老中中的最高职位，通常为一名，能够担任大老的基本出自井伊、酒井、土井、堀田四家。老中之下设立大目付、町奉行、勘定奉行等职，出任者一般从将军直属的武士即旗本中选取。此外，在京都设立"京都所司代"以监督朝廷，监视大阪丰臣家的"大坂城代"。

家康积极与中国、东南亚开展海外贸易，贸易船只凭借幕府发放的朱印状方被许可出海贸易，史称"朱印船贸易"。

1614年冬天和1615年夏天，为了斩草除根，德川家康以方广寺钟铭中的"国家安康、君臣丰乐"一句存有反逆嫌疑为借口，两次发动战争，对残存在大坂城的丰臣秀赖一族下了毒手，史称"大阪冬之阵""大阪夏之阵"，合称"大阪之阵"。秀赖、秀赖之母淀殿自杀，其妻子千姬被杀。丰臣家族仅仅维系了两代就彻底退出了历史舞台。

为了牵制朝廷的势力，家康还制定了《禁中并公家诸法度》，以使天皇、公家也服从幕府。因此，直至幕末，朝廷几乎没有在政治的正面舞台露面。这也是江户幕府区别于镰仓幕府、室町幕府的关键点所在。

第三代将军德川家光是个非常有作为的政治家。作为第二代将军德川秀忠的长子，他险些失去继承将军宝座的机会，幸亏奶妈春日局的帮助，才得以成功。家光制定了"参勤交代"制度，让各大名在领地和江户各置一所住宅，令家室常住在江户，而大名则花费大量钱财往返于两地。

第四代将军家纲整修了全国的交通，其中被称为五街道的东海道、中山道、甲州街道、奥州街道、日光街道特别有名。沿街设立旅社，要塞整修关所，以防止将武器被带入江户。当时，有三都之称的江户、京都、大阪非常繁华。

幕府实行士农工商身份制度，规定武士可以佩刀。此外还有"秽多""非人"等贱民阶层，他们是社会的最底层。1871年虽在法律上废除了上述蔑称，但他们被称为"新平民"，仍存有歧视之意。

1637年，在长崎岛原发生了以基督教徒为中心的"岛原天草一揆"，首领是天草四郎。幕府军队在荷兰的协助下，镇压了农民起义。幕府以此为契机进行禁教，开始实施"踏绘"（踩踏绘有基督或圣母玛利亚像）制度，并逐渐关闭对外开放的大门。实行寺请制度，强制所有人必须成为某个寺庙的信徒。而寺庙制作被称为"宗门改帐"的户籍，以证明信徒不是基督教徒。

为了防止基督教的蔓延，独占对外贸易的利益，以1639年禁止葡萄牙船只来航为界，日本进入锁国时代。虽然是锁国，但仍允许与中国、荷兰及朝鲜的贸易继续在长崎的出岛、对马进行。

每值新将军即位，朝鲜都要派出使节访问江户，史称"朝鲜通信使"。而现在的冲绳县，原来是一个独立王国即琉球王国。1609年，萨摩岛津氏出兵入侵琉球。攻占首里王城后，大劫七日，将一切可动财物全部装箱运走。琉球国王及百余名官员被掠至鹿儿岛，直到1611年国王出具效忠誓文后，才得以释放。此后，萨摩强占琉球北方鬼界、冲永良部岛、大岛、德岛、与论五岛，迫使琉球每年向萨摩纳贡，盘剥中琉之间的贸易利润。1872年，日本突然宣布将琉球国王改封为藩王，并于1875年派遣内务大臣松田道之赴琉球，下令断绝其与中国的册封关系。1879年，将琉球藩改为冲绳县，直至今日。

第四代将军家纲没有儿子，所以家光的第四子纲吉继承了第五代将军之位。治世的前期，这位好学的将军政治比较清明，史称"天和之治"。但是到了后半期，由于极端宠爱动物，颁布了《生类怜悯令》，严禁百姓杀生，尤其是狗，所以落了个"狗将军"的诨名。

第六代将军是纲吉的兄弟家宣，他即位时已经四十八岁，三年后就去世了。协助家宣进行管理的是大学者新井白石和侧用人（类似秘书）间部诠房，那段政治史称"正德之治"。主要是废除了《生类怜悯令》，提高了货币的质量等。

家宣死后，其年仅四岁的儿子家继担任将军，不料四年后死亡。继任第八代将军的是纪伊的德川吉宗。吉宗就任后，首先罢免了新井白石和间部诠房，实施了一系列改革，史称"享保改革"（1716—1745），是江户时代的三大改革之一。

为了听取民意，幕府设立了"目安箱"（直诉状箱），用来直接受理向将军投诉的案子。组建了町灭火队，为穷人修建了医院小石川养生所。为了增加税收，规定各大名必须上交百分之一的收成给幕府，即"上米"。因吉宗比较执着于大米，所以有"米将军"之称。

继任第九代将军的是吉宗的长子家重。这位说话不太利索的将军在政治上并没有作为，因其经常失禁，落了个"小便将军"的绰号。家重喜欢象棋，并有著述留世。

家重之子家治继任第十代将军。正所谓有其父必有其子，家治也不喜欢政治，将政务全权委托给田沼意次。他喜欢象棋，并著有关于象棋的书籍。

第十一代将军是一桥家的德川家齐。他起用了白河藩主松平定信，实施了江户时代三大改革之一的"宽政改革"（1787—1793）。他把朱子学认定为官学，从此朱子学大振。家齐退位后，继续行使他的"大御所政治"。此外，家齐拥有四十多名妃子，五十名以上的子女。

1836年，爆发了天保大饥荒。翌年，爆发了大盐平八郎之乱。动乱虽被镇压，但撼动了幕府的统治。

继松平定信后，松平信明、水野忠成等老中相继执掌政治，但都没有什么建树。到了水野忠邦，他带头实施了江户时代最后一次改革——"天保改革"（1841—1843），但效果并不理想。他自己也因此下台。

1853年，由美国东印度舰队司令佩里率领的四艘黑船来到浦贺港，强迫日本开国。翌年，佩里再次到江户湾，与日本缔结了《日美亲善条约》，归国途中又与琉球王国签订了《通商条约》。1858年，大老井伊直弼分别和美国、荷兰、法国、英国、俄罗斯缔结了通商条约，合称《安政五国条约》，开放箱馆、兵库、神奈川、长崎、新潟等港口。由于未经天皇批准即已签字，故被称为"安政草签条约"，这些不平等条约招致了尊王攘夷运动的激化。为了排除异己，井伊直弼处死了吉田松荫、桥本左内等很有影响力的人物，史称"安政大狱"。井伊直弼的行动激怒了很多人，1860年，元水户藩武士在江户城樱田门外伏击杀死了井伊直弼，史称"樱田门外之变"。

1862年8月，准备上京谒见孝明天皇的萨摩藩武士岛津久光在横滨生麦与英军发生了冲突，史称"生麦事件"。当时有英军被杀伤，于是，英国要求幕府和萨摩藩引渡犯人并赔款。幕府支付了赔偿金，但萨摩藩拒绝交人，从而引发了"萨英战争"。同年，长州藩炮击了通过下关的外国船只，致使美国、英国、法国、荷兰四国组织了联合舰队，攻占了下关的炮台，史称"下关事件"。1866年，经过土佐藩武士坂本龙马的游说，一直交恶的萨摩藩与长州藩为了打倒幕府，秘密结成同盟，这就是著名的"萨长同盟"。萨摩藩的代表为西乡隆盛，长州藩的代表为木户孝允。

1866年，第十五代将军德川庆喜即位，可他时运不济，难挡倒幕之大潮。1867年，庆喜决定把政权奉还给天皇，长达二百六十四年的江户幕府统治结束了，这就是"大政奉还"。

表9-4 日本年号一览表

年号名称	日语读音	时间跨度
安永	あんえい	1772—1781
安元	あんげん	1175—1177
安政	あんせい	1854—1860
安贞	あんてい	1227—1229
安和	あんな	968—970
永延	えいえん	987—989
永观	えいかん	983—985
永久	えいきゅう	1113—1118
永享	えいきょう	1429—1441
永治	えいじ	1141—1142
永承	えいしょう	1046—1053
永正	えいしょう	1504—1521
永祚	えいそ	989—990
永长	えいちょう	1096—1097
永德	えいとく	1381—1384
永仁	えいにん	1293—1299
永保	えいほう	1081—1084
永万	えいまん	1165—1166
永历	えいりゃく	1160—1161
永禄	えいろく	1558—1570
永和	えいわ	1375—1379
延应	えんおう	1239—1240
延喜	えんぎ	901—923
延久	えんきゅう	1069—1074
延庆	えんきょう	1308—1311
延享	えんきょう	1744—1748

续　表

年号名称	日语读音	时间跨度
延元	えんげん	1336—1340
延长	えんちょう	923—931
延德	えんとく	1489—1492
延文	えんぶん	1356—1361
延宝	えんぽう	1673—1681
延历	えんりゃく	782—806
应安	おうあん	1368—1375
应永	おうえい	1394—1428
应长	おうちょう	1311—1312
应德	おうとく	1084—1087
应仁	おうにん	1467—1469
应保	おうほう	1161—1163
应和	おうわ	961—964
嘉永	かえい	1848—1854
嘉应	かおう	1169—1171
嘉吉	かきつ	1441—1444
嘉庆	かけい	1387—1389
嘉元	かげん	1303—1306
嘉祥	かしょう	848—851
嘉承	かしょう	1106—1108
嘉祯	かてい	1235—1238
嘉保	かほう	1094—1096
嘉历	かりゃく	1326—1329
嘉禄	かろく	1225—1227
宽永	かんえい	1624—1644
宽延	かんえん	1748—1751
观应	かんおう	1350—1352
宽喜	かんぎ	1229—1232

年号名称	日语读音	时间跨度
元庆	がんぎょう	877—885
宽元	かんげん	1243—1247
宽弘	かんこう	1004—1012
宽治	かんじ	1087—1094
宽正	かんしょう	1460—1466
宽政	かんせい	1789—1801
宽德	かんとく	1044—1046
宽和	かんな	985—987
宽仁	かんにん	1017—1021
宽平	かんぴょう	889—898
宽文	かんぶん	1661—1673
宽保	かんぽう	1741—1744
久安	きゅうあん	1145—1151
久寿	きゅうじゅ	1154—1156
庆云	きょううん	704—708
享德	きょうとく	1452—1455
享保	きょうほう	1716—1736
享禄	きょうろく	1528—1532
享和	きょうわ	1801—1804
庆安	けいあん	1648—1652
庆应	けいおう	1865—1868
庆长	けいちょう	1596—1615
建永	けんえい	1206—1207
元永	げんえい	1118—1120
元应	げんおう	1319—1321
元龟	げんき	1570—1573
建久	けんきゅう	1190—1199
元久	げんきゅう	1204—1206

续 表

年号名称	日语读音	时间跨度
乾元	けんげん	1302—1303
元亨	げんこう	1321—1324
元弘	げんこう	1331—1334
建治	けんじ	1275—1278
元治	げんじ	1864—1865
元中	げんちゅう	1384—1392
建长	けんちょう	1249—1256
建德	けんとく	1370—1372
元德	げんとく	1329—1332
元和	げんな	1615—1624
建仁	けんにん	1201—1204
元仁	げんにん	1224—1225
元文	げんぶん	1736—1741
建保	けんぽう	1213—1219
建武	けんむ（南朝）	1334—1336
建武	けんむ（北朝）	1334—1338
建历	けんりゃく	1211—1213
元历	げんりゃく	1184—1185
元禄	げんろく	1688—1704
弘安	こうあん	1278—1288
康安	こうあん	1361—1362
康永	こうえい	1342—1345
康应	こうおう	1389—1390
弘化	こうか	1844—1848
康元	こうげん	1256—1257
兴国	こうこく	1340—1346
康治	こうじ	1142—1144
弘治	こうじ	1555—1558

年号名称	日语读音	时间跨度
康正	こうしょう	1455—1457
弘长	こうちょう	1261—1264
弘仁	こうにん	810—824
康平	こうへい	1058—1065
康保	こうほう	964—968
康历	こうりゃく	1379—1381
康和	こうわ	1099—1104
弘和	こうわ	1381—1384
齐衡	さいこう	854—857
治安	じあん	1021—1024
治承	じしょう	1177—1181
至德	しとく	1384—1387
寿永	じゅえい	1182—1184
朱鸟	しゅちょう	686
正安	しょうあん	1299—1302
承安	じょうあん	1171—1175
贞永	じょうえい	1232—1233
正应	しょうおう	1288—1293
贞应	じょうおう	1222—1224
承应	じょうおう	1652—1655
正嘉	しょうか	1257—1259
贞观	じょうがん	859—877
承久	じょうきゅう	1219—1222
正庆	しょうきょう	1332—1334
贞享	じょうきょう	1684—1688
正元	しょうげん	1259—1260
贞元	じょうげん	976—978
承元	じょうげん	1207—1211

续 表

年号名称	日语读音	时间跨度
正治	しょうじ	1199—1201
贞治	じょうじ	1362—1368
昌泰	しょうたい	898—901
正中	しょうちゅう	1324—1326
正长	しょうちょう	1428—1429
正德	しょうとく	1711—1716
承德	じょうとく	1097—1099
正平	しょうへい	1346—1370
承平	じょうへい	931—938
正保	しょうほう	1644—1648
承保	じょうほう	1074—1077
正历	しょうりゃく	990—995
承历	じょうりゃく	1077—1081
正和	しょうわ	1312—1317
昭和	しょうわ	1926—1989
承和	じょうわ	834—848
贞和	じょうわ	1345—1350
治历	じりゃく	1065—1069
神龟	じんき	724—729
神护景云	じんごけいうん	767—770
大永	だいえい	1521—1528
大化	たいか	645—650
大治	だいじ	1126—1131
大正	たいしょう	1912—1926
大同	だいどう	806—810
大宝	だいほう	701—704
长宽	ちょうかん	1163—1165
长久	ちょうきゅう	1040—1044

续　表

年号名称	日语读音	时间跨度
长享	ちょうきょう	1487—1489
长元	ちょうげん	1028—1037
长治	ちょうじ	1104—1106
长承	ちょうしょう	1132—1135
长德	ちょうとく	995—999
长保	ちょうほう	999—1004
长历	ちょうりゃく	1037—1040
长禄	ちょうろく	1457—1460
长和	ちょうわ	1012—1017
天安	てんあん	857—859
天永	てんえい	1110—1113
天延	てんえん	973—976
天应	てんおう	781—782
天喜	てんぎ	1053—1058
天庆	てんぎょう	938—947
天元	てんげん	978—983
天治	てんじ	1124—1126
天授	てんじゅ	1375—1381
天承	てんしょう	1131—1132
天正	てんしょう	1573—1592
天长	てんちょう	824—834
天德	てんとく	957—961
天和	てんな	1681—1684
天仁	てんにん	1108—1110
天平	てんぴょう	729—749
天平感宝	てんぴょうかんぽう	749
天平胜宝	てんぴょうしょうほう	749—757
天平神护	てんぴょうじんご	765—767

年号名称	日语读音	时间跨度
天平宝字	てんぴょうほうじ	757—765
天福	てんぷく	1233—1234
天文	てんぶん	1532—1555
天保	てんぽう	1830—1844
天明	てんめい	1781—1789
天养	てんよう	1144—1145
天历	てんりゃく	947—957
天禄	てんろく	970—973
德治	とくじ	1306—1308
仁安	にんあん	1166—1169
仁治	にんじ	1240—1243
仁寿	にんじゅ	851—854
仁和	にんな	885—889
仁平	にんぺい	1151—1154
白雉	はくち	650—654
文安	ぶんあん	1444—1449
文永	ぶんえい	1264—1275
文应	ぶんおう	1260—1261
文化	ぶんか	1804—1818
文龟	ぶんき	1501—1504
文久	ぶんきゅう	1861—1864
文治	ぶんじ	1185—1190
文正	ぶんしょう	1466—1467
文政	ぶんせい	1818—1830
文中	ぶんちゅう	1372—1375
文和	ぶんな	1352—1356
文保	ぶんぽう	1317—1319
文明	ぶんめい	1469—1487

年号名称	日语读音	时间跨度
文历	ぶんりゃく	1234—1235
文禄	ぶんろく	1592—1596
平治	へいじ	1159—1160
平成	へいせい	1989—
保安	ほうあん	1120—1124
宝永	ほうえい	1704—1711
保延	ほうえん	1135—1141
宝龟	ほうき	770—780
保元	ほうげん	1156—1159
宝治	ほうじ	1247—1249
宝德	ほうとく	1449—1452
宝历	ほうれき	1751—1764
万延	まんえん	1860—1861
万治	まんじ	1658—1661
万寿	まんじゅ	1024—1028
明应	めいおう	1492—1501
明治	めいじ	1868—1912
明德	めいとく	1390—1394
明历	めいれき	1655—1658
明和	めいわ	1764—1772
养老	ようろう	717—724
养和	ようわ	1181—1182
历应	りゃくおう	1338—1342
历仁	りゃくにん	1238—1239
灵龟	れいき	715—717
和铜	わどう	708—715

第十章　日本文化艺术

　　文化是指人类活动的模式及给予这些模式重要性的符号化结构。不同的人对文化有不同的定义。而艺术，通常认为是人的知识、情感、理想、意念综合心理活动的有机产物，是人们现实生活和精神世界的形象表现。人们常将文化与艺术相提并论，艺术与文化的发展是统一的，艺术是文化的重要内涵与组成部分，而文化是艺术的渊源与内容。如今，通过文化来批评艺术和通过艺术来批评文化成为艺术与文化共同发展的重要表现形式。

　　任何民族文化的发生、发展都离不开一定的文化环境，日本也不例外。接近日本西北的西伯利亚文化应该是最早进入日本列岛的文化之一。从日本原初的弓箭文化、削尖石器文化，原初土偶所显示的服饰文化，以及表现在精神领域的自然崇拜、精灵崇拜等现象，都表明最初进入日本列岛的文化来自西伯利亚，尤其是萨满教可能为其源头。

　　其后进入日本列岛的是中国文化。中国文化虽然晚于西伯利亚文化传入日本，但由于其内涵的丰富性、性格的包容性及优越地理位置，对日本文化的影响反而是后来者居上。尤其是秦汉时期的物质文化、隋唐时期的制度文化、宋元时期的佛教文化、明清时期的民俗文化，为日本文化的发展做出了巨大贡献。

　　接中国文化之后进入日本列岛的是印度文化。印度文化传入日本主要表现在佛教的传入。但要注意的是，最后到达日本的佛教是经过中国反刍的宗教，其中蕴含着浓厚的中国文化的底蕴。

　　此外，中国东南文化和东南亚文化对日本原初文化的形成产生过重要影响。总之，日本数千年的文化发展史，就是一部外国文化吸收的历史。

　　而日本艺术的特性，大致可以归纳为以下几点：

　　第一，崇尚原始自然信仰是日本传统艺术生成的特性；

　　第二，主客体浑然合一是日本传统艺术创造的特性；

　　第三，意蕴深远是日本传统艺术作品的特性；

　　第四，重在感知和体验是日本传统艺术接受的特性；

　　第五，重在复制模式是日本传统艺术传承的特性。[①]

---

①滕军、黄玉梅、张瑜、王善涛：《日本艺术》，高等教育出版社2006年版，第437—454页。

第一节 岩宿时代

前一节"日本历史"中已经提及，1949年发现岩宿遗址后，日本列岛上的旧石器文化受到世人瞩目。有人主张将此一历史时期称为"岩宿时代"，将此时期创造的文化叫作"岩宿文化"。

岩宿文化中首先让人注意的是先人们发明的细石刃，磨制的有舌尖头器、骨角器、木器，这些为绳文文化打下了坚实的基础。

第二，是粗陶文化的显露，起源可以追溯至一万二千年前，甚至更早。

第三，一种被称为"维纳斯"的小型裸体女神像的出土，说明岩宿文化在提高物质生活的同时，已经开始了朦胧的精神追求。从器形分析，它有可能是一种祖先崇拜，或生殖崇拜，也有可能是母神崇拜，目的是祈求繁衍后代。

第四，从埋葬习俗判断，岩宿人已经产生了朦胧的灵魂观念，族群意识也开始萌芽。

第五，岩宿遗址中发现的海产贝壳，很有可能是一种装饰品，可见距今三万多年前的新人已经具有一定的审美观。

第六，人工拔牙习俗的存在，在某种程度上说明了当时母系氏族社会中的婚姻制度可能正在形成。

第二节 绳文时代

第一，出现了具有绳文模样的土器，即著名的"绳文土器"。但是值得注意的是，这种带有绳文样花纹的陶器并不是这一时代最有代表性的陶器。有一种带有盘蛇禽首造型的陶塑特别引人注目，它剧烈扭曲的隆起纹样表现出强烈的力度感和力量感，这与西伯利亚文化的风格有相通之处。它是一种具有巫术意义的具象装饰。这种文化也许与中国并没有什么直接联系。

图10-1 新潟县马高遗迹出土的火焰纹绳文土器

第二，和打制石器不同，开始运用磨制石器。

第三，出现了女性模样的土偶，可能是一种生殖崇拜。但是我们可以发现，这些土偶大都四肢平放，直立，表情呆滞，其人体的轮廓相当模糊。并且，这种造型几乎持续了几千年而没有任何制作上的变化。其中原因主要是绳文时代的列岛居民只求与大自然共存，只求大自然给予他们更多的恩惠，而没有产生征服自然的念头。这种对于自然的消极态度反映在艺术创作上的时候，就表现为对自然物体的漠不关心、视而不见。其结果是诞生了具有浓厚主观性、观念性的绳文土偶。

第四，人们住在临水的一种竖穴住宅里，可能开始了集团生活。

第五，编布在绳文前期已经被发明，最初用于粗陶工地的铺垫、食物的存放等，后来用作人类的服装材料。随着对编布需求的增大，手工织布机也开始问世。

第六，绳文人的装饰品除了各类发饰以外，还有手镯、孔珠、挂件、项链、发针、耳坠等。它们雕刻精细，造型丰富，无论是艺术品位还是工艺技术，都比岩宿时期大大提高了。

对于日本的绳文文化，有学者将其与我国的红山文化进行了比较，并且认为两者之间存在交流，红山文化有可能是源，而绳文文化是流。[①]

第三节 弥生时代

弥生时代的文化首数稻作文化。这种从中国江南地区传入日本的种植技术彻底改变了日本人的生活方式，可以说是日本人第一次改造自然的开始。稻作技术传入前，人们的生活在很大程度上依靠自然界，过着游牧式的生活。自从种植了水稻，人们开始定居，在很大程度上可以掌控自己的生活。种植水稻不仅需要技术，更需要人们的相互协作，如灌溉水源的保障、分配。随着定居生活的开始，建筑技术也随之被提上议事日程，自然村落也因此形成。而稻作的收成，一定程度上还得依赖自然，所以祭祀也就进一步得到了重视。而那些从事祭祀活动的人逐渐高居一般人以上的地位，并因此受到膜拜。同时，为了贮藏收获的稻谷，出现了被称为"高床仓库"的建筑。

第二是铁器文化。准确地说首先传入的是青铜，代表物品是铜剑、铜铎、铜矛。与中国不同，这些物品已经失去了它本来的实用价值，只被用于祭祀，是一种权力的象征。铁器的传入，在很大程度上改变了农业的生产方式，加速了农业改革进程。

第三，这时生产的陶器与绳文土器不同，一是没有了绳文，二是更加坚固。由于最

①王秀文：《绳文文化来自何处——关于红山文化与绳文文化交流的可能性》，选自王勇主编：《东亚文化的传承与扬弃》，中国书籍出版社2011年版，第363—371页。

早在东京弥生町发现，就将它命名为"弥生陶器"。弥生陶器不是由绳文土器演变而来，而是传自具有农耕文化的亚洲大陆。

图10-2 东京本乡弥生町出土的壶型陶器

第四，随着贫富分化的产生，身份高低的出现，一种被称为"国"的组织也随之形成，大小国之间通过不断的相互战争，形成了大国，这些大国的头领被称为"王"。这就是我国史书《后汉书·东夷列传》（七十五）中所说的"倭在韩东南大海中，依山岛而居，凡百余国。自武帝灭朝鲜，使驿通于汉者三十许国，国皆称王，世世传统。其大倭王居邪马台国"。

第五，除了种植水稻之外，也开始了蚕桑、苎麻的种植，纺织技术在大陆的影响下逐渐成熟，人们开始穿着"贯头衣"。黔面纹身的习俗比较流行，被称为"持衰"的葬礼习俗开始形成。这些在《后汉书》中也都有记载。

我国的史书中虽然没有留下商代与日本交往的记载，但在日本下关市绫罗木香弥生时代前期遗址中出土了殷商的土制乐器陶埙，这很有可能是"倭"这一专有名称出现之前，日本还被笼统地包括在"九夷"泛称之际，与中国已经存在某种往来的证据。

第四节 古坟时代

古坟时代，日本受中国汉代厚葬习俗的影响，以大和地区为中心出现了各式大型坟墓，有圆坟、方坟、上圆下方坟、前方后圆坟等，前期的造型以前方后圆为主，中期出现了规模超常的巨大古坟。特别有名的是大阪堺市的大仙古坟，据传是仁德天皇的陵寝。据研究表明，类似如此巨大古坟的建造者来自大陆。

图10-3　男女埴轮

古坟的周边放置了一些土制的埴轮，这是随葬品。可见到了古坟时代，残酷的殉葬制度已经发生了改变。还有一个值得注意的随葬品是三角缘神兽镜。这种特殊铜镜的出现，说明当时的日本和中国的北魏、江南吴越地区都有着文化的交流。

图10-4　三角缘神兽镜

　　古坟时代的遗民主要来自朝鲜半岛，但汉族仍然是移民集团的主体，其中吴越移民依然扮演着重要角色。这些移民的到来，为日本列岛带来了纺织、制陶、金属工艺等技术。

　　汉籍东传使得日本的文明景观发生了改变。而有关日本汉籍的初传，"王仁传入说"是学界通行的说法，根据是《古事记》"卷中·应神天皇"条中的记载，即王仁于4世纪后半期，携《论语》十卷、《千字文》一卷入日本。[①]从出土的7世纪木简来看，日本撰写《论语》《千字文》使用的木简材质是朝鲜半岛独有的方材，这也可佐证《论语》《千字文》是由百济出身的王仁携往日本的。

　　而王勇教授提出首传者应推阿直岐，理由是博士阿直岐于日本应神天皇十五年（215）受百济王派遣来日后，曾教授太子"经典"。王勇教授认为这其中应该使用了某些教科书，而这教科书正是阿直岐从百济带来的汉籍。同时，朝鲜史书《海东绎史》也确实记载了阿直岐携《易经》《孝经》《论语》《山海经》来日本。自此，日本汉籍初传者不仅易了主，在时间上也向前推了一个多世纪。

图10-5　王仁

①严绍璗：《汉籍在日本的流布研究》，江苏古籍出版社2000年版，第4—5页。

第五节 飞鸟时代

总的来说，飞鸟文化具有两大特色：一是佛教色彩浓厚，二是国际化特色渐显。

一、佛教的传入

佛教传入日本的时间有"公传"和"私传"之区别。所谓"公传"就是《日本书纪》钦明天皇壬申年（552）10月条中描述的佛教传入日本的最初一幕，也称"壬申年说"。而"私传"是指《元兴寺伽蓝缘起并流记资财账》及《上宫圣德法王帝说》中所说的佛教初传日本的时间，为戊午年，即538年。

综合"公传"与"私传"的各种文献记载，佛教至迟在继体天皇时通过多条途径传入日本。但此时的日本人不知"佛"究竟为何物，只以"唐神"称呼。钦明天皇时，日本从百济系统输入大陆文化，佛教始以"公传"的形式渡海而来。

佛教的东传也带来了日本这一时期佛教美术的繁荣。其中之一是金铜佛像的雕塑，杰出代表是法隆寺的释迦三尊像。奈良法隆寺是目前存世最古的木结构建筑，据传由圣德太子建造，其中的释迦三尊像、百济观音像、玉虫厨子皆为日本国宝。

二、唐风文化盛行

飞鸟时代，日本摄取大陆文化出现了多次高潮。尤其是遣使到中国，使得唐风在异地大放光彩。如日本年号的使用，"大化"是日本历史上最早的年号，该传统一直延续至今。再者，引进隋唐律令制度，相继制定了《近江令》《净御原令》和《大宝律令》。第三，中国历法开始东传日本。第四，设立了国家最高教育机构——大学寮。第五，中国的道家、道教、玄学对日本产生了深远影响，尤其是皇室典礼、神道仪式、民间信仰中的影响痕迹明显。第六，在绘画、书法等艺术领域，也可见唐风吹拂之效果。

三、伎乐的传入

伎乐起源于印度尼西亚、缅甸一带，在北传的过程中，不断融入印度、中国西藏及西域的戏剧要素，最后在中国南都与吴乐融合，成为一种新型的乐舞，然后经由朝鲜传入日本。有明确的文献记载，钦明天皇治世时，伎乐已经传入日本。这种融汇各地文化因素的复合艺术，使得日本人有机会领略亚洲西南一带的艺术风格。

第六节 奈良时代

奈良时代的文化也因循圣武天皇的年号"天平"而被称为"天平文化"。

第一，南都六宗的确立。所谓"六宗"是指华严宗、法相宗、三论宗、律宗、俱舍宗、成实宗。"六宗"之名始见于751年的《正仓院文书》，因其依托的寺院均在奈良（南都），于是有"南都六宗"之谓。

第二，东大寺是日本华严宗的总本山，又称"金光明四天王护国之寺""总国分寺""大华严寺"，为南都七大寺院之一，由圣武天皇发愿创建，752年为大佛开光供养。鉴真和尚设戒坛院，东大寺作为三戒坛之一兴盛于奈良、平安时代。而守护戒坛的四天王佛像制作于8世纪，与前面提到的金铜佛像不一样，它采用的是流行于唐朝的泥塑佛像技术。泥塑技术的传入，使得制作苦难的金铜佛像渐渐退出了历史舞台，取而代之的是制作方便的泥塑佛像。泥塑制作虽然简单，还可修补，但不易防火、移动困难，于是，传自唐朝的一种中空干漆佛像制作技术被引入日本，其滥觞就在8世纪下半叶，由随同鉴真和尚一起东渡的日本弟子制作了"鉴真干漆像"。其后不久，由日本人制作的"阿修罗干漆像"使干漆像技术达到了顶峰。

图10-6 鉴真和尚干漆像

另外，东大寺的正仓院是这一时期最辉煌的文化艺术宝库，其几万件藏品包括来自西亚、中亚、印度、东南亚、中国、朝鲜及日本本土的绘画、屏风、乐器、工艺品、书房用品。

第三是《万叶集》的编纂。这部二十卷的歌集收录了大约四千五百首和歌，作者包含社会各个阶层的人们。编者为大伴家持，大致成书于奈良时代末期。

第四是史书《古事记》《日本书纪》的编撰。《古事记》的作者为太安万侣，奉天武天皇之命完成于712年，主要记述了历代天皇及其传闻。而《日本书纪》是皇子舍人亲王奉天武天皇之命于720年完成。

天武天皇是在"壬申之乱"中打败侄子大友皇子后登上天皇宝座的，以上两本史书都是为了证明天皇统治的正当性而编写的，所以很多记载不符合史实。

第五是地理书《风土记》的面世。该书主要记载了全国各地的文化、特产及神话。遗憾的是，只有《出云风土记》完整地存世，常陆、播磨、丰后、肥前四地的风土记不全。其他地方的至今下落不明。

表10-1 日本主要史书一览表

书　名	作　者	成书时间
《古事记》	太安万侣	712
《日本书纪》	舍人亲王等	720
《续日本纪》	藤原继绳、菅野真道等	797
《古语拾遗》	斋部广成	807
《日本后纪》	藤原冬嗣、藤原绪嗣等	840
《续日本后纪》	藤原良房、春澄善绳等	869
《先代旧事本纪》	物部氏家族	平安时代初期
《日本文德天皇实录》	藤原基经、菅原是善等	879
《日本三代实录》	藤原时平、菅原道真等	901
《将门记》	不明	10世纪后半叶
《荣花物语》	赤染卫门等	11世纪
《大镜》	某男性贵族	平安时代后期
《今镜》	藤原为经（？）	12世纪后半叶
《水镜》	中山忠亲（？）	镰仓时代初期
《扶桑略记》	皇圆阿阇梨（？）	11世纪末—12世纪初
《日本纪略》	不明	平安时代末

书 名	作 者	成书时间
《愚管抄》	慈圆	1220年左右
《保元物语》	不明	1221年前后
《平治物语》	不明	13世纪中叶
《平家物语》	信浓前司行长（？）	13世纪前半叶
《神皇正统记》	北畠亲房	1339
《吾妻镜》	幕府家臣（？）	14世纪初
《梅松论》	足利尊氏的亲信（？）	1349年左右
《增镜》	二条良基（？）	1376年前
《太平记》	小岛法师（？）	1370
《应仁记》	不明	15世纪末
《信长公记》	太田牛一	1598年左右
《北条五代记》	不明	17世纪前半叶
《本朝通鉴》	林罗山、林鹅峰	1670
《读史余论》	新井白石	1712
《续史愚抄》	柳原纪光	1798
《日本外史》	赖山阳	1827
《德川实纪》	成岛司直等	1843（正本）
《后鉴》	成岛良让	1853
《大日本史》	德川光圀等	1906

第七节 平安时代

平安时代的文化也称为"国风文化"，以对应前面的"唐风文化"。这一时期的日本文化逐渐表现出明丽、淡雅、纤和、哀美的艺术风格，成就颇丰。

第一是假名文字的发明。假名包括片假名、平假名。片假名是采用汉字的一部分而来，而平假名是汉字的草写。假名的出现，催生了《源氏物语》《枕草子》等优秀作品的诞生。

第二是新佛教的产生。遣唐使最澄在比睿山创建了延历寺，传播天台宗，而另一名遣唐使空海则在高野山创建了金刚峰寺，开创了真言宗。天台宗大有统摄南都六宗之势，而真言宗则被视为镇护国家的法宝。平安时代的两大新佛教均直接传自中国，但体现了模仿与创新并举、国际和国内兼顾的特点。

图10-7　比睿山上的"天台座主第一世修禅大师义真尊者显彰碑"（赵朴初题写）

第三是新式建筑样式寝殿造及日本式佛像制作技术的出现。代表建筑为京都平等院凤凰堂、奥州藤原氏的中尊寺金色堂。如果说前面提到的铜塑法、泥塑法、干漆塑法的佛像制作技术是日本引进、模仿大陆雕塑艺术的标志性成果的话，那么，由定朝制作的、藤原赖通拥有的平等院凤凰堂阿弥陀拼装木像可谓是日本民族风格雕塑艺术宣告形成的里程碑。

第四是具有日本特色的大和绘，代表作品为《源氏物语绘卷》。

第五是和歌的形成。《古今和歌集》的问世，使日本人找到了用自己民族语言来抒发感情的方式。

第六是雅乐的定型。在日本雅乐的构成中，除了有来自中国、朝鲜半岛、越南、印度等地的乐舞之外，还有日本本土的国风歌舞，这使得日本平安时代的文化艺术更加绚丽多彩。日本的雅乐经过10世纪的形成期、鼎盛期及11世纪的充实期后，形成包括国风歌舞、外来乐舞、管弦吟唱三个部分的新型东方乐舞。日本雅乐艺术绵延一千三百多年，直至今日日本全国还有几十个雅乐演出团体，东京艺术大学还设有雅乐专业。

第八节 镰仓时代

镰仓文化是和武士时代相适应的一种朴素而具有力量的文化。

首先是文学。出现了藤原定家编纂的《新古今和歌集》《小仓百人一首》等歌集。鸭长明撰写了著名的随笔《方丈记》，反映了佛教的无常观。再者就是军记物语的诞生，代表作是《平家物语》，由琵琶法师行乞弹唱而出名。

其次是新兴佛教，也称"镰仓新佛教"。主要包括两大类：一是从天台宗脱胎而来的净土宗（法然开创）、净土真宗（亲鸾开创）、时宗（一遍开创）、日莲宗（日莲开创）；二是从中国宋朝新传入的禅宗，如荣西传入的临济宗、道元传入的曹洞宗。镰仓佛教的特点是体现了武士阶层的精神追求，适合百姓的宗教信仰，反映出战乱时期的社会风尚，直接吸收了中国宋元时期的佛教文化。

第三是建筑样式的创新，出现了适合武士居住的武家造。雕刻艺术界涌现了运庆、快庆等木雕艺术家，东大寺的木造金刚力士像为他们传世的代表作，它可与前面提到的拼装木雕法相媲美。

第四是绘画艺术的发展。随着禅宗的传入，水墨画、佛画（尤其是顶相画）的传入，给日本人的传统审美观带来了冲击。

第九节 室町时代

室町与战国时代是一个先将旧日本打碎，然后再按照日本式的秩序重新组合的时代。很多日本独特的文化在此时期形成，成为近世庶民文化的基本要素。这些文化大多具有双重性，一方面扎根于以能力主义为基础的激烈竞争社会，另一方面又力求挣脱上述社会，从而对寂静的空间充满渴望。这种激荡与静谧的并存，正是室町时代的特征。

这一时期也可见中国文化再次在日本掀起高潮，但和早期的奈良时代不同，室町人不仅在引进外来文化方面显得更加审慎和具有选择性，吸收消化也表现得更为迅速。

室町时代初期文化的形成可以说主要归功于武家和贵族，而中期以后，町众和公家对文化的传承和创造作用不可低估。但是，井上清认为，室町时代的公家没有任何文化创造力，甚至连保持他们传统的文化都不可能了。室町文化不能简单地认为是公家文化和武家文化的融合物，文化的融合性是几乎每个时代都有的现象。被认为是东山文化的金阁建筑，也只是足利义满因个人爱好所建造的而已，不能用个人爱好来代表那个时代的文化。室町和战国时代文化的根本特点并不是什么贵族文化和武家文化的融合和综合，而是群众的文化在所有领域的发展，其中有的只是在武士阶级中得到提炼而已。[①]

一、佛教的发展

明代人郑舜功在《日本一鉴》中参考日本书籍的记载说，日本当时共有佛寺二千九百五十八所，可见当时日本佛教隆盛之一斑。

（一）五山禅寺

在室町时代的新兴佛教宗派中，占据统治地位的是禅宗，尤其是有室町幕府和朝廷公卿皈依的临济宗非常盛行。而另一派曹洞宗则在地方上取得了稳定的发展。建武五年（1338），足利尊氏接受梦窗疏石的建议，下令各国建造安国寺和利生塔。据统计，当时在全国的六十一个国建置了安国寺，二十七个国建有利生塔。

元中三年（1386），足利义满定禅寺阶位，设立"五山十刹"制度，重用无学祖元门派的梦窗疏石及其门下，设立僧录一职管理全国禅寺，甚至委任禅僧处理内政外交事务。

在日本，五山制度开始于镰仓末期，完善于室町时代。初期，五山皆在镰仓，京都的南禅寺仅为"准五山"资格。"建武中兴"之后，五山皆在镰仓的局面改变了。由于室町幕府在京都，室町时代日本禅宗以京都地区的禅宗五山为中心，形成了一个覆盖日本全国的禅宗网络，这个网络包含着大约三百座禅宗庙宇，如果把下级庙宇和分支部全

图10-8　建长寺

---

①[日]井上清著，天津市历史研究所译校：《日本历史（上册）》，天津人民出版社1974年版，第256—257页。

图10-9 圆觉寺

图10-10 寿福金刚禅寺

部计算在内的话，总数将达到数千个。

京都五山包括南禅寺（五山之上）、天龙寺、相国寺、建仁寺、东福寺和万寿寺。镰仓五山包括建长寺、圆觉寺、寿福寺、净智寺和净妙寺。

（二）真宗

真宗，也称一向宗，在室町时代发展得很大。创始人亲鸾不认为现实世界是秽土，而认为现实世界才是救济的场所，再把这个场所生存作为念佛的目的。而且，只有坚信能够被阿弥陀佛拯救的这种"信"，才是能够得到拯救的决定因素，因此念佛并不是为了寻求救济，而是对因笃信而得到欢喜的一种感谢之声。但是，他的说教并没有立刻被广泛接受，其真正成为农民的宗教，成为一大势力，是在天才的传道师莲如出现以后。

被称为"书信传教士"的莲如将亲鸾的思想全部灌注在书信里，并否定异端之教说。也正是他浓缩了亲鸾的教义，把它写成民众一听就能了解的东西，并前往各村落亲自布教。

莲如否定权威主义，宣称在传教的集会中可不拘礼节，身心放松，没有任何宗教禁忌，只要认真听佛法即可。莲如从宗教性和世俗性两个方面，给了当时的农民一种他们渴望已久的精神满足，并由此形成了精神上的纽带。与此同时，他还宣传只要信仰便可获得阿弥陀佛的拯救。但是，莲如的这种传教方式受到了其他宗教团体的阻挠，其中之一就是受到了比睿山僧兵的袭击。对此，真宗也不得不进行防御，于是就发生了"一向一揆"。其实，一向宗是别的宗派，这是社会上的一种误称，莲如讨厌这种称呼，但这已成了社会上的通称了。另外一个问题就是各个惣村的信仰内容。对此，莲如本人尽可能进行巡回传教，同时也向各地发送大量的书信。

（三）日莲宗

1253年，日莲在故乡安房（千叶县）的清澄山顶高唱"南无妙法莲华经"，日莲宗立教开宗。

到了室町时代，日莲宗有了很大发展。四条门流的日隆在京都创建本能寺，在北陆、摄津、河内、和泉、濑户内岸一带传教，受到不少富商的皈依。中山门流的日亲赴京都传教，曾向幕府将军足利义教进谏，劝他受持法华宗。在遭到拒绝后，日亲写《立正治国论》欲再次劝谏，结果受到严刑拷打，不仅被割掉舌头，将军还把烧热了的铁锅扣在他头上，因此日亲也有"锅冠日亲"之称。晚年的日亲在备后、但马、出云、九州等地传教，建寺三十余座。

"应仁之乱"后，日莲宗在信徒的支持下，势力得以恢复。天文元年（1532），在京都已有二十一座大寺院，称"廿一本山"。天文元年至五年，以京都为中心发生了日莲宗的武装斗争，史称"法华一揆"。享禄五年（1532），日莲宗信徒与细川晴元合作对抗真宗武装集团，把山科本愿寺彻底焚毁。此后，应细川晴元的请求，日莲宗武装到堺再次与真宗武装教团作战。从天文元年至三年，以日莲宗为中心的町众掌控了京都的自治权。

天台宗教团对日莲宗的迅速发展和控制京都自治感到不满。天文五年（1536），以"松本问答"中日莲宗辩论失败为借口，决定用武力驱除在京都的日莲宗。天台宗教徒在六角定赖及兴福寺僧兵的支持下，攻入京都，与日莲宗信徒展开激战，"廿一本山"全部焚毁，势力遭到彻底破坏。日莲宗内称之为"天文法难"，史称"天文法华之乱"。天文十一年（1542），朝廷允许日莲宗廿一本山回归京都，在信徒的支持下，日莲宗迅速恢复了原有的势力。

（四）时宗

时宗，旧称时众，是日本佛教净土宗系统的一个宗派，与净土真宗一样，它是独立于净土宗各个分派之外的宗派。创始人是一遍智真。到了镰仓末年南北朝初期，时宗分为十二派，它们是游行派、当麻派、一向派、奥谷派、六条派、四条派、解意派、灵山派、国阿派、市屋派、天童派、御影堂派。

到了室町时代中期，时宗的发展迎来了极盛。除了一般庶民皈依，也得到了很多武士的支持和皈依。尤其是战争频发时期，很多的战败者开始笃信时宗，以躲避残酷的现实，这是室町时代时宗的一大特色。为了救世，时宗信徒作为从军僧活跃在各种战场。当然他们不是来作战的，而是扮演"战地医生"的角色救死扶伤，他们的行为颇有现代红十字会组织的性质。根据当时文献《太平记》《明德记》《大塔物语》等的记载，这些时宗信徒一是不分敌我，收拾双方战死人员，并为他们建塔超度；二是对伤病人员进行治疗和护理；三是慰问战士，鼓舞士气。他们的名字很有特点，一般都带着"阿"，同时往往有一技之长，如室町时代特有的艺能，大都是由"阿弥"号的人所开拓。在医疗领域也一样，正是时宗信徒首先注意到了战地医疗，直接导致了日本金创医疗和外科医学的问世和发展。

二、建筑艺术

中世时的贵族府邸建筑的神社风格逐渐被书院风格所替代，书院风格定型于16世纪。神社风格的房间铺地板，只有抬高的睡觉区域铺席子。而武士统治者们则将他们用于处理公务的房间（也称会所）铺满榻榻米。此外，还采用禅宗寺院的窗户风格及其他特点，如障子、拉门的使用，使得这样的房间可以随着聚会人群的性质、人数和目的变化而提供不同的场所。16世纪随着侘茶这种仪式性的饮茶活动的兴起，室内设计的以上特点就汇合成为一种相当标准的形式，即房舍的书院风格。在江户时代它成为一种标准，直至今天成为典型的日式房屋。

与上述房屋的变化相适应，此时的园林设计也由原先那种开阔、明亮、以池塘为中心的格局变为林木遮荫的散步式，以及小而精巧的景观园林。中国禅宗寺院的精神意味更加浓厚，常以石、沙、草木与水来装饰园林，显得较为朴素和平淡。在日本庭园艺术中，受禅文化精神影响最大的莫过于禅院的枯山水庭园。所谓"枯山水"就是利用石头、石子造成偏僻的山庄、缓慢起伏的山峦，或者造成山中的村落等模样，让人产生一种野景的情趣。枯山水庭院作为一种独立的庭院模式，成为室町文化最具象征的标志。

代表上述的建筑和园林设计风格的主要有金阁寺、银阁寺、大德寺中的大仙院、龙安寺等。

图10-11 大德寺内的大仙院

（一）金阁寺与北山文化

1950年7月2日黎明时分，一名叫林养贤的僧人放火烧掉了日本国宝金阁寺，据说纵火的理由是嫉妒金阁寺之美。六年后，日本作家三岛由纪夫根据此事件发表了长篇小说《金阁寺》，当年就获得了日本读卖文学奖。之后小说被翻译成各种文字出版，我国读者也因此进一步了解了金碧辉煌、美轮美奂的金阁寺。

应永四年（1397），足利义满以河内领地作为交换，从西园寺公宗处换得了位于京都北山的西园寺，并加以改造修建，成为自己的山庄，时称"北山殿"或"北山第"。把将军职位让给儿子义持之后，义满仍于该处处理朝政，接待天皇等政界要人。义满死后，以其法号将此山庄命名为"鹿苑寺"。寺内的中心建筑就是舍利殿的金阁，因此也将整个寺院称为金阁寺。

舍利殿金阁共有三层，底层为寝殿造风格，名曰"法水院"，中央供奉宝冠释迦如来像。二层为书院造风格，名曰"潮音洞"，安放岩屋观音坐像和四天王像。三层为禅式佛殿风格，名曰"究竟顶"，安置佛舍利。

放眼望去，整座建筑金光闪闪，无比耀眼。其实底层未施金箔，为纯粹的白墙、素木结构，二、三层乃贴满金箔。

金阁寺的建筑风格充分体现了当时的武家文化和时代风貌，是北山文化最杰出的代表。

（二）银阁寺与东山文化

义政迁居东山山庄后，也称其为"东山殿"。由于义政的后半生醉心于文化艺术，且颇有建树，因此把这一时期的文化统称为"东山文化"。

自宽正六年（1465）起足利义政就着手准备建造东山山庄，但是不久就发生了"应仁之乱"，计划被迫中止。"应仁之乱"结束后的文明十四年（1482）2月4日，足利义政再次开始营造山庄，其巨额的费用就摊派给各国的守护大名。但是，费用难以顺利筹措，工期一再延误，银阁虽比金阁小，却用了整整九年时间来建造。这山庄的建造，招致了守护大名和农民的强烈不满。

东山山庄的正式名称是东山慈照寺，山号"东山"，开山者为梦窗疏石。"银阁"的称谓是江户时代初期才出现的。至于"银阁"一名的由来，主要有两种说法：一是模仿金阁所造，所以有此名；二是原来计划贴银箔，但由于特殊情况（幕府财政困难抑或足利义政去世）而终止。

现在东山山庄还存有当时的历史建筑观音堂和东求堂，实际上银阁本来是观音殿的称呼。观音堂分为上下两层，上层潮音阁为书院造，底层心空殿为禅宗样式，这种融合的形式与金阁寺如出一辙。但是银阁的上层宽大，整体上有一种不安定感。

东山山庄的建造历尽艰辛，给后世产生的影响也很大。如一直保存至今的东求堂就是典型的代表，其中只有四块半榻榻米大的"同仁斋"是举世闻名的初期书院造的典范。从寝殿造到书院造这种建筑样式的变化，在日本建筑史上具有划时代的意义。日本人现在日常生活中常用的隔扇、榻榻米及拉门都可以追溯到书院造，而且，隔扇的使用，催生了隔扇画的问世。因整个地面铺设了榻榻米，所以插花、挂轴这种室内装饰艺术也随之兴起。从四块半榻榻米的空间里还诞生了传统的茶道艺术。总之，书院造的出现，是多种室町文化绚丽展现的开端。

（三）枯山水

前面稍有提及，禅文化对建筑美学也产生了极大的影响，代表就是枯山水庭院的出现。应该说，足利义政本人对造园有着深厚的艺术造诣，还在自己身边聚集了一批大多号称"弥陀"的同朋众，他们精通各种技能，畅游在艺术的世界。例如，造园专家善阿弥、猿乐艺术家音阿弥、狩野派之祖狩野正信等。而他中意的园林艺术家中有一位被称作"河原者善阿弥"的人物。所谓"河原者"，是指那些住在河滩从事饲养牲畜、清扫、染色等职业的人，其中从事造园的称作"山水河原者"。

善阿弥得到足利义政的信任，为东山山庄等建造了很多的园林，有"天下第一名手"之称，其孙子又四郎也是杰出的造园艺术家。

所谓"枯山水"就是不用一滴水而来表现大海的造园艺术，最著名的就是龙安寺的石庭。在其特有的环境气氛中，细细耙制的白砂石铺地、叠放有致的几尊石组，使有限的空间可以对人的心境产生神奇的影响。这种独特的简朴美发展成了日本独特的"闲寂幽雅"这一审美意识。

三、书画艺术

纵观室町时代的书法艺术，可以说是对镰仓时代的一种继承，但因公卿、武士势力的衰弱，书法也显得缺乏生气和魄力，呈现出衰退趋势，是一个缺乏个性书家的时代。同时也许是受到南北朝分裂的影响，轻视个性而追求技法，拘泥传统而受规范束缚，扼杀了自由发展的书风。不但如此，书法还与道德、宗教的世界相结合，形成了一种"道"文化。这种书法之道推崇口授秘传，重视师承胜过技法和艺术性。因此，日本书法史上第一次出现了门派意识，各种流派林立。[①]这种强调师承、强调流派嬗变的现象虽然在大文化的考察中是个了不起的文化现象，但过于单一的固定师承不但使视野狭窄、趣味靡弱，其技巧也逐渐衰退而机械化。[②]

享禄二年（1529）藤原行季去世，世尊寺流后继无人。这时持明院基春（1453—1535）崭露头角，另立持明院流派而取代了世尊寺流派，但一直奔走于官方文告宣旨之中，缺乏生命力。

此时，青莲院尊圆亲王创立的青莲院流得到了空前发展，不仅得到了公卿和武士的青睐，还远播琉球等地。作为一种大众化的实用书体，青莲院流是成功的，但从书法意义上说，它固守传统，沉滞不前。尽管派生出许多支流，但墨守师风，束缚于传承，缺乏创造性。

镰仓时代之后，墨迹虽得以延续，但无创新之作。唯一例外的是一休宗纯，其书笔锋尖锐，气势逼人，自成一家。同时值得一提的是在该时期末，出现了古笔[③]风潮，鉴赏家辈出。

（一）明代书风的传入

洪武元年（1368），日僧绝海中津、汝霖良佐、权中中巽、如心中恕、伯英德俊、大年祥登、元章周郁等入明留学。其中"五山文学双璧"之一的绝海中津来到中国后，

---

①[日]堀江知彦：『室町時代の書風』，『書の日本史』第一卷第四卷"室町·战国"，平凡社1975年，第35頁。

②陈振濂：《日本书法通鉴》，河南美术出版社1989年版，第438—439页。

③古笔（こひつ）：一般指平安时代至镰仓时代的优秀和样，尤其是书写歌集的笔迹。"古笔"一词初见于《花园院宸记》正中元年（1324）12月12日条，当时是指古画。之后在书法家尊圆亲王的书论著作《入木抄》中作为"古贤写的优秀笔迹"之意而使用。现存的古笔中，大都是书写《万叶集》《古今和歌集》等敕撰歌集的作品。这些作品往往写在质地考究的彩色和纸或从中国进口的纸张上，显示了一种平安贵族高贵的审美情趣。随着茶道的隆兴，古笔爱好迎来了空前热门，在欣赏作品的同时，对该作品的书家亦是追慕之至。

从名僧季潭宗泐问学，从清远怀渭学书。两位高僧都是书法名手，绝海也不负师望，留下不少格调高雅的佳作。应永八年（1401）仲方中正来到中国。仲方精通楷书，因受明成祖之命书写“永乐通宝”文字而闻名遐迩。明成祖也特赐一幅写有“相国承天禅寺”六字的法被以示褒奖。关于这段逸闻的真实性，曾有不少人表示过怀疑。日本学者东野治之认为，在事件后七十余年的某一天，仲方中正的儿子心月梵初拿着一幅山水画给当时著名的五山禅僧横川景三观看，这时当着心月的面，横川景三首次披露了其父令日本人引以为傲的这段佳话，因此一般不会是横川景三的臆造；再则，永乐通宝这一铜钱主要用于赏赐外国，并不是国内通用货币。基于以上这两点，东野治之认为仲方中正题写永乐通宝是可信的。①

明初陶宗仪的《书史会要》“补遗”的“外域”中有“释中巽，字权中，日本人，书宗虞永兴”一说。即前文提及的与绝海中津一起入明的权中中巽也善书法，宗法唐朝的虞世南。洪武元年（1368）入明后，曾任杭州中竺藏主一职。洪武五年（1372），明使仲猷祖阐、无逸克勤出使日本之际，曾充任通事一度回国。

继陶宗仪《书史会要》之后，同时代的朱谋垔喜陶氏《书史会要》有益书家，乃摭有明一代续其卷后即《续书史会要》，其中有“释永杰，字斗南，扶桑人，书宗虞永兴”的记载。关于斗南永杰，出生地、生卒年皆不详。只知他为临济宗焰慧派僧，师事南禅寺少林庵的春谷永兰，中年入元。②回国后以一介平僧而归隐。日本学者上村观光认为他归国后曾住城州鸣泷村妙光寺，而玉村竹二则认为这没有任何根据，所以不足为信。斗南永杰善书，深得唐朝虞世南笔法，有“杰斗南样”之称。据季弘大叔《蔗轩日录》文明十八年（1486）12月29日条的记载，“贞庵、双桂、斗南为少林三绝。斗南为兰春谷之弟子”③，可见斗南的书法被称为南禅寺少林庵的一绝。日本相国寺的兴彦龙评其书法曰：“斗南翰墨续谁灯，咄咄休言逼永兴。书止晋人人不会，梅花直指付倭僧。”④

明初以宫廷为中心，流行虞世南的楷书，而上述的权中中巽和斗南永杰不仅善书，而且书风师法虞世南。可见明朝的这种风气也波及了日本。室町时代禅院的匾额往往以唐楷品味为高，大概与此不无关系吧。

此外，宁波文人对日本室町时代尤其是禅林书法的影响很大，其代表人物主要有詹

①[日]東野治之：『日本僧が書いた「永楽通宝」』，『書の古代史』，岩波書店1994年。

②[日]玉村竹二：『五山禅僧傳記集成』，思文閣出版2003年，第496頁。

③[日]東京大学史料編纂所：『大日本古記録・蔗軒日録』，岩波書店1953年，第261頁。

④[日]上村観光：『五山文学全集』別卷，思文閣出版1973年，第536頁。

仲和、方仕、丰坊、张楷一家以及金湜为主的高年社成员等，他们都有相当多的作品流播东瀛。[1]

（二）和样流派

书法流派并不是室町时代的产物，但出现了能写各种书体的书家。尽管他们大多大同小异，缺乏特色，但为后来流派的形成打下了基础，主要有以下派别。

1.敕笔流

指北朝后园融院天皇创立的书风。"敕笔"即"宸翰"，也就是指天皇的墨迹，派生于青莲院流。

2.素眼流

指北朝贞治、应安年间（1362—1374）金莲寺僧素眼创立的书风。素眼擅长假名书法，宗法世尊流。

3.宋雅流

指歌人飞鸟井雅缘（1358—1428）创立的书风。因雅缘法名"宋雅"，所以其书法被称为宋雅流。

4.彻书记流

指清严正彻（1381—1459）创立的书风。正彻乃东福寺僧，曾任该寺书记一职，因此其书被称为"彻书记流"。正彻作为一名禅僧却擅长和歌，在当时非常难得。他崇尚温雅的和样和假名书法，宗法敕笔流。

5.尧孝流

指歌人尧孝（1391—1455）创立的书风。他曾与飞鸟井雅世一起编纂《新续古今和歌集》，官至权大僧都，号常光院。

6.飞鸟井流

指权大纳言飞鸟井雅亲（1417—1490）创立的书风。飞鸟井家族以和歌和蹴鞠闻名于世。其先祖雅经、孙子雅有、曾孙雅缘都是一流的歌人和书家。

7.宗祇流

指饭尾宗祇（1421—1502）创立的书风，亦称"饭尾流"。宗祇作为连歌师著称于世，同时也是一位非常杰出的古典和歌研究者。其阔达自在、温文尔雅的书风随其和歌盛行一时。

---

①具体可参见[日]海老根聪郎：『寧波の文人と日本人—十五世紀における—』，『東京国立博物館紀要』1976年11号；王慕民、张伟、何灿浩：《宁波与日本经济文化交流史》，海洋出版社2006年版。

8.二乐流

指歌人权中纳言飞鸟井雅康（1436—1509）创立的书风。因其号"二乐轩"，所以其书体亦称"二乐流"。因笔势强劲有力，得到将军足利义尚、大内义隆等的青睐。后出家称"宋世"。

9.堺流

指连歌师牡丹花肖柏（1443—1527）的书风。因肖柏为和泉国堺人，所以被称为"堺流"。

10.三条流

指内大臣三条西实隆（1455—1537）创立的书风。三条西实隆擅长和歌、连歌，精通和汉学和典章制度。师承硕学的一条兼良，其书风平正，有笔力，格调高雅，宗法青莲院流而自成一家，即"三条流"。

11.后柏原院流

指后柏原天皇（1464—1526）创立的书风。宗法青莲院流和敕笔流。

12.宗鉴流

指山崎宗鉴（1465—1553）创立的书风。初名"志那范重"，后转住山城国的山崎而改称"山崎"，号宗鉴。宗鉴以俳谐连歌而著称，同时擅长汉字和假名书法。书风源自素眼流和尧孝流，内含隐逸潇洒、不拘一格的一面。

13.尚通流

指关白近卫尚通（1472—1544）创立的书风。近卫家自先祖御堂关白道长以来书家辈出，尤以法性寺关白忠通为著名。尚通之书宗法二乐流，但自创"尚通流"。

14.稙家流

指关白近卫稙家（1502—1566）创立的书风。稙家作为尚通之子擅长书法，宗法尚通流，但糅合二乐流、飞鸟井书体自成一家。

（三）五山样

前面已经提到，镰仓时代与宋、元交流频繁，宋风的禅宗样盛行一时。但是到了室町时代，特别是14世纪后半叶开始，禅宗因其贵族化而衰落。禅僧耽溺于文辞之流，即所谓的五山文学极其隆盛。但另一方面，书法被沦为风流韵事的小计，虽然当时五山禅寺崇尚中国文化，流行宋、元、明书风，但技法可观者不多。在日本书法史上，也把五山书风称为"五山样"。五山样的一个特点是书画一体，即书与山水画或高僧顶相相互结合。当时五山禅僧所推崇的中国书家主要有黄山谷、赵子昂、张即之，而王羲之、虞世南、颜真卿这种讲究技法的书体反受到冷落。五山样的代表书家主要有梦窗疏石、铁舟德济、绝海中津、一休宗纯、了庵桂悟等。值得一提的是一休宗纯，其书笔锋尖锐，气势逼人，于书坛无愧中外，卓然自成一家。

（四）绘画

应永年间（1394—1428），在日本美术史上是一个重要的转折期。禅僧、武士和贵族频繁举行赋诗会，因此，诞生了"应永诗画轴"，即在一幅画上具有多首题赞的画轴。其中具有代表性的就是京都五山禅林中的渡唐天神像。[1]以往一般认为此传说诞生于南北朝初期，但大塚纪弘、上田纯一的研究，在镰仓时代末期的大宰府光明寺已经出现，并推定创作人为入宋僧圆尔的弟子铁牛元心。[2]

到了15世纪，日本出现了大和绘和墨绘两大绘画流派，大和绘的代表是土佐光派的艺术家们，他们担任着朝廷画师的职务，《融通念佛缘起绘卷》《慕归绘》等是大和绘的名画。而墨绘则在寺院内繁荣，代表人物是禅宗僧人们，他们经过努力，在绘画方面取得了巨大的艺术成就。天章周文和雪舟等杨发扬光大了如拙开创的水墨画，有时也称作"墨绘"，其最大的特点就是运用大幅的余白和省笔，从空漠的"无"中创造出一种超然物外的艺术力量，从"无"中发现最大的"有"，体现日本"空寂"的艺术精神。

其次，肖像画继续保持着兴盛的局面，尤其是被称为"顶相"的禅僧肖像画独树一帜。

足利义政在位时期，幕府对其收藏的艺术品首次进行了系统的整理和归类，这些艺术藏品为这一时期的艺术家从事创作提供了重要的参考资料。当然，部分画僧还到中国、朝鲜游历山川风物，直接师事大自然。

而狩野元信则融合了大和绘和中国画的一些最流行因素，开创了一种新的作画风格，即世俗水墨画。

顺便提一句，此时期的雕塑显得呆板，与生动的绘画形成对比。康拉德·托特曼认为，当时能剧中使用的面具堪称雕塑艺术的杰作。[3]

三、趣味与文化

为了躲避"应仁之乱"的兵祸，公家贵族纷纷离开京都逃往地方。因此，贵族文化也随之普及到地方并生根发芽。一些文化人也在地方大展宏图，庶民文化争奇斗艳。其中著名的有被称为小京都的山口和土佐中村等。

---

①有关渡唐天神像的起源、传说及演变可以参见陈小法、江静的《径山文化与中日交流》（上海辞书出版社2009年版）第四章"无准师范与渡唐天神像"。

②[日]大塚紀弘：『渡唐天神説話源流考』，『日本宗教文化史研究』2005年九卷二号。
[日]上田純一：『渡唐天神説話の発生をめぐって』，『日本宗教文化史研究』2001年五卷一号。

③[美]康拉德·托特曼：《日本史》，上海人民出版社2008年版，第184页。

同时，一些由公家社会传承、武家社会吸收的传统文化也逐步渗透到庶民生活中，许多传承至今的生活文化开始在那个时代出现雏形。如服装方面，庶民开始着简略化的武家服装；饮食方面涌现了越来越多的以稻米为主食的百姓，一日三餐的习惯也在这个时候形成；在居住方面，"书院建筑"取代古代贵族的住宅"寝殿建筑"，成为现代和式建筑的原型。开天窗、铺榻榻米、使用纸拉窗也是从此时开始的。京都居民的房屋多呈"口"字形，中间为公用地带。民间塔婆形式的墓标制作也始于室町时代。一些从公家经武家传承的年中行事也被百姓所接受，为庶民生活增添了丰富的生活色彩。还有一点就是14、15世纪也被认为是日语从古代语向近代语转变的过渡期。

（一）唐物崇拜

在日本，对唐物（中国货）的崇拜和追捧自古就没有间断过。大宰府作为中国货的进口基地长期发挥了作用，无论是平氏还是镰仓幕府，都积极进口中国商品。有元一代，尽管中日之间曾经开展贸易，一直也没有建交，但14世纪前期，被称为"寺社造营料唐船"的往返非常频繁。1967年打捞上来的"东福寺造营料船"新安沉船上有铜钱28吨及大量的青瓷、白瓷等中国货就是一个很好的例子。

唐物并不一定来自中国大陆，也包括从朝鲜半岛、琉球进口的物品。这些物品包括铜钱、绘画、书籍、丝织品、香料、药材、工艺品、陶瓷器、金属器皿等，也有像大象、孔雀、鹦鹉之类的珍奇动物。尤其是中国铜钱，大量流入日本。室町时代除了人们熟悉的永乐通宝外，宋朝铜钱也是日本人尤其钟爱的唐物之一。[①]

获取唐物的渠道主要是官方的勘合贸易和民间的走私贸易，当然也有像九州岛津氏以及掌控濑户内海的大内氏那样，通过自己独特的外交渠道获得的。

对于大量流入日本的中国货，吉田兼好法师曾尖锐批评说："大唐的货物，除药材外，其余的没有也不妨。书籍一类已经广为流传，没有的，也可以转抄下来。到大唐的航程很艰难，如果尽把些无用之物运回我国，是极愚蠢的事。"[②]

唐物主要用于皇族、贵族、武士、僧侣之间的赏赐及高级赠品，并常作为装饰道具陈列于会所这样人多汇集的地方。像足利义满这样特别偏爱唐物的将军，不仅收藏了大量的宋元画，连花瓶、香炉、屏风等生活用品都是一些珍贵的中国古董。而管理、鉴赏、陈设这些唐物的就是被称为"同朋众"的特殊艺术家。

（二）茶道

现在提起茶道或茶会，大家首先会联想到"侘"（wabi）"寂"（sabi）等古雅幽玄风趣的词汇吧。其实在室町时代初期它只是一种宴会式的斗茶游戏，以区分本茶和非茶为目的，而后进

---

①［日］東野治之：『貨幣の日本史』，朝日新聞社2004年，第105—124頁。

②［日］吉田兼好著，文东译：《徒然草》，中国长安出版社2009年版，第107页。

行奖赏。因其具有赌博性质，它与后面提到的连歌会一样，在建武式目中被明令禁止。之后，出现了当今茶会的雏形。到了中期，幕府的经济陷入窘境，奢侈的茶会也自然没了市场。到了八代将军足利义政时期，他在慈照寺内建造了银阁、东求堂，把政务放在一边，而埋头于自己的兴趣爱好中。在同朋众能阿弥的引荐下，茶人村田珠光向义政表演了草庵茶。草庵茶在将军的推崇下，在一般民众中迅速普及开来。同时，茶法越发简单化，用具越趋朴素化，街头也出现了一钱一碗的庶民茶摊，因此也有"一服一钱茶"之称。

村田珠光去世后，茶道也一时停滞不前，加之战火不停，爱好和平、崇尚风雅之士纷纷逃离京都，寻求安居之地。鉴于天然的地理位置和高度的自治管理，大阪的堺市成了他们居留的理想之地。创立"侘茶"的武野绍鸥也是移住堺市的茶人之一，他是村田珠光的再传弟子。所谓"侘茶"也就是邀上几位好友，在小而简朴素净的茶室中，以茶礼茶香及简单的饭食来共同忘却尘世烦恼，净化心灵。

然而，真正集茶道大成者是千利休。

典型的茶道仪式中弥漫着朴素静谧的精神氛围。客人们通过一个窗户大小的小门爬进一个约九英尺平方大小的房间里，体验茶道主人缓慢有序的富有艺术性的泡茶手法。在饮过浓烈的绿茶茶水之后，主客之间会就茶碗和插花布置交换感受。同时，足利幕府时代的很多建筑都采用了茶室的建筑特征。

此外，随着时间的推移和物质文明的提高，人们的生活方式也发生了许多变化。例如今天的一日三餐习惯在室町时代后期基本定型；开始使用酱油、砂糖，烹饪也出现了水煮、烧烤、清蒸、锅炒、油炸等多种方法；随着饮茶习俗进一步普及，不仅是甜食，油炸豆腐、纳豆、笋干、核桃、柿饼等作为茶点也开始食用；比起装饰性，服装的穿着更注重实用性，此外还出现了现代和服的雏形。

（三）能乐

这一时期的普通民众，都具有多种多样的文化艺术追求，尤其是京都城里，富商们热衷于各种收藏，而普通民众也在茶会、诗会及连句比赛等文艺场合与贵族们进行交流和接触。此外，"狂言"和"猿乐"的大众演员也可多见普通大众的身影，富民们也业余创作一些水墨山水画。在一些以宗教为主题的庆典活动如京都地区的"祇园祭"中，城镇居民不惜显露财富，为游行活动准备华美的花车，活跃街道文化。

"不忘初心"是日本有名的谚语，可大家并不一定知道它的来历。其实这句话出自足利义满时代著名的能剧大师世阿弥（1363—1443）撰写的能乐专著《风姿花传》。世阿弥和父亲观阿弥以猿乐、田乐为基础，创立完成了能乐。他们父子既是戏剧作家又是演员，同时世阿弥还为这种艺术确立了基本的审美标准——幽玄即一种潜在含蓄的神秘主义。它是一种避开现实主义的艺术形式，同时这种艺术形式还积极地传达着一种超越舞台表演和台词的深刻含义。

能，又称"能乐""能剧"，是戏曲、文学、歌唱、舞蹈、对话等各种形式因素组合的综合艺术，通常在一个磨得精光滑溜的方形木质舞台上表演，舞台三面面向观众，在舞台和道具室之间，有一个穿越观众的通道相连，舞台和通道建有屋顶。通道前栽有三棵小松树，舞台前还散落着一些鹅卵石，这些布景是能剧艺术原来在户外表演的象征性残留迹象。舞台上一般没有道具，偶尔有一些象征性的布景。

能乐的结构一般可分为"序（一段）、破（三段）、急（一段）"五段，而从整体结构来分，又有"单式能"和"复式能"两种。

能剧的音乐具有独特的形式，演唱、笛子、鼓是其三个组成部分，但三部分保持一致的节奏状态是不存在的。其音阶没有绝对的高音，每一音不是以平均律的音程关系组成。其节奏也有两种类型，一是有音乐节奏的部分，二是完全自由的部分。表演时会使用合唱团，但其一般不参与到戏剧的剧情中去。合唱团跪坐于舞台一角，和着演员跳舞时的节拍以歌声来表达演员的想法。剧中的音乐伴奏通常由笛子、击掌及各种鼓类乐器完成。

演员一律为男性。戴着精致面具的演员通过细微的肢体动作和头部的微微倾斜来表现角色的思想和情感变化。素面表演的演员也是满脸木讷，毫无表情，宛如戴了面具。这种独具匠心的舞台效果可以使得观众全身心地投入体验戏剧所传达的精神信息上去，而不关注角色身份。

能剧的文学剧本称为谣曲，是在室町后期才出现的，之前有宴席用的节选谣曲本，大致可分为胁能、修罗能、蚝能、鬼畜能和狂女能五大类。

能剧剧本的情节很多来自日本的传统文学作品，如《源氏物语》《平家物语》和《伊势物语》等，也有的来自中国文学与历史、传说，如《七夕》《杨贵妃》及《唐船》等。在中国题材的作品中，道教题材所占比重相当大，这似乎可以证明道教文化对谣曲创作产生过较大的作用。[1]

能乐形成时期没有专用舞台，在比较平坦高出的地方演出，现在的舞台构造是在江户时期固定下来的。早期的舞台大多建在佛寺神社的院内，可见能乐与佛教、神道教之间有密切关系。一般来说，舞台由正台、桥挂、镜间三部分构成。正台是表演的主体部分，其宽幅没有纵深的长度长。正台后部有镜板，栽有三棵小松树。台面用桧木铺成，前低后高。桥挂是演员出场和退场的通道，连接着镜间和正台。而镜间则相当于后台，一般观众是看不到的。

---

①张哲俊：《中国题材的日本谣曲》，宁夏人民出版社2005年版，第286页。

当然，能乐不一定非得在专用舞台上演出，在野外燃起篝火时演出的称为薪能，这种形式据说始于平安中期。但可想而知，这样在临时舞台演出，许多细腻的舞台效果都无法呈现。

能乐在国外第一次公演是1954年8月，意大利国际戏剧节上。在中国最早公演是在1981年6月，地点是北京的首都剧场、天津的科学会堂剧场和上海的艺术剧场，曲目是《隅田川》《船弁庆》及狂言《盗瓜人》。由于能乐与古希腊戏剧有着相似性，所以能乐的演出在欧美各国引起了强烈的共鸣，同时能乐与西方艺术互相吸收，出现了各种新的艺术探索，如复活古希腊悲剧的尝试、现代派艺术与能乐的结合等。

前面提到，日本的雕塑技术在镰仓时代的运庆木雕可以说达到了一个顶峰，甚至以后再也没能出现可与之相提并论的雕塑艺术。能面的出现虽不能说是一个艺术的革命，但它不同于以前的佛像雕塑，能面向写实的方向迈进了一步。鉴于演员要戴着一副能面去完成一个小时左右的情节表演，其中的喜怒哀乐都要求通过一张不变的能面来表现出来，所以它必须是象征性的、抽象性的、俗称的"中间表情"式的。

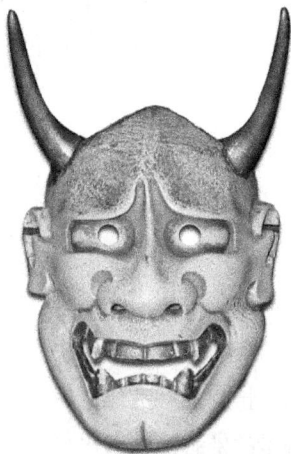

（四）狂言

能剧的舞台气氛非常严肃，简直宛如坟墓般的阴森气闷，加之剧中的各种表演也都是象征性的，因此，即使是一位情趣高雅并热爱沉郁的京都贵族，也难以持续

图10-12 能剧中的鬼面

观看几个小时，这就需要在剧情之间穿插诙谐滑稽的内容来缓解情绪和气氛，"狂言"应运而生。

狂言一般都是些滑稽的插科打诨，表现幽默、愚蠢的行为，主要取自民间的现实生活，讴歌一般民众的勤劳、勇敢和机智幽默，讽刺掌权者，具有强烈的现实意义和批判性。与能剧相比，它要显得更加生动活泼，对观众素质的要求也低些。剧中的登场人物中，以主仆对手戏最为多见，并且仆人的名字多为"太郎冠者""次郎冠者"。

狂言的曲目大致可以分为大名类、僧侣类、女婿女人类、鬼神类以及杂类五大类，其中大名类最为主要。著名的曲目有《武恶》《附子》等，两剧都活灵活现地反映了不盲从权威的中世日本民众的身影。

（五）其他

到了安土桃山时代，日本文化渐趋豪华、壮大，其中的代表当数具有天守阁的城堡，如池田辉政居住的姬路城（又名"白鹭城"）尤其有名，它不仅是日本的国宝，也是世界文化遗产。城内装饰的出自狩野永德的《洛中洛外图》也是日本国宝级的隔扇绘。

图10-13 姫路城

第十节 江户时代

一、朱子学

长期的战乱结束后，社会生活渐趋安定，人们的精神生活也随之发生了改变。否定现世的佛教渐渐退出舞台，讴歌现实生活的热情迫切需要一种新型思想来支撑。这就给宋学的日本化带来了机遇。宋学被德川幕府奉为"官学"。

宋学（朱子学）早在13世纪初期的镰仓时代就已传入日本，但当时的宋学是一种学问，并未成为一种国民的生活规范。三百多年后，宋学受到了江户时代新政权的保护与资助，开始取代此前占主导地位的佛教，以新儒学的面貌成为江户时代占据统治地位的意识形态，并且与神道教、道教相结合，走向日本化，成为人们生活的指导原则，发挥着教化的作用。

德川年间的日本朱子学，就其师承关系来说，可以分为下列流派：

京师朱子学派——藤原惺窝、林罗山、木下顺庵、雨森芳洲、室鸠巢、新井白石；

海西朱子学派——安东省庵、藤井懒斋、贝原益轩、中村惕斋；

海南朱子学派——谷时中、小仓三省、野中兼山、谷一斋、大高坂芝山、山崎暗斋、佐藤直方、浅见絅斋、三宅尚斋；

大阪朱子学——五井持轩、三宅石庵、中井甃庵、五井兰洲、中井竹山、中井履轩、富永仲基；

宽政以后朱子学派——柴野栗山、古贺精里、尾藤二洲、赖春水、赖杏坪、安积艮斋、赖山阳；

水户学派——德川光圀、安积澹泊、栗山潜锋、三宅观澜、德川齐昭、藤田幽谷、会泽正志斋、藤田东湖。

其中，藤原惺窝、林罗山是开创者，室鸠巢、新井白石、安东省庵、贝原益轩等人具有较多的合理因素和唯物主义观点，而山崎暗斋、雨森芳洲、藤田东湖等对朱子学的唯心主义做了进一步发展。

二、国学

日本"国学"的含义存在多种解释，但一般以古学的开拓者契冲的"国学者倭学也，有神学，也有歌学"的解释作为基本概念。因此，国学又称"古学"。他们尊信三皇五帝、周公、孔子，排斥汉唐以后的儒学，认为儒学只有在古代才有意义，后来的全是伪说。

古学派名为复古，实际上是在朱子学以外提倡一种与朱子学对抗的新学派，企图用复古的名义，从朱子学一统天下的情况里解放出来。

古学派的先导者是山鹿素行，另外两个分支是：堀川学派——伊藤仁斋、伊藤东涯、中江岷山；萱园学派——荻生徂徕、山县周南、服部南郭、太宰春台、山井昆仑等。

三、建筑艺术

到了江户时代，建筑模式又出现了新的变化。一是表现简素和纯雅，以京都的桂离宫为代表，另一是追求奢华和浮艳，以日光的东照宫为代表。两者呈现出相反的诸多因素，反映了两种不同的审美情趣。

图10-14 京都桂离宫

图10-15　日光东照宫

图10-16　东照宫三猴木雕（不听、不说、不看）

可见，追求原始自然性的桂离宫和注重人工装饰性的东照宫的同时并存，在某种程度上也是日本文化吸收外来文化的"对立—并存—融合"模式。

四、浮世绘的诞生

日本的绘画艺术，从平安时代的"大和绘"到室町时代的水墨画，再经桃山时代的屏风画、隔扇画，到了江户时代，终于诞生了一种影响世界的绘画技艺——浮世绘。

浮世绘，又称风俗画，是反映町人大众生活和风俗的木版画，其中以刻绘人物和风景居多。随着印刷技术的提高，开始脱离作为书籍插画的附属地位，成为一种独立的艺术形式。其内容主要是绘制江户吉原青楼的风俗和歌舞伎演员，表现了对庶民现实生活的关心。

1681年左右，浮世绘由画师菱川师宣创始，此后，他融汇国内外各种绘画技巧，得到了迅速的发展。尤其是受到西方油画和铜版画的启发，人们尝试采用透视法和远近法描绘风景版画，把浮世绘推向了全盛期。

著名日本作家永井荷风就浮世绘发展的历史和背景曾经说过："如果说木版画在温和的色彩中存在作者的精神，那么这完全是专制时代人心式微的反映。在这种暗示黑暗时代的恐怖与悲哀中，我仿佛听到了青楼女隐隐啜泣的声音，就不能忘记其中的悲哀和无奈的色调。"可见，任何一种优秀的艺术形式都是对当时社会现实的写照。

江户时代诞生了众多的浮世绘画师，主要有菱川师宣、鸟居清信、铃木春信、鸟居清长、喜多川歌麿、东洲斋写乐、葛饰北斋、安藤广重等。

图10-17 神奈川冲浪里（葛饰北斋）　　图10-18 美人回眸图（菱川师宣）

五、歌舞伎的诞生

歌舞伎最早源于一些艺人为修缮寺院神社而进行的以布施宣传为目的的歌舞演出。有关歌舞伎的最早文献记载是日本庆长八年（1603）出云大社的巫女阿国在京都北野天满宫举行的庙会演出，当时她一边敲打钲，一边和着拍子跳"念佛舞"。之后，阿国综合能、狂言、风流舞、念佛舞等诸因素，女扮男装在固定的青楼酒馆专场表演，赢得了观众的青睐。据称，在丰臣秀吉七周年忌辰之际，阿国还在丰国神社表演了《往昔之事》。这种剧种在京都出名后，阿国又到九州、江户等地巡回演出，同时加入一些当时时代的主题，即所谓"倾城事"。伴奏乐器除了大小鼓和笛子之外，还采用了日本民乐三味线，使得当时因老百姓的现世享乐思想而产生的好色风俗彻底舞台化。所以，当时该剧种被称为"傾き（かぶき）"，是好色自由放纵的意思，后来用汉字写为"歌舞伎"。因此，阿国是歌舞伎的始祖。

图10-19 阿国塑像

但是，歌舞伎这种以色为特性的表演，给社会造成了各种不良影响，遭到幕府的禁止。承应二年（1653），幕府容许以模仿狂言取代歌舞伎迄今的形态，并以年纪大的男演员扮演主角来上演"野郎歌舞伎"即男歌舞伎，男演员把前额至头顶中部的头发剃成半月形，即俗称的"月代头""野郎头"，以减少肉体的魅力，这就是歌舞伎正式诞生的契机。

歌舞伎作为日本的国剧，主要经历了阿国歌舞伎时代、女歌舞伎时代、少年歌舞伎时代，直到男歌舞伎时代，出现了坂田藤十郎、近松门左卫门等歌舞伎名演员、名作家。到了江户的元禄时代（1688—1704），歌舞伎进入成熟期。18世纪中叶是歌舞伎的黄金时代。

六、兰学与西方文化的传播

所谓兰学，就是江户幕府通过唯一通商港口长崎的荷兰语翻译人员，引进荷兰文献，从那里面吸收西方的知识，尤其是有实用价值的医学、历学、天文学、语言学、冶金学等，这些学问统称为"兰学"。但是，兰学在日本的传播主要还是局限在物质文明，一些涉及深层次文化变革的西方现代精神文明还是难以进入日本。直到幕末开国以后，日本才得以全方位地学习欧美诸国先进的科学技术、人文科学和社会科学，才最终将兰学扩展为"洋学"，对于维新运动起到了启蒙作用。

表10-2　日本艺能史简表

时间	纪事
554年	四名百济乐人赴日
612年	百济人味摩之移居日本，传入伎乐
701年	设置雅乐寮
735年	圣武天皇观赏唐人散乐（舞枪术）
752年	东大寺大佛开光供养，演奏伎乐、舞乐、散乐等
880年	两名近卫官人上演滑稽散乐逗人发笑
894年	停止派遣遣唐使，加速外来音乐的日本化步伐
948年	宫中设置乐所，以替代雅乐寮
1002年	宫中首次演出御神乐
1023年	为藤原道长，其女儿彰子上演田乐
1096年	田乐在京都大流行
1153年左右	成立田乐组织——田乐座
1233年	狛近真著述舞乐解说书《教训抄》
1271年左右	成立猿乐组织——猿乐座
1283年	兴福寺僧侣在春日若宫临时祭中扮演翁猿乐游行
1349年	足利尊氏在京都四条河原观看田乐的化缘游行

时间	纪事
1364年	京都药王寺进行大和猿乐化缘活动
1372年左右	观阿弥和世阿弥在醍醐寺上演了七天的猿乐
1375年左右	足利义满观看观阿弥和世阿弥的猿乐演出
1384年	观阿弥去世
1400年	世阿弥的《风姿花传》第一次完稿
1434年	世阿弥流放佐渡，两年后著述《金岛书》，之后下落不明
1463年	宫中上演猿乐
1477年	"应仁之乱"结束后，流行"风流舞"
1512年	丰原统秋著述雅乐书《体源抄》
1578年左右	现存最古老的狂言剧本《天正狂言本》成立
1581年	宫中演出《稚舞》（ややこ踊）
1582年	织田信长在安土总见寺观看幸若舞
1593年	丰臣秀吉保护大和四座的能剧演员
1603年	德川家康开创德川幕府，为了以示祝贺，上演能剧，这种习惯一直保留到第十四代将军家茂为止
1603年左右	出云阿国始创歌舞伎
1616年	杉山丹后掾在江户演出净琉璃
1624年	猿若座开始上演
1624—1644年	大藏流整理《狂言之本》，和泉流整理《狂言六义》的笔录
1629年	禁止女歌舞伎
1652年	禁止若众歌舞伎
1653年	开演野郎歌舞伎
1678年	初代坂田藤十郎在大坂上演"和事"式样的歌舞伎
1684年	竹本义太夫在大坂道顿堀创设"竹本座"

续 表

时间	纪事
1685年	初代市川团十郎在江户上演"荒事"式样的歌舞伎
1687年	评判演员的书籍《野郎立役舞台大镜》出版
1690年	安倍季尚撰写的雅乐书《乐家录》出版
1703年	近松门左卫门的《曾根崎心中》在竹本座上演。丰竹若太夫在大坂道顿堀创设"丰竹座"
1714年	因绘岛事件，山村座断绝，江户歌舞伎剩下中村、市村、森田三座
1715年	近松的《国姓爷合战》在竹本座上演
1720年	近松的《心中天网岛》在竹本座上演
1726年	并木宗辅等人的《北条时赖记》在丰竹座首演
1734年	初代竹田出云的《芦屋道满大内鉴》在竹本座上演
1746年	并木宗辅、初代竹田出云的《菅原传授手习鉴》在竹本座首演
1747年	并木宗辅、二代竹田出云的《义经千本樱》在竹本座首演
1748年	并木宗辅、二代竹田出云的《假名手本忠臣藏》在竹本座首演
1753年	歌舞伎舞蹈剧《京鹿子娘道成寺》上演
1786年	乌亭焉马开创"咄之会"
1804年	初代三笑亭可乐开始《三题噺》
1811年	第二代植村文乐轩开演《文乐芝居》
1825年	四代鹤屋南北的《东海道四谷怪谈》在中村座首演
1832年	七代团十郎裁定"歌舞伎十八番"
1840年	七代团十郎首演歌舞伎十八番《劝进帐》
1860年	河竹默阿弥的《三人吉三廓初买》在市村座首演
1862年	河竹默阿弥的《青砥稿花红彩画》在市村座首演

朝鲜半岛编

第十一章　朝鲜半岛的历史

　　朝鲜半岛（韩国称韩半岛）位于亚洲东部，北与中国东北地区陆路相连，东与日本岛隔海相望。基于这种特殊的地理位置，朝鲜半岛国家作为与中、日相互毗邻、一衣带水的邻国，同时本岛本身又是中、日之间沟通的重要桥梁，其历史发展自古便与二者有着紧密的联系，因此有必要对其历史进行了解，而这也是了解其语言、文化等状况的基础。

第一节 朝鲜民族的起源

　　众所周知，现今的朝鲜半岛国家（朝鲜及韩国）是以朝鲜民族为主体的单一民族国家。这个民族从何而来，不仅是一个民族史问题，也涉及半岛历史的最初开展。

　　关于这个问题，学界研究很多且历来众说纷纭。梳理学者们的研究成果，主要有两种意见：一种是单一民族起源说，一种是多元复合型民族起源说。持前一种说法的主要是现今朝鲜的学者，他们通过考古发掘，坚决认为朝鲜民族属于本土起源。[1]比如，朝鲜科学院历史研究所编写的《朝鲜通史》就认为朝鲜半岛在原始社会时期便存在着原始朝鲜人，同时又认为在朝鲜半岛之外的中国东北地区南部生活着另外一支原始朝鲜人（即后来发展为下文将要阐述的古朝鲜人），只不过这两者的"社会经济发展程度随地区有所不同"而已，其中居住在中国的原始朝鲜人"最先进入文明社会"[2]。

　　相比之下，更多的学者持多元复合型的说法，也就是多民族混合起源的观点。比如，韩国学者李元淳认为"在东夷族文化圈居住的秽貊族与韩族为形成韩国人的核

---

　　[1]郑红英：《朝鲜民族的起源与原初文化》，《安徽文学》2008年第7期。
　　[2]朝鲜民主主义人民共和国科学院历史研究所著，吉林省哲学社会科学研究所译：《朝鲜通史》上卷，吉林人民出版社1975年版，第1—11页。

心"[1]。又如另一位韩国著名学者李基白则认为新石器时代生活在朝鲜半岛的人们，从考古遗物上看与北方的西伯利亚、黑龙江、蒙古等地区人类的东迁或南迁有着密切的关联，通过不断移民，朝鲜半岛本土居民与之不断融合，因而"最终（才）形成了我们现在所称的朝鲜人"[2]。显然，李元淳的观点属于东夷民族迁居融合说，若更细分来看则属于东夷民族中秽貊族系来源说；而李基白的观点则属于典型的西伯利亚阿尔泰民族说，这也是目前韩国教科书的普遍观点。当然，除了此二说，在多元复合型类说法中还有其他一些不同的观点。如东夷系统中的通古斯族说、东夷少昊氏东迁分支说、扶余人南迁融合说、高句丽人南迁融合说、渤海人南迁融合说、北狄民族南迁融合说以及中国南方百越民族移民半岛南部说等。[3]

对于以上观点，总的来说，首先多元复合型类说法似乎更符合人类在相互交流与融合中发展壮大的历史规律，因而相对就更为可信。另外，在多元复合型类说法中，学者们各抒己见，且均有据可依，因而也没有形成一个相对统一的论断，没能达成共识。这或是由于研究者视角、知识储备或思想观念等自身条件不同，或是由于考古发掘或相关资料及相关研究还不到位，所以各方面的探索还要持续推进。但不管怎样，无论哪种观点、哪个民族作为朝鲜民族源起的主流，至少可以说明的仍是多民族融合促成朝鲜民族形成这个基本共性。针对这个课题，相信在将来随着有关专家学者研究的深入，终将能够给予明确、翔实且被学界认同的解答。

第二节 古代朝鲜半岛上的早期国家

在朝鲜民族不断融合形成之时，朝鲜半岛的古代国家也在处于陆续产生、林立乃至湮灭的历史进程中。这其中，作为半岛北部早期国家出现象征的古朝鲜，与作为半岛南部早期国家出现象征的辰国及三韩，相继在各自的区域内建立统治，成为国家这种人类发展到较高阶段的文明形态扎根半岛并不断演化的标志及开端。

---

① [韩]李元淳等著，詹卓颖译：《韩国史》，台北幼狮文化事业股份有限公司1987年版，第15页。

② [韩]李基白著，厉帆译，厉以平译校：《韩国史新论》，国际文化出版公司1994年版，第3—5页。

③ 林坚：《朝鲜（韩）民族源流与民族意识浅见》，《延边大学学报》（社会科学版）2010年第2期。

一、古朝鲜的统治

正如人类社会发展的普遍规律，朝鲜半岛上的人们在正式步入文明阶段尤其是国家文明阶段的过程中，也经历了从旧石器时代到新石器时代，再到青铜时代乃至铁器时代的漫长发展期。

据考古研究发现，朝鲜半岛大概在六十万至四十万年前，就开始缓慢进入旧石器时代的，只是彼时人们的生产生活仍较为原始，主要是通过利用或改进石器，以及进行狩猎或简单的粮食采集活动来维持基本的生计。经过数十万年的发展，到了公元前5000年前后，朝鲜半岛走入新石器时代，这时才不仅有了农业、畜牧业、手工业等最初的社会分工，还出现了制陶业。陶器文化的形成与发展，使得朝鲜半岛向着文明的更高阶段迈进了一大步，其中当以篦纹陶器的制作及大量使用为该时期之典型。此后，又过了三千多年，大约在公元前1500年，朝鲜半岛到了青铜时代以后，人们便不再主要使用篦纹陶器，而是改用无纹陶器；但与之相比更为重要的是，青铜器的使用使人们从此进入利用金属工具进行生产生活的快速发展阶段。

图11-1　篦纹陶器　　　　　　　　　　　图11-2　无纹陶器

在朝鲜半岛的人们的生产技术不断进步、生活水平不断提高、文化发展不断繁盛的过程中及基础上，其社会也处在不断地分化及演进的状态：财富的积累及剩余促使阶级及阶层出现；而这种新的政治结构的调整及组建，则更进一步促成了国家的诞生。尤其是进入青铜时代后，由于金属器具的使用，征服战争的进程加快，出现了征服者和被征服者的关系，这种关系很快就发展成统治者和被统治者的关系，而以后铁器的出现及使用更进一步加速了这种变化，使得统治阶级为了维持长久统治，开始建立政治组织，于

是国家就应运而生了。①也正是在半岛所形成的诸部落国家或联盟国家中，古朝鲜脱颖而出，并逐步建立起了对半岛北部的统治。

古朝鲜主要是由分布于中国东北及朝鲜半岛的"四大族系"（即肃慎、秽貊、东胡以及华夏族系）之一的秽貊系民族所构建，其建立时间尚无定论②，而这也正大体体现了其所处的从原始社会末期向出现阶级社会的国家演化、变革的阶段。古朝鲜建立后，实行王权统治，又从中央到地方设置各级官僚机构进行全面管理，其经济、文化乃至对外交往随之得到了长足发展，其中最具代表性的事例就是"犯禁八条"（目前流传的实际只有三条，即"相杀以当时偿杀；相伤以谷偿；相盗者，男没入为其家奴，女子为婢"）的颁布与实施，充分展现了其所具有的较高的社会文明程度。与此同时，其所发起的对四邻的征服及兼并战争也一并被不断推进，这使其逐渐成长为对周围的国家或部族有较大影响力的一方强国。

然而，正是在高度发展的过程中，古朝鲜社会的各种矛盾也不断积累并逐步涌现，加之受到中国北方燕国等政权的军事打压，至公元前4世纪以后便逐渐步入衰落期。公元前194年，西汉开国功臣燕王卢绾的下属卫满在率众归化古朝鲜后，利用其内外矛盾危机发动政变，推翻了原古朝鲜政权，建立起新的"卫氏"政权，史称"卫满朝鲜"，并传位三代，继续代理、延续着古朝鲜的统治。直到公元前108年，西汉武帝派军队攻入"卫满朝鲜"王都，古朝鲜最终灭亡。

二、有关古朝鲜的神话及传说

针对古朝鲜的源起、建国及统治的历史，在彼时生活在朝鲜半岛的人们流传及后世的不断加工、描绘下，曾产生过所谓的"檀君朝鲜"神话及"箕子朝鲜"传说。前者讲的是天帝之子桓雄下界与幻化成人形的熊女孕育檀君进而建立朝鲜的故事，而后者讲的则是我国殷商遗臣箕子率众东迁朝鲜建国称王的故事；前者主要见载于《三国史记》《三国遗事》等半岛史籍，而后者主要见载于我国古代官方正史之中。它们与上述的"卫满朝鲜"合称"三朝鲜"。但与"卫满朝鲜"不同的是，此二者并非为确凿无疑的历史公论，学界也对此多有异议。其中，中国的大多数学者较为关注并认可"箕子朝鲜"的相关事迹，但朝、韩的学者却更多地肯定"檀君朝鲜"的存在，甚至有些还完全

①[韩]高丽大学韩国史研究室编，孙科志译：《新编韩国史》，山东大学出版社2010年版，第23页。

②[韩]崔恩亨著，金光明译：《东北亚早期国家——古朝鲜起源问题》，《黑龙江史志》2009年第14期。

否认、排除"箕子朝鲜"说。当然，除了这些主流看法之外，也有学者认为二者皆非可信的史实，故而皆不可取；同时更有学者提出皆不赞同轻易否定此二者中的任何一个尤其是"檀君朝鲜"，认为"檀君"及"檀君朝鲜"亦有历史原型、原貌可寻[①]。学者们各持己见、各执其理，使得这两个流传已久的故事，在本来就已充满神秘色彩的表象下，更加吸引着人们的好奇心。

图11-3 位于平壤的所谓"檀君陵"

图11-4 箕子像

三、辰国与三韩

当朝鲜半岛北部被古朝鲜统治之时，其南部亦随后产生了新的国家政权，即辰国及三韩。根据史书记载，辰国的名称最早出现于"卫满朝鲜"灭亡之前，即约在公元前2世纪，由此说明其与古朝鲜至少曾有过短期并立的历史。同时，大量史实表明此国所在地域早先曾居住有原始的土著居民，而且其与半岛北方的人们一样，也曾经历了生产生活的变革及经济社会的发展，尤其是外部移民浪潮，如古朝鲜两次政权颠覆时的南迁遗民及中国大陆汉人移民等的到来，给当地居民带来了先进技术与文化，进一步促进了该地社会状况的变化，引起了政治结构的不断调整，从而导致了众多部族国家林立。而这些部落小国又构成了三个较大的联盟王国，即"马韩""辰韩""弁韩"，合称三韩。其中，马韩位于半岛西南部，为三韩最大者，其王兼任辰国国王，其属民通过相关研究

①李宗勋：《近二十年来中外学界对古朝鲜的研究与课题》，《延边大学的学报》（社会科学版）2016年第3期。

被认为正是半岛南部的土著居民；辰韩位于半岛东南部，弁韩则位于马韩与辰韩之间的半岛正南端，二者皆有侯王，只在名义上听从辰王号令，而其属民则被认为皆因参与了外部移民的融合而得以形成。

辰国及三韩经过几个世纪的发展，随着社会及政治格局的持续分化、演进，到了1世纪以后，逐渐被其内部的三个新生政权——百济、新罗、伽耶所取代。

第三节 三国至统一新罗时期

公元前108年，西汉灭"卫满朝鲜"后，在其故地即朝鲜半岛北部设置了乐浪、玄菟、真番、临屯四郡，进行直辖统治，史称"汉四郡"。然而不久，西汉便撤销了真番、临屯二郡，随后又将玄菟郡后撤至今中国境内。此后，在原玄菟郡内部便逐渐兴起了一个强大的封建部族国家政权——高句丽。与此同时，半岛南部、原辰国及三韩内部也产生了分化，渐趋发展成为两个强大的封建部族国家，即百济与新罗。这使得半岛由此逐步进入三国并立、对峙的时期。

一、高句丽的建立与发展

高句丽源起于秽貊族系的夫余国，属于"夫余别种"（《三国志·高句丽传》）。据高句丽建国神话记载，夫余王解夫娄子金蛙得一女子，为同宗室解慕漱私眷，后因日照影逐、神明感应而产卵，卵破，生一男子，即为高句丽始祖东明王（高）朱蒙（前37—前19）；而后，朱蒙率众南迁至卒本川（今辽宁桓仁），建立"卒本夫余"，这就是高句丽（《三国史记·高句丽本纪》）。由此可见，高句丽一开始不仅主要的统治集团来源于夫余，其王室更属于夫余王室的一个分支。

图11-5 韩国发行的朱蒙建国神话邮票

　　高句丽在夫余国以外的南方建国，时间约为公元前37年，起初建都于纥升骨城（今辽宁桓仁五女山城），该建都之地当时从属于西汉玄菟郡高句骊县管治。但很快，随着西汉政权的衰亡，兴建后的高句丽迅速开启了征伐四邻的战争，并在征服周边民族的同时，也开始了本民族与其他多民族融合的进程。[①]高句丽在立国之初的100多年间，主要征伐的是其周边的一些部落、小国，特别是从第二代王琉璃明王以后，不仅国都被迁至国内城（今吉林集安），而且加速了征伐的进程，其征服及兼并的部族或国家主要有沸流、荇人、北沃沮、梁貊、盖马、句荼、东沃沮等，并发兵袭取了汉朝的高句骊县，甚至还一度占领了乐浪郡；紧接着，在随后的两个世纪里，高句丽开始了屡次西进攻袭中原政权辖属辽东郡的战争，却收效无多，且在中原政权的反复打击下，最后元气大伤，不得不罢兵息战，开始了一段时间的休整、改革；至小兽林王（37—384）以后，高句丽又逐渐强大，并再次开始了大规模的军事扩张活动，尤其是在广开土王（392—413）及长寿王（413—491）时期，不仅北并夫余、西占辽东，而且南部扩展至朝鲜半岛的汉江流域，达到了疆域的极致状态。[②]高句丽的这种军事扩张特别是南下往半岛地区的轮番扩张行动，与半岛南部的百济乃至新罗发生冲突，逐渐引起了他们的恐慌与反抗，迫使这两国不得不结盟联合与之交战。与此同时，长寿王又于427年再次迁都平壤，加大对南方的经营与控制，由此更加剧了高句丽与百济、新罗之间的争斗，并渐趋白热化。而正因如此，三国的统一不断加快着进程。

　　除了对外扩张及战争，高句丽在内政方面也不断进行体制建设，并逐步予以完善。首先，包括涓奴、绝奴、顺奴、灌奴、桂娄在内的五部贵族（《三国志·高句丽传》）长期作为高句丽统治的支柱，在其政治生活中占有重要地位。五部长官在高句丽建国之初拥有行政、军事、司法等方面的广泛权力，既是领主，也是中央官；而随着在对外扩张中高句丽领域的扩大及国家机构的完善，五部长官逐渐变成了地方官，即"褥萨"，这使得五部也最终演化成行政区划的概念。[③]其后，高句丽又建立了官僚体制，设置了众多官职，代表性的有莫离支、大对卢、古雏加、大使者、大兄等，利用他们管理各职能部门或处理具体事务。同时，高句丽还实行官位等级制度，自汉魏至隋唐时期，高句丽的官位等级不断演变，由7级发展到12级再发展到17级，但受五部贵族及非五部贵族血缘身份的区别，在官位的担当上有着严格的界限，其中在"兄"系及"使者"系两大官位体系中，只有五部贵族才能担任"兄"系官位，而非五部贵

---

①宋福娟：《高句丽与北方民族的融合》，《通化师范学院学报》2003年第1期。

②秦升阳：《高句丽的军事扩张及其疆域变迁》，《通化师范学院学报》2003年第1期。

③杨军：《高句丽五部研究》，《吉林大学社会科学学报》2001年第4期。

族只能担任"使者"系官位。[1]总之，高句丽在对外扩张、壮大的过程中所进行的这一系列内政建设，不仅有利于其统治的稳固、中央集权的加强，反过来也更促进了其对外征战的进展。

二、百济的建立与发展

百济源于高句丽，由高句丽的一部分王室、贵族及其统领下的夫余移民所建。据百济建国传说记载，百济始祖温祚王（前18—28）为高句丽始祖朱蒙的第三子，由于朱蒙立长子为太子，温祚及其二哥沸流"恐为太子所不容"，遂率领一帮臣民南迁，最终迁居到汉江流域；此后，温祚又因受到了南迁百姓的拥戴而得以在汉江沿岸的慰礼城（今韩国京畿道广州）建都立国，此即为百济（《三国史记·百济本纪》）。由此可见百济王室统治集团及其族属与高句丽乃至夫余之间所具有的密切的关联。

百济约建立于公元前18年，与高句丽一样，在建国后也开始了南征北战的军事扩张历程，但整个过程呈现出先盛后衰的迹象。起初，百济以慰礼城为中心所建立的国家，只是与上述朝鲜半岛南部三韩国中马韩所属众部族小国相邻的一个小国，"后渐强大，兼诸小国"（《梁书·百济传》）。紧接着，百济迅速向南发展，并于温祚王二十六年（8）"潜袭马韩，遂并其国邑"（《三国史记·百济本纪》），同时还试图攻打新罗边城，但遭到新罗的顽强抵御。占领了整个半岛西南部土地的百济因受地理条件的制约及新罗的抵挡，不得不北向扩张，由此必将与南进扩张的高句丽遭遇；尤其是到了近肖古王（166—214）统治时期，百济发兵"攻平壤城"（《三国史记·高句丽本纪》），杀死了高句丽的故国原王（331—371），将势力一度扩展至大同江以南地区，从而达到了国势极盛的状态。然而，至此以后，百济的扩张便受到限制，并开始走下坡路。在高句丽重新壮大之后，其遭受到高句丽的猛烈反攻，特别是高句丽长寿王还杀死了其盖卤王（455—475），并夺取了其汉江流域，迫使其迁都熊津（今韩国忠清南道公州），致使其从此几乎一蹶不振。在随后的百余年间，百济再次将都城南迁至泗沘（今韩国忠清南道扶余），国土也进一步被压缩，除圣王时期有过短暂的复兴外，其国势几乎陷入长期低迷的状态。结果，孱弱的百济再也无力与高句丽尤其是实力愈发强大的新罗争雄，最终与高句丽先后走向了被新罗归为一统的道路。

此外，在内政方面，百济与高句丽类似，即亦建立了官僚体制，并实行官位等级制度。其将官位分为16个等级，如有佐平、达率、将德、文督等，并统划为三个层次，分

---

[1]高福顺：《高句丽中央官位等级制度的演变》，《史学集刊》2006年第5期。

别以紫、绯、青三色加以区别；其中，较为特殊的是佐平，为最高官位，共有六佐平，分管其政、财、礼、刑、军等各部分相关机构及事务。[1]除佐平外，其所设官位大体构成了"率"系统、"德"系统及"督"系统三种形式，由此似乎也同样反映出了如同高句丽的这种贵族与非贵族的身份等级差别。

三、新罗的建立与发展

新罗的产生与朝鲜半岛原三韩国中的辰韩密切相关，史籍称"其先本辰韩种也"（《梁书·新罗传》）。据新罗建国神话记载，在新罗建立之前，辰韩地域古有六村，六村人原无君主，故欲"觅有德人为之君主，立邦设都"；随后，天降异象，出现了一枚紫卵，六村人剖卵而生一男童，此即为新罗始祖朴赫居世；于是，六村人便扶持赫居世为王，创立了斯卢国，后世又改称新罗（《三国遗事·新罗始祖赫居世王》）。由此可见，新罗似乎完全出自辰韩，由其中的六村乃至斯卢演变而来。虽传说如此，但其实际上却是以韩人为主体，并吸收了多批外来移民如古朝鲜、乐浪郡、秦人等移民融合而形成的[2]。这在上文言及辰国及三韩时亦有相关阐述。

图11-6 韩国发行的朴赫居世建国神话邮票

新罗起初作为斯卢国建立的时间大约为公元前57年，建立以后便以斯卢为中心开始

---

① [韩]李基白著，厉帆译，厉以平译校：《韩国史新论》，国际文化出版公司1994年版，第56—57页。

② 孙泓：《新罗起源考》，《朝鲜·韩国历史研究》第十二辑，延边大学出版社2012年版。

了吞并辰韩下属的其他周边小国及部族的行动，并借此向洛东江流域乃至整个朝鲜半岛东南部发展，一步步蚕食辰韩土地。不过，新罗早期的扩张，相比高句丽、百济，总体来说还是较为缓慢的，其在相当长的时间里将更多的精力用于内治，以及抵御百济、倭、靺鞨和由三韩中的弁韩人为基础建立起来的伽耶国①等国家或部族的侵扰。直到6世纪，新罗在前期内政改革的基础上，利用高句丽与百济矛盾激化、激烈争斗的间隙，才逐渐加快了扩张的步伐，尤其是在法兴王时期（514—540）金官伽耶国主率众"以国帑宝物来降"（《三国史记·新罗本纪》），使其占有该地，而在真兴王时期（540—576）其不仅进一步吞并了剩余的伽耶国家，以至于囊括了整个伽耶地区，还"击杀百济（圣）王"（《三国史记·新罗本纪》），夺取了原由百济艰难从高句丽手中收复的汉江流域土地。这一切均使得新罗的国土大增、实力暴涨，同时也迫使百济与高句丽为了共同对付新罗，甚至化"仇怨"为联合。在这种情况下，新罗不得不在半岛以外寻求保护，终于随着618年中原大唐皇朝的建立，其找到了可依靠的对象，但由此也拉开了三国统一的战争。从660年开始，唐、新罗联军首先攻灭百济，至668年再亡高句丽，而唐朝则随之在两国故地先后设立熊津都护府（治所初在泗沘）及安东都护府（治所初在平壤），进行了短暂的直辖统治；不久后，在新罗的请求下，唐朝又将大同江以南地区赐予新罗。至此，新罗合三国为一统，成为朝鲜半岛上出现的第一个统一国家，从而宣告了统一新罗时代的到来。

最后需要简要谈谈新罗的内政，其与高句丽或百济相比，有相似之处，也有特殊之处。其中，相似处有二：（1）同样建立了官僚体制，实行了官位等级制度，分官位为十七级，如有伊伐飡、阿飡、大奈、大舍知、大乌知等，并同样用服色分别层次，但有紫、绯、青、黄四色四个层次；（2）同样在官位任职上有血缘身份的差别，只是新罗的这种差别较之另外二国似乎更为严苛，此即被称作"骨品制"的社会等级制度②，其中王位长期被圣骨所把持（但这种状况随着后来太宗武烈王金春秋以真骨身份继位而被打破），真骨与六头品占据着"飡"系统的高级官职，而五头品与四头品只能被授予"知"系统的低级官职③。此外，其较为典型的特殊处亦有二：（1）在其前期采取了

---

①伽耶共有六个，分别为金官伽耶、大伽耶、阿罗伽耶、古宁伽耶、星山伽耶、小伽耶。它们大体分布于今韩国庆尚南北道、洛东江中下游附近地区，并以金官伽耶为首组成了巩固的伽耶大联盟。

②该制度极为严格地按照血统来分配政治权利、社会经济地位乃至生活水平，总体分为两层级即"骨"级与"头品"级。前者包括圣骨与真骨两个高级骨品，被封授者当为高级贵族；后者则从六头品至一头品，有六等，但只有六头品、五头品、四头品为贵族，可以被授予官爵，三品以下则为平民。各骨品尤其"骨"级与"品"级之间有着明确界限，并基本互不通婚。

③[韩]李基白著，历帆译，历以平译校：《韩国史新论》，国际文化出版公司1994年版，第55—57页。

朴、昔、金三姓贵族交替继承王位的政策，该政策直至第十七代王奈勿尼师今（356—402）即位之后才被打破，从此变成了金氏一门世袭大统的局面；（2）为了培养服务于国家政治、军事等方面的人才，建立了以贵族出身的青少年为骨干力量的"花郎徒"组织，实行"花郎"制度①，而该制度则为其巩固统治，乃至取得三国战争的最终胜利起了重要作用。

四、统一新罗国家的统治及其分裂

自676年唐朝"移安东都护府于辽东"（《新唐书·高宗纪》），同时唐、罗关系不断转向缓和之后，朝鲜半岛逐渐进入了统一新罗时期。由于在之前的三国战争中增添了广阔疆土，积累了大量财富，扩充了众多人口，以及相对和平稳定局面的到来，新罗急需将主要精力转入内治，因而采取了一系列旨在强化王权、加强中央集权以及巩固统治的措施。这主要包括：（1）在中央行政上，提升仿唐所建的掌管国家机密事务的"执事部"的权力和地位，建立以"执事部"为核心的中央政治体制，以便压制长期以来以门阀贵族为主体的和白会议及上大等制度，从而达到削弱贵族势力、扩大王权的目的；（2）在地方行政上，为了健全并加强对地方特别是新增地域的管理和统治，以及保持全国经济文化的均衡发展，在先前的州郡县制的基础上进一步完善建立了以"九州五小京制"为核心的地方制度，即把全国分为尚、良、菁、武、全、熊、汉、朔、溟这九大州，同时在全国重要地点按方位分散设置了西原、金官、南原、北原、中原这五小京；（3）在军事上，为了加强对军队的管理，以保护中央、防卫地方，建立起了从中央到地方的以"幢""停"为主的军事制度，其中最为重要的中央军为"九誓幢"，地方军为"十停"；（4）在社会经济上，为了加强对人口和土地的控制，增加国库的经济来源，稳定社会秩序，在全国的国有土地上对百姓采取了按丁授田的"丁田制"；（5）此外，为了奖励功臣以及规范并控制贵族、官僚们所应享有的经济利益，又对文武百官实施了赐予有限地域的农户赋役支配权的"食邑制"及收租权的"禄邑制"；（6）最后，为了削弱京城贵族的势力，去除其深厚根本，同时也为了管理新获取的疆土土地，促进地方开发，还对京城贵族采取了"迁豪"的政策；等等。②

新罗在政治、军事、经济等各领域所开展实施的这些改革举措，在其统一前期的确

---

①王尉冰：《花郎道与花郎制度有关问题研究概述》，《赤峰学院学报》（汉文哲学社会科学版）2014年第5期。

②李宗勋、[韩]高在辉：《试析新罗封建律令制的特色——兼与唐朝日本相比较》，《东疆学刊》2011年第1期；白洋：《从内政看统一新罗的衰败》，《黑龙江史志》2014年第15期。

起到了较好的作用，既保证了政局的稳固、社会的安定，更促进了人们生产生活的迅速恢复发展。不仅如此，新罗还利用这种祥和的局势及发展的机遇，积极展开与东亚各国的经济文化交流，其中尤其是与大唐皇朝交往最为密切，即不仅与唐朝有着频繁的官私贸易、使节往来，甚至形成了新罗人在唐侨民聚居区——"新罗坊"，新罗还极力学习、引入及吸收唐文化，以至于有了"君子之国"的美誉。[①]总之，这一切使得整个统一新罗国家一时间繁荣兴旺、国力大增，呈现出一派盛世局面，被后世史家誉为"圣代"。[②]

图11-7 新罗入唐留学生、大学者崔致远

然而，这个所谓的"圣代"，内部却隐藏着巨大的危机：一方面，在中央，王权的强化与贵族权势之间产生矛盾，同时采取的种种内政措施又总是受到骨品制的限制，这使得新罗统治集团内部的各种不满情绪不断增长，致使贵族们终于发起了一次次抵制王权的斗争乃至篡取王位的事件；另一方面，地方贵族的势力也逐渐增强，地方叛乱频发，并产生了地方割据的倾向。[③]这些严峻问题的出现，使得新罗"纲纪紊乱、灾异屡见、人心反侧、社稷杌陧"（《三国史记·新罗本纪》），以至于国势日渐衰落。可在这种情况下，统治者们却仍贪图享乐，更加疯狂地盘剥下层民众，同时贵族势力尤其是地方豪强贵族还大肆兼并土地，使得均田制破产，农民们的生活无以为继，最终导致广大民众被迫走上了起义抗争的道路。从8世纪中后期开始，民众起义就已发生，至9世

①朴真奭：《中朝经济文化交流史研究》，辽宁人民出版社1984年版，第32—46页。

②王东福：《统一新罗的出现对公元7—9世纪东北亚国际秩序的影响》，《东疆学刊》2000年第3期。

③白洋：《从内政看统一新罗的衰败》，《黑龙江史志》2014年第15期。

纪起义蔓延到全国并一度达到高潮。而在起义中，甄萱、弓裔二人逐步崭露头角，并通过利用起义军力量分别于900年及901年建立了后高句丽（后改称"泰封"）与后百济二国，从而造成了统一新罗的分裂，使朝鲜半岛进入"后三国"时期。但不久后，泰封国的权臣王建于918年发动政变，推翻了弓裔统治，建立了高丽国，随后又于936年重新统合三国，使得半岛又由此正式进入统一的高丽王朝时期。

图11-8 高丽太祖王建御真

第四节 高丽王朝时期

918年，高丽王朝新建，取代后三国中的泰封国，很快便降服其他二国，成为朝鲜半岛上继统一新罗以后的第二个统一王朝。从太祖王建开始至最后一任恭让王，其王位传承共三十四代，延续国祚长达四百七十五年。其统治期间，对内既有改革创新，又有矛盾累积，而对外则既有抵御外族的成功，又有失败妥协的命运；这使其得以走向强盛，有了绵长的国运，也终将步入衰亡。但这种统治，却上承统一新罗，下启朝鲜王朝，成为朝鲜半岛民族、社会、文化、风俗等诸多方面形成极为关键的时期。

一、高丽王朝前期的内政建设

高丽太祖王建是用武力建国并统一半岛的，因而一开始的统治极不稳固，特别是仍存在强大的地方豪强势力割据自立并有随时反叛的威胁，这使得王建不得不采取了一些紧急措施，如镇压一些豪强，以联姻的方式安抚豪强，加大对豪强的监视力度，实施一些对豪强的制约政策及扶植其王族势力等。但作用仍十分有限，并不能从根本上起到长久稳固的效果。为此，在王建去世后，其后世尤其是从光宗（950—975）直到文宗（104—1083）的数代王进行了一系列制度化、系统化的内政建设，从而将高丽王朝切实打造成了一个在诸多方面都有别于前代的新的中央集权国家。

首先是在中央官制上的建设。这主要表现在仿从中国之制，基本采用唐、宋官制尤其是宋制，如设置"两府"（中书门下省与中枢院）并逐渐形成"两府"体制，作为中央最高政、军机构及最高议事机关，设置三司掌管财政，设置尚书都省及吏、户、礼、工、刑、兵六部负责处理各部门的具体事务等[1]；与此同时，其也独创了一些官制，如设置都兵马使负责对外国防、军事，设置式目都监使管理对内法制、礼仪等[2]。这些官制的设立，都共同促进了其中央集权统治的加强。其次，在其地方行政建制上，起初制定了州、府、郡、县的基本行政框架；成宗时期（982—997），又"分境内为十道，就十二州，各置节度使"；显宗时期（1010—1031），更"废节度使"，而"置四都护、八牧"，并"定（全国）为五道两界曰杨广、曰庆尚、曰全罗、曰交州、曰西海、曰东界、曰北界，总京四、牧八、府十五、郡一百二十九、县三百三十五、镇二十九"（《高丽史·志》，地理一），由此确立了完备的地方统治体系，且此后一直延续实施了下去。再次，在军事制度上，分京军（中央军）、州县军（地方军）及一些临时招募的军队，数量相当庞大；其中最为核心的就是中央军的二军（鹰扬军、龙虎军）、六卫（左右卫、神虎卫、兴威卫、金吾卫、千牛卫、监门卫）、四十五领，而这就有军人四万五千名左右，若再加上将校及望军（预备军）则中央军总兵力可达七万五千五百余名。[3]然后，在经济制度上，详细规定了官员、百姓耕作或占有公、私田所应缴纳的租税以及各道官民所应征收的贡赋（《高丽史·志》，食货一）；尤其是在土地制度方面，其起初实行了一段时间按"人品善恶"与"功劳大小"给贵族及官员授田的"役分田制"，而后在此基础上于景宗元年（976）进一步制定并从此确立实施了所谓的"田柴科制"，即将全国土地、山林登记入册，由国家统一支配，依据官品与人品兼顾的原

①龚延明：《唐宋官制对高丽前期王朝官制之影响——以中枢机构为中心之比较研究》，《中国史研究》1999年第3期。

②[韩]高丽大学韩国史研究室编，孙科志译：《新编韩国史》，山东大学出版社2010年版，第67页。

③徐日范：《试论高丽前期兵制与唐朝府兵制的主要区别》，选自中国朝鲜史研究会编《朝鲜历史研究论丛（一）》，延边大学出版社1987年版。

则对所有贵族、官僚授田①；该制度成为其中央集权统治的支柱及基础。最后，在其社会制度方面，主要反映在所形成的严格的"良、贱"身份制度，即全体社会成员可分为两种身份，一种为包括两班②贵族、中间阶层和平民在内的良人阶层，一种为包括农奴性质的贱民集团和毫无权利与人身自由的奴婢在内的贱民阶层③；由此使其整个社会都在这样一个阶层分明、等级森严的特殊社会形态下进行生活及开展活动。

总之，通过以上在政治、经济、军事及社会各方面制度的不断完善构建，高丽的王权及中央集权得到较大程度的强化，对于全国的统治也更加稳固，同时官僚贵族作为构成其统治的根基，对于王权拥有巨大的制约，以及整个社会身份秩序的固化，都使其逐步建成为一个强有力且带有等级特色的中央集权贵族制国家。

二、高丽王朝的对外关系

除了进行了系统的内政建设，高丽王朝在其统治期间还开展了丰富的对外交往，即与日本等邻国或民族进行过较为有限的交往，但主要且更重要的是与中原各王朝所进行的交往。高丽曾先后与同时期的除后梁外的五代各朝以及宋、辽、金、元、明等多个朝代保持着紧密的关系，而且其间既有和平时期的朝贡或贸易，又有矛盾冲突及战争。这里需要重点阐述的是高丽和与之北方疆土接壤的辽、金、元、明四代的关系，尤其是双方的战、和关系。

首先来看高丽与辽的关系。高丽、辽两国几乎是同时建国的，起初曾短暂交好，但很快便走向了战争的道路。这主要是由于一方面高丽的内政建设促进了其国力的迅速增长，推动其大力实施"北进"政策，即向北开疆拓土、建城置镇直至鸭绿江下游沿岸地区，与辽国向其东南方向直至半岛的征服活动形成了冲突；另一方面，高丽与宋朝交好，不奉辽朝正朔，甚至会掣肘辽与宋的争斗，因而让辽国极为不满乃至愤怒。高丽成宗十二年（993），辽以东京留守萧逊宁为统帅，出动八十万大军发起了对高丽的第一次征服战争，但因遭到高丽军民的顽强抵抗，结果不得不接受高丽的议和；高丽显宗元年（1010），辽借高丽权臣康肇弑君叛逆之机展开了第二次征伐（《高丽史节要》，显宗元文大王元年五月），结果因再次遭到高丽军民的顽强抵抗而被迫讲和、撤退；高丽显宗九年（1018），辽对高丽进行了第三次征讨，但在以姜邯赞为首的高丽臣民的反击

①朱宸：《高丽王朝田柴科土地制度研究》，《历史研究》1989年第5期。

②两班在高丽前期已出现，最初指的是文、武官员，后逐渐演化成为官僚家族、门第的代名词。

③金禹彤：《高丽王朝身份制度对其政治制度形成之制约——兼与唐、宋比较》，《北方文物》2008年第4期。

下，结果仍与此前几乎如出一辙。至此以后，辽国以高丽称臣纳贡、断绝与宋的关系为条件，彻底放弃了对高丽的征战；而高丽则赢得了战争的最终胜利，从而为其恢复生产并得以继续发展创造了有利的国际环境。

接着来看高丽与金的关系。在金朝建立之前，高丽就与其建立者完颜部女真以外的其他女真部落有过密切的接触。彼时，在高丽北部有相邻的多部女真，被其称为"北蕃""北女真""西女真""西北女真"及"东女真""东北女真"，即分别为所谓的鸭绿江女真以及长白山或蒲卢毛朵部女真，他们皆处于不相统属的分散状态①；而高丽对这些女真部落主要采取的是恩抚纳款、吸收控御的政策，即视其为臣属。然而，到了辽末，完颜部女真兴起并将势力扩展至这些女真部落居地，因此与高丽产生了矛盾。高丽睿宗二年（1107），"令尹瓘为元帅、吴延宠副之"（《高丽史节要》，睿宗文孝大王二年十月），统领十七万大军发起了对其东北部女真的征讨，并在女真居地筑九城（即宜州、通泰、平戎、咸州、英州、雄州、吉州、福州以及公险镇），史称"九城之役"，但结果却失败了，不得不撤城退兵。此后，阿骨打建立大金国，接着灭辽平宋，这使得高丽更不敢轻易与愈发强大的金人开战，最终以主动断绝与辽的关系，转而对金称臣纳贡为条件保证了双方的和平，并一直维持了下去。

再来看高丽与元的关系。元朝的建立者蒙古人早先与高丽远隔，并无接触，但到了金朝末期，随着蒙古的崛起及其对金朝的迅猛攻势，双方开始交往。起初，高丽因与蒙古合力夹击叛蒙入丽的契丹兵（即后辽国残部）而盟好，但不久就由于蒙古遣往高丽的使臣被杀，双方关系破裂、转入战争。高丽高宗十八年（1231），蒙军以撒礼塔为元帅开始了对高丽第一次征服之战，其后又陆续对高丽进行了七次（也有学者认为有六次、八次或九次不等）征讨；直到高宗四十六年（1259），在高丽最后被迫屈服投降的前提下，双方才重新议和修好。元世祖忽必烈即位后，双方关系逐渐走入平稳发展的时期，但这是以元朝对高丽内政采取全面干涉、强化控制为代价的。这主要表现在：设立"征东行省"，企图将高丽内属化；设置"达鲁花赤"，对高丽施政进行监督；任意废黜高丽国王，并迫使其王进行政治联姻以便控制；更改高丽官制及国王用语，特别是在其庙号前冠以"忠"字以示忠诚；对高丽进行经济掠夺，以及占领高丽东、西北部地区与耽罗岛以便形成军事高压等。②这种局面一直持续到元末才得以改变。

最后是高丽与明的关系。此二者的关系存续时间较短，因为到了明朝继统全国之

①蒋秀松：《"东女真"与"西女真"》，《社会科学战线》1994年第4期。

②李梅花：《试析蒙元支配对高丽王朝的影响》，《内蒙古大学学报（哲学社会科学版）》2011年第1期。

时，高丽王朝已是末期，处于岌岌可危的状态；而二者的交往则最早始于恭愍王统治时期（1352—1374）。彼时，元末农民起义的烽火席卷中原，元朝统治已走入末路，刚即位不久的恭愍王遂掀起了反元自主的政治、军事行动。数年后，明朝建立，恭愍王便又迅速遣使与明结成新的朝贡关系。但是，由于当时仍存在着由北逃的元宗室所建的拥有一定实力的北元政权，以及受高丽国内亲元与亲明两派势力斗争的影响，高丽恭愍王及其后的各王对明与北元采取了左右逢源的"两端"外交政策，从而引起了明朝的极度不满。①直到朝鲜太祖李成桂上台，改朝自立，才终得以与明建立起稳定有序的关系，只不过，这时的高丽已然灭亡。

总之，从高丽与辽、金、元、明四朝的外交关系可以看出，面对强大的中原政权尤其是突然兴起的北方少数民族政权，高丽不得不随时进行外交政策调整，做出符合其统治利益的外交选择。此外，也应明确，其中所发生的战争又确实给高丽社会带来了较大破坏，特别是元朝统治者对于高丽的强力干涉及掠夺，更严重损害了高丽社会生产力的发展，极大削弱了其国力，从而加速了其衰亡。

三、高丽王朝后期的逐渐衰亡

13世纪以后，高丽的统治进入后期，并逐渐趋于衰亡。然而，这种颓势发展的状况并非到此时才形成，而是早在其统治的前期便已埋下了隐患。问题主要出现在作为其经济支柱的田柴科制上。在采用该制度向百官统一分配土地收租权作为劳动报酬的同时，其还推行了一些特殊的土地授权办法，比如寺院被赐予田柴，有些无官贵族亦可得授田柴，尤其还另有"功荫田柴"的规定，即授予一些高官或功臣以世袭田柴。这就为土地兼并提供了方便，从而动摇其统治基础。特别是到了13世纪以后，国家公田减少，而贵族大土地私有制却急剧发展，其中央集权统治失去了赖以生存的土壤，最终不可避免地走向了覆亡之路。

另外，高丽的衰亡除了上述经济上的隐患，还有官僚贵族之间争权夺利的原因。其先后在仁宗时期（1123—1146）发生了李资谦之乱（1126）、妙清之乱（1135），在毅宗时期（1147—1170）又发生了郑仲夫之乱（1170），随后更是经历了武臣擅权尤其是崔氏一门长达60余年的执政统治（1196—1258）。这些都一步步加剧了其中央统治秩序的混乱，导致社会矛盾不断尖锐化，从而促使其迅速由盛转衰。再加上元朝干涉等外部因素的作用，使得其统治难以支撑，最后随着经济支柱的丧失而彻底灭亡。

---

①于晓光：《元末明初高丽"两端"外交原因初探》，《东岳论丛》2006年第1期。

第五节 朝鲜王朝时期

1388年，高丽大将李成桂回师威化岛，发动政变，推翻了恭愍王的继任者禑王的统治，开始掌握朝政。1392年，李成桂废高丽末代恭让王，即位建立了新王朝，高丽王朝至此灭亡。李成桂所开创的这个新王朝即为朝鲜王朝，其正是朝鲜太祖。朝鲜王朝从太祖到1910年最后一任纯宗王在位时被日本吞并，共传位二十七代王，立国519年（包含大韩帝国）。其统治期间，发展出新的统治阶层即"士林"，建立起更为典型、稳定的对外关系即"事大交邻"，还创造出更为先进的文化与科技成就。其在诸多方面或是对以往历史的经验总结，也是较之于前代的发展巅峰。

图11-9 朝鲜太祖李成桂御真

一、朝鲜王朝前期的内政建设

身为新王朝的朝鲜王朝一旦建立，就要进行有别于前朝的内政改革，以制定出有利于其统治的新制度。而对此，其早在建立前的高丽末期就已开始了这方面的行动。一方面，李成桂掌权后推行了新的土地制度——"科田法"，也就是通过整顿高丽旧私田和重新丈量土地，对官僚贵族、军人等重新分配土地使用权及收租权[①]；另一方面，开展

①李春虎：《论高丽末期的田制改革》，中国朝鲜史研究会编：《朝鲜历史研究论丛》（一），延边大学出版社1987年版。

"斥佛扬儒"运动，也就是排斥佛教，推行儒学，将国家打造成为儒学尤其是性理学的国度。这两方面的行动，改善了高丽末期的经济弊端，摧毁了高丽旧有的统治思想，从而为新王朝的开创及治理打下了坚实的基础。随后，新王朝在此基础之上，在政治、军事、经济、社会等各领域进行了一系列有关内政改革与建设的措施。具体表现为：

（1）迁都汉阳（今首尔），展现出自己新的发展模式。

（2）把前朝的中央机构改组为以议政府（设领议政与左、右议政，即领相、左相、右相）与吏、礼、刑、兵、户、工六曹（各设判书）为核心的权力机关，并采用六曹直接向国王汇报政务的"六曹直启制"。

（3）在中央又设司宪府（监察机关）、司谏院（谏议机关）及弘文馆（文书管理与顾问机关）为"三司"，作为专门监督、弹劾及纠察王室与官员、百姓的机构，其为官者被称为"言官"。

（4）同时，在中央还设有奉王令缉捕及拷问重犯的义禁府，作为最高教育机关的成均馆，掌管拟定和传达王令的承政院，负责缉拿盗贼的捕盗厅，管理宗亲事务的敦宁府，以及内需司、内侍府、尚瑞院、尚衣院、图画署、昭格署、活人署、内医院等各类专业机关，更有后来根据形势变化需要而新加设的一些特别机关如备边司[1]等。

（5）此外，值得注意的是，在中央另设有一套被称作"经筵制"的特殊机制，即将富有学问的官员尤其是一些高官任命为经筵官，日复一日地为国王或世子进讲儒家经典、史籍名作等"帝王之学"，以求将其打造成为既能治国又符合儒家礼仪典范的"君师"。

（6）在地方行政体制上，将全国划分为京畿、全罗、庆尚、忠清、黄海、江原、平安、咸镜八道，各道设置兵马都节制使（管本道军事）与观察使（管本道民政、财政）各一名，而在八道以下又实行府（或都护府、大都护府）、牧、郡、县制度，各设府使（或都护府使、大都护府使）、牧使、郡守、县令等守令。

（7）在军事制度上，中央建立五位都总府，管理中、东、西、南、北五卫驻防京城，而地方则有各道的陆军或水军，同时还采取了"驿马制"与"烽燧制"以便通信及联络。

（8）在经济制度上，除实行科田法外，还多次查验、丈量土地，没收或清缴了大量官僚地主隐瞒的土地尤其是寺院占有的土地，此外又在世宗时期进行了全面的田制整改，即按照土地的经济等级价值来收取租税[2]。

---

①备边司为中宗以后设立的专门负责处理女真与倭寇等边境事务的机构，后来甚至长时间取代了议政府作为最高政务机关。

②[韩]高丽大学韩国史研究室编，孙科志译：《新编韩国史》，山东大学出版社2010年版，第120—121页。

（9）在社会上与高丽一样，仍保存着严格的身份等级制度，总体上分为包括两班士大夫、从事专门技术性工作的中人和处于良贱之间的身良役贱者在内的良人阶层，以及身为奴婢的贱人集团。

（10）最后，需要强调的是对于王朝成文法《经国大典》的颁布，其将各项制度规定法律化、系统化，展现了国家体制的完备。

总之，新生的朝鲜王朝主要在其前期所制定或形成的这一整套复杂、精细的体制、机制，就是为了将其建设成为一个在两班社会支配下按儒家理念立国的中央集权国家。其政权的核心在于配合国王进行儒学（性理学）化统治的两班官僚集团。正因如此，在坚守这种理想化统治秩序的过程中，该集团内部逐渐成长出一股新的势力即"士林"，他们进入中央政治舞台并最终全面把控了政权。此后，他们又内部分裂，并不断进行"党争"，由此影响了整个朝鲜王朝中后期的历史。

二、朝鲜王朝的对外关系

朝鲜王朝在成立及统治的过程中，为了谋求国家与政权的安稳，适时地调整适应东亚国际局势新变化的对外关系，即一方面，与中国先后继统的明朝及清朝建立起了较以往更为典型的"事大"交往关系；另一方面，也与日本、琉球等邻近国家建立起了"交邻"的外交关系。其中，朝鲜王朝对于日本的"交邻"主要是通过互通国书、派遣通信使、在釜山等地开放几个固定的对日贸易口岸及设置倭馆等方式来实现的，而对于琉球等国的"交邻"则是以送还漂流民及文化、贸易往来为主。但最为重要的还是其针对明、清两朝的"事大"关系，下文便就这一方面进行具体介绍。

首先是朝鲜王朝对明的"事大"关系。朝鲜太祖李成桂在开国前，就秉奉"以小事大、保国之道"（《高丽史节要》，辛禑十四年五月丙戌）的理念，开国后更是沿着该理念谨慎处理与已经在中原建立起稳定统治的大明皇朝的关系。比如，其一即位便立即派专使多次请求明朝册封，还"闻皇太子薨"而主动"率其臣制服行丧礼"并"进表奉慰"（《明太祖实录》，洪武二十五年十一月甲午），可谓尽心"事大"，甚至连新国号也请求明太祖封赐，明太祖以"东夷之号惟朝鲜之称最美，且其来远"，而命"更其国号曰朝鲜"（《明太祖实录》，洪武二十五年闰十二月乙酉），由此才有了朝鲜王朝之称。李成桂去世后，其后继之君更是恪守这种对明尊奉的准则，至诚"事大"，恒定延传，恭行藩礼，百事不殆。尤其是当明朝迁都北京之后，朝鲜王朝例行一年三到四次朝贡作为常贡，积极"朝天"，与明朝保持着越发亲密的关系，正所谓"朝鲜益近而事大之礼益恭，朝廷亦待以加礼，他国不敢望也"（《明史·朝鲜传》）。当然，朝鲜王朝对明的这种诚挚与亲密，除了其所坚守的"事大"之礼的原则要求外，还附加有"慕华"之情的注入，即视明为中华正统，对明在思想上具有强烈的文化认同感；与此同时，明朝也尽显"字小"之义，信任朝鲜王朝的忠诚，也念其为"礼仪之邦"而常常对其优待、礼遇，特别是在1592—1598年发生的"壬辰战争"（即日本关白丰臣秀吉发动的侵朝战争）期间，还专门派兵对其支援，助其复国，这就更使得朝鲜王朝对明感恩戴德，认同感进一步加强，从而使其对明"事大"主义思想达到了巅峰状态。①

与朝鲜王朝终明一世对明无限尊奉、认同相比，其对接续明朝定鼎中原的清朝却在较长时间内都保持着近乎逆反的态度。早在1627年及1636年即清朝（后金）尚未入关之前，便先后发动了旨在征服朝鲜王朝的"丁丑之役"及"丙子之役"，迫使朝鲜王朝最终与之签订"城下之盟"，转奉清朝为正统。然而，朝鲜王朝对这个以军事武力得来的正统宗主，虽然此后也不得不按例朝贡"事大"、敬行藩国臣礼，但并不真心信服，甚至反感乃至憎恶。朝鲜君臣在意识中根深蒂固地认定清朝乃野蛮的女真人所建，由此认为清朝入主中原，使得乾坤易位、华夏颠倒、中华沦亡，而只有其尚保存着"华风"的余韵，即所谓的"小中华"，故不正视乃至鄙视清朝统治下的中国。这种既要在礼仪上规范"事大"又在思想上总不认同的复杂的双轨制心理，长期伴随着朝鲜王朝对清朝的关系处理；直到18世纪后半期北学派及其思想产生后，朝鲜王朝的一些有识之士开始尝试重新认识清朝，才逐渐在先前对清的思想及态度上有所转变。②

三、朝鲜王朝后期的逐渐衰落

17世纪以后，伴随着"壬辰战争"及清朝的两次征服战争所带来的巨大创伤，朝鲜王朝进入后期发展阶段。在这一阶段，战争的破坏严重削弱了朝鲜王朝的国力，也打乱了其原有的社会秩序；尽管如此，进入中央层的"士林"却仍在频繁上演朋党政治的你攻我伐，从最初形成的东人党与西人党，到后来分裂演化成所谓的南人、北人及老论、少论等党派，"党争"与"内讧"加剧了朝鲜王朝王权的弱化。与此同时，在社会结构层面，下层民众特别是奴婢阶层通过各种途径进行身份的上升，致使朝鲜

①孙卫国：《论事大主义与朝鲜王朝对明关系》，《南开学报》（哲学社会科学版）2002年第4期。

②孙卫国：《朝鲜王朝对清观之演变及其根源》，《廊坊师范学院学报》（社会科学版）2017年第3期。

王朝原有的社会身份制度发生变动，并趋于解体；在思想层面，具有启蒙意义的实学思潮的出现，及其所宣扬"经世致用""利用厚生"及"实事求是"等思想[①]，甚至随后还有天主教思想的迅速传播，都猛烈冲击着原有的性理学思想，从而动摇了朝鲜王朝封建统治的根基；此外，政治混乱、封建剥削的加剧，加上灾疫流行所造成的社会矛盾、阶级矛盾的尖锐化，致使民众反抗及起义频发，进一步冲击了朝鲜王朝摇摇欲坠的统治基础。这一切，都集中展现了朝鲜王朝正逐步走向衰落的趋势；而这种趋势，随着近代的到来，最终在东、西方列强的不断侵扰下落下帷幕。

第六节 近代以后的历史概述

朝鲜半岛的近代史大致始于19世纪60—70年代，也就是朝鲜高宗（1864—1907）即位以后。由于朝鲜王朝后期与晚清的中国、幕末的日本一样，都不约而同地实行了闭关锁国的政策，因此逐渐落后于世界发展的潮流，最终无可挽回地沦入资本主义世界体系侵略与殖民的旋涡。

朝鲜王朝最早遭受西方殖民者侵扰是在1866年及1871年先后经历的"舍门号事件""丙寅洋扰"与"辛未洋扰"，当时击垮安东金氏"势道政治"[②]后掌握实权的高宗之父兴宣大院君，在其所主张的"排洋斥和"政策的基调下，积极组织军民挫败了美、法侵略者的图谋，获得了战争的胜利。然而，朝鲜王朝的这种胜利仅仅是暂时的，而这种西方列强的小规模侵略也只是疥癣之疾，因为还有给予其切肤之痛的卧榻之虎，这就是日本。如上所述，日本虽也曾遭遇西方列强叩关侵犯，但在明治维新以后便迅速强大起来，成为新兴的资本主义东方列强。崛起之后的日本很快便暴露了其侵掠扩张的本性，所瞄准的对象首先便是其临近的琉球、朝鲜等国。1876年，日本处心积虑地策划了"云扬号事件"，逼迫朝鲜王朝签订了《江华岛条约》，由此便开始了一步步侵掠乃至吞并朝鲜半岛的步伐：其中，通过1894—1895年中日"甲午战争"及1904—1905年"日俄战争"，日本先后去除这两大障碍，有了全面侵朝的条件；1910年，日本又强迫朝鲜签订了《韩日合并条约》，从而彻底将朝鲜半岛吞并。

面对国弱力微、列强特别是日本侵入的局面，朝鲜王朝及朝鲜人民并未坐以待毙，

---

①潘畅和：《北学派的实学思想及其启蒙意义》，《东疆学刊》1991年第2期。

②朝鲜王朝后期的"党争"是以安东金氏一族一家独大结束，该家族自纯祖（1801—1834）即位后开始，数十余年独揽大权，即建立了所谓的"势道政治"。

图11-10 《江华岛条约》的签订

而是曾进行了一系列革新及反抗行动：从1882年的"壬午兵变"到1884年的"甲申政变"，从1894—1895年的"东学"农民起义与"甲午改革"到1895年以后的反日义兵斗争，从19世纪末20世纪初各种政治社会团体的爱国独立运动到1919年的"三·一"运动，从大韩民国临时政府及其领导下的抗日武装（光复军）到朝鲜共产党及其领导下的抗日武装（革命军）等，这些行动有成功或胜利的经验，也有失败的惨痛教训，而正是这些经验和教训，在沉重反击了侵略者、殖民者的同时，也促进了朝鲜民族的觉醒，指引其逐渐走上了独立自主之路。

图11-11 朝鲜"三·一"运动

1945年第二次世界大战结束，朝鲜人民作为胜利者一方彻底摆脱了日本的殖民统治。1948年大韩民国与朝鲜民主主义人民共和国先后成立，由此却开始了朝鲜半岛南、北对抗与民族分裂的局面，直至今日。

第十二章　朝鲜半岛的语言与文字

如上所述，朝鲜半岛由于特殊的地理位置，素来与中国存在着千丝万缕的联系。其中，语言和文化中的中国因素更是不胜枚举。目前半岛国家拥有自己的语言和文字，但是在15世纪中叶以前，即朝鲜王朝第四代王世宗大王（1418—1450）创制"训民正音"之前，汉字是朝鲜王朝的官方通用文字，史书、文集等都是用汉字写成并保留下来的。因此，直至现在，汉字和汉字词在朝鲜半岛的语言和文字中仍占有很大的比重。我们知道在朝鲜半岛广泛使用汉字的过程中，约从3世纪开始出现了借用汉字的发音和语义来标记本民族语言的特殊文字形式——口诀、乡札和吏读，吏读文是其中使用较为广泛、较为典型的一种，它是借用汉字的音和义，按照本民族语言的语法来标记汉文典籍的文字形式。近现代以来，随着国际社会的发展与经济交往的密切，朝鲜（韩）语的词汇构成中除汉字词、固有词外吸收了很多外来语，这类词汇大部分是直接使用朝鲜（韩）文标记而成的，统称为外来词。本章按照朝鲜半岛语言历时发展的纵线与语言特征和词汇构成的横线，进行交叉介绍。

第一节　汉字与汉字词

关于汉字是何时传入朝鲜半岛，至今学界尚无定论，但相关文献表明，汉代起朝鲜半岛上的古代政权集团就与中国展开了频繁且深入的交往。公元前108年汉武帝灭卫满朝鲜而设"汉四郡"后，大批汉民族迁入朝鲜半岛居住，汉字与汉文化也随之传入并发展。最为有力的证据就是《三国史记·高句丽本纪》中记载的高句丽琉璃王子所作《黄鸟歌》："翩翩黄鸟，雌雄相依。念我之独，谁其与归。"据载这首简短的汉字诗歌作于公元前17年10月，由此可见汉字在当时已被广泛使用，而且已经成为朝鲜半岛的正式书面语。约5世纪开始，朝鲜半岛的史书记载等方面开始广泛使用汉字，汉字逐步渗透到朝鲜民族的语言文化之中。

儒学的传播也是汉字得以广泛使用的重要原因。三国时期的高句丽于372年设立太学，讲授四书五经等儒学典籍。到了高丽时期开始效仿中国实行科举取士制度，于是学习汉字、熟练掌握汉文书写成为追求身份与地位的必要手段。此时汉字不仅是国家官方使用的唯一文字，而且大量的汉字词也涌入了百姓的日常生活，加速了汉字在朝鲜半岛的普及。时至今日，现代朝鲜（韩）语中汉字词仍然占据相当的比重。

将汉字使用推向巅峰的是朝鲜王朝时期，朝鲜太祖李成桂对明王朝施行"事大"政策，同时对周边女真、蒙古及琉球施行"交邻"的怀远政策。鉴于此，官方以司译院为中心设立推广四学（汉、清、蒙、倭），其中又以汉学教育为主，培养了大批汉语人才，以便与明朝进行政治、外交、文化、经济等多方面交流。例如，目前已被发掘的明、清两代的"使华录"[①]作品中大部分都是用汉文写成的，其中很多记载了与中国文人的交流，即"笔谈"文学作品数量惊人。换言之，当时出使中国的朝鲜王朝使臣（除译官外）虽然言语不通，但只要拿出纸、笔便可以交流，甚至能与一些中国文人进行诗词对答。更为有意思的一点是，担任朝鲜使团正使、副使及书状官的人员必须精通诗词歌赋，这是因为在觐见中国皇帝和清朝大臣的时候往往要进行诗词唱和，所以为了极力展现出对宗主国的"事大"遵从与"东方礼仪之国"的文化修养，汉文诗词的创作水准是选任使臣的重要考量标准之一。汉诗文的发达不仅说明了朝鲜半岛汉字的普及程度，也代表着汉字应用水平的高度发展。

但毕竟中朝（韩）两国语言分属不同语系，语言和文字的不统一也给百姓日常生活、表情达意带来了诸多不便。所以到了15世纪中叶，朝鲜王朝第四代王——世宗大王创制了民族文字——"训民正音"。从此，朝鲜半岛上便并行两套书写系统，但汉字仍然占主要地位。19世纪末在西方坚船利炮的打击下，封建落后的中国逐渐丧失了东亚文化圈的领导地位以及由此保有的文化话语权和影响力。随着朝鲜（韩）民族的民族主义意识的觉醒，汉字在朝鲜半岛的尊崇地位开始动摇。虽然在现代朝鲜（韩）语中很难见到汉字，但汉字词汇的使用并未消除。这是因为，世宗大王在创制朝鲜（韩）文字时除了是为了书写记录民族语言之外，附带动机是"正确"标记汉字的读音。因此，我们今天在朝鲜（韩）语中虽难觅汉字之"形"，却常闻汉字之"音"，这就是汉字词。

朝鲜（韩）语汉字词从起源上大致可分为中国汉字词、日本汉字词、朝鲜（韩）语

---

① "使华录"是指在中国的元、明、清三个朝代（历时七百多年）来到中国京城的朝鲜使臣将其在华期间的见闻、感悟自由地有创意地记录下来的一系列使行作品的总称（约有五百种）。引自徐东日：《朝鲜朝使臣眼中的中国形象——以〈朝天录〉〈燕行录〉为中心》，中华书局2010年版。

汉字词三类。接下来，我们以李得春先生的研究为基础简单介绍一下以上三类汉字词。中国汉字词（或源于汉语的借词），就是指从汉语借用到朝鲜（韩）语的词和以此为基础派生或合成的词。其中绝大多数的中国汉字词是用朝鲜（韩）语读音规范读的。这类词是朝鲜（韩）语汉字词的核心部分（李得春《朝鲜语汉字词和汉源词》）。例如，평화（和平）、친구（朋友）、발견하다（发现）等。

日本汉字词（源于日本的汉字词）从19世纪后半期开始大量进入朝鲜（韩）语。这类词在20世纪初朝鲜半岛沦为日本殖民地期间发展得尤为迅猛，使用范围也相当广泛。融入朝鲜（韩）语的汉字词中，有日本音读汉字、日本训读汉字，还有日本外来词。[①]例如，형태소（形态素）、철학（哲学）、이성（理性）、총리（总理）、출장（出张）、도시라（便当）等。这类词中有些只能做名词，例如우익（右翼）、객체（客体）等；有些本身既是名词，加上"하다"后缀又可以做谓词，例如발전（发展）、실종（失踪）等。

朝鲜（韩）语汉字词，具体来说可以称为朝鲜（韩）语自产汉字词，是结合汉字之意和朝鲜（韩国）本土语言习惯而成的一类词。例如한화(韩货)，是"韩币""韩元"的意思，但却用"货"来指称货币。这类词自身是可以划定语义界限的。

以上将朝鲜（韩）语汉字词进行了三种分类。李得春先生也讲到，这种分类方法不是绝对的，从现代语言的角度出发，还可以有其他分类。关于汉字词在朝鲜（韩）语中所占具体比重的问题，目前学界也没有得出一个确切的数字，占比为百分之六十至百分之七十。最后我们以图的形式简单介绍一下汉字词的构词分类方式。[②]

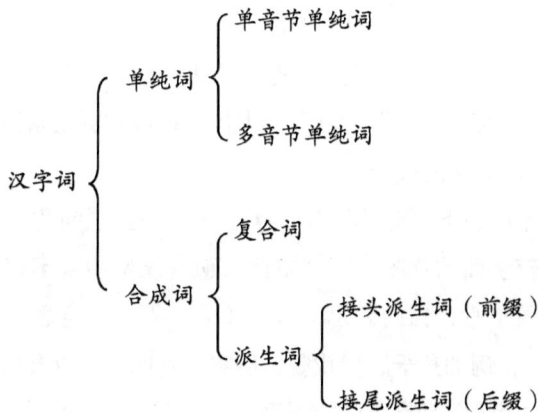

图12-1 汉字词的构词分类方式

---

①李得春：《朝鲜语汉字词和汉源词》，《民族语文》2007年第5期。

②朴爱华：《汉字在韩语汉字词中的发展变化研究》，南开大学2012年博士学位论文。

图12-2 朝鲜半岛的汉字

第二节 吏读

如上文所述，汉字在传入朝鲜半岛初期是作为书面语来记录半岛的历史文化。然而汉字遵循的是中国的汉语音韵和语法结构，为了能用汉字来标记自己的民族语言，"吏读"就应运而生了。所谓"吏读"指的就是借用汉字的音和训按照朝鲜语的语序和语法进行标记的方法。《帝王韵记》称之为"吏书"，《大明律直解》称之为"吏道"，郑麟趾在《训民正音》的序文中及《朝鲜世宗实录》中均称之为"吏读"。此后的文献中对其叫法也多有不同，主要有"吏头"和"吏吐"（《儒胥必知》）、"吏札"（《东国舆地胜览》）、"吏文"（《典律通补》）等。

其中最常使用的就是"吏读"。"吏"就是"胥吏"的"吏"，主要指的是封建社会中的中层阶级；"读""道""头""吐"，大体上可以推测是来源于"豆"，即添加黏着在实词后面表示语法意义的成分。

在这里我们有必要探讨一下"吏读"与汉字、汉文的区别问题。有学者曾经归纳出四点，我们认为是比较全面的：第一，"吏读"包含汉文中看不到的汉字，例如畓（답，水田的意思），獗（괭，猫的意思），乭（돌，石头的意思）等；第二，"吏读"具有自己独特的词汇，例如角干、伊伐餐、伊餐（官职名）以及所夫里、乌斯含达（古代地名）；第三，"吏读"具有自己的语序，其语序与汉语不同，却与今天的朝鲜（韩）语的语序完全相同；第四，"吏读"在表示实质意义的词语后面添加表示语法意义的助词。[1]这一点正如前面提及的"豆"一样，"吏读"文的句子语法关系是通过实

---

①安炳浩、尚玉河：《韩语发展史》，北京大学出版社2009年版。

词后面的黏着部分实现的，而汉文则是通过语序的变化。下文我们就拿《大明律直解》中的一段"吏读"译文为例说明。

凡官吏亦 擅自离职役为在乙良 笞四十为乎矣 难苦为去向入回避为要
因而在逃为在乙良 杖一百 停职不用为旀 所避事重为在乙良 各从重论罪齐

《大明律》原文是"凡官吏擅自离职役，笞四十。难苦回避，因而在逃，杖一百，停职不用。所避事重，各从重论罪"。译文中的画线部分"亦""为在乙良""为乎矣""为去""向入""齐"分别表示主格、连谓形、谓词形、连体形等语法意义。[①]

"吏读"到底是何时诞生的呢？《帝王韵记》和《大明律直解》等一些史书记载"三韩时薛聪所制方言文字谓之吏道"，但是在薛聪之前"吏读"就已经出现了，只不过是他对其进行了规范化和系统化的整理。所以说薛聪创制了"吏读"并不准确，这种借字标记的文字系统是由使用它的社会阶层——"吏"结合汉字的音、训和朝鲜（韩）语的语序逐渐形成的，并非由某一人创制。

第三节 训民正音

朝鲜半岛的语言文字生活具有明显的等级特征，汉字是供上层贵族阶级使用的，"吏读"是供中层知识分子使用的，而下层老百姓则被排斥在文字生活之外。为了解决这个问题，1443年朝鲜世宗大王李祹召集集贤殿的学者苦心研究创制出了朝鲜（韩）民族自己的文字——"训民正音"。《朝鲜世宗实录》中记载了"训民正音"确切的创制时间为世宗二十五年（1443）12月庚戌：

是月，上亲制谚文二十八字，其字仿古篆，分为初中终声，合之然后乃成字，凡于文字及本国俚语，皆可得而书，字虽简要，转换无穷，是谓《训民正音》。

这段篇幅不长的记载中传递了很多信息，"训民正音"分为初声、中声、终声共28个音，三者"合"，即拼在一起组成字，通过初声、中声、终声的组合可以拼写出"文字"和"俚语"。这里的"文字"应该指的就是汉字，而"俚语"就是本民族的语言，从中我们可以得知"训民正音"是一种表音文字，是与表意文字的汉字最大的区别。这一属性也说明了其特点"字虽简要，转换无穷"，与汉字相比要简单得多，

---

① 朱松植：《汉字与朝鲜的吏读字》，《延边大学学报》（社会科学版）1987年第4期。

便于老百姓学习，这也是世宗大王创制"训民正音"的初衷。《训民正音》序言部分是这么记载的：

> 　　国之语音，异乎中国，与文字不相流通，故愚民有所欲言而终不得伸
> 其情者多矣。予为此悯然，新制二十八字，欲使人人易习，便于日用耳。

　　由此可见，"训民正音"意为"用正确的发音来训导民众"，这种文字易于被广大人民群众掌握和使用。朝鲜世宗二十八年（1446），集贤殿大学士郑麟趾在《训民正音解例》序中也讲到：

> 　　癸亥冬，我殿下创制正音二十八字，略揭例义以示之，是谓训民正音。
> 象形而字仿古篆，因声而音叶七调。三极之义，二气之妙，莫不概括。

　　"训民正音"由28个字母组成。首先，五个基础初声（ㄱㄴㄷㅅㅇ）是依照人体发音器官的形状创制，其余则是在其基础之上添加笔画而成；其次，三个中声字母（·ㅡㅣ）则分别代表天、地、人，取天圆、地平、人立三者和谐共生之意；最后，终声复用初声。下面，我们参照世宗大王在《训民正音例义》中的阐释仔细说明[1]：

> ㄱ 牙音如君字初发声 并书如虬字初发声
>
> ㅋ 牙音如快字初发声
>
> ○ 牙音如业字初发声
>
> ㄷ 舌音如斗字初发声 并书如覃字初发声
>
> ㅌ 舌音如吞字初发声
>
> ㄴ 舌音如那字初发声
>
> ㅂ 唇音如彆字初发声 并书如步字初发声
>
> ㅍ 唇音如漂字初发声
>
> ㅁ 唇音如弥字初发声
>
> ㅈ 齿音如即字初发声
>
> ㅊ 齿音如侵字初发声
>
> ㅅ 齿音如戌字初发声 并书如邪字初发声
>
> ㆆ 喉音如挹字初发声

---

①安炳浩、尚玉河：《韩语发展史》，北京大学出版社2009年版。

ㆆ 喉音如虚字初发声 并书如洪字初发声

ㅇ 喉音如欲字初发声

ㄹ 半舌音如闾字初发声

ㅿ 半齿音如穰字初发声

ㆍ　　　　如吞字中声

ㅡ　　　　如即字中声

ㅣ　　　　如侵字中声

ㅗ　　　　如洪字中声

ㅏ　　　　如覃字中声

ㅜ　　　　如君字中声

ㅓ　　　　如业字中声

ㅛ　　　　如欲字中声

ㅑ　　　　如穰字中声

ㅠ　　　　如戌字中声

ㅕ　　　　如彆字中声

　　由此可见，世宗大王在创制"训民正音"时的主要参照物还是中国的汉字及汉字音韵，而且认为创制"训民正音"不仅可以拥有自己民族的文字，也可以正确规范朝鲜（韩）语中的汉字音。世宗大王创制"训民正音"的过程很艰辛，而且社会环境也十分复杂，受到了来自多方的阻力。语言与文字不一致对一个民族的老百姓来说是一件十分不方便的事情，但为何在创制新文字的时候会困难重重呢？简单来说，这主要是由于朝鲜王朝历来奉行"事大"主义，尊明朝为中华"天朝上国"，更是将学习使用汉字与汉文化看成文明、身份的象征。虽然朝鲜是"东夷"，却因使用汉字，学习汉文化，承袭儒家传统而自认为是优于他族，最接近"华"的"夷"。当时，反对呼声最高的集贤殿大学士崔万里（？—1445）的反对理由是："自古九州之内，风土虽殊，未有因方言而别为文字。惟蒙古、西夏、女真、日本、西蕃之类，各有其字，是皆夷狄事耳，无足道也。"不使用汉字而有自己的文字在当时看来是"夷狄"之事，这是自认为同属中华文化圈，甚至以"小中华"自居的朝鲜社会所不能接受的事情。因此，为了阻挠颁布实施"训民正音"，朝鲜王朝的儒生们还进行了一番抵抗、静坐示威活动。但不管怎么样，世宗大王创制民族文字的决心没有动摇，1446年正式颁布"训民正音"后，朝鲜半岛便开始了朝（韩）文和汉文并行的文字系统。由于对比汉字，"训民正音"学习起来更加方便简单，所以在下层民众中的普及率很高，但是官方文书、史书等书面记录还是以汉字为主。而且，世宗大王创制"训民正音"也并非要完全取代汉字，而是作为朝鲜（韩）语书面语的补充，这也是符合当时的历史背景的。

关于"训民正音"的初声、中声、终声三者是如何组合拼音的，我们再结合《训民正音解例本》和《训民正音制字解》中的相关内容简要说明一下，以帮助大家更好地理解。

《训民正音解例本》中的《初声解》对"初声"的解释如下：

正音初声，则韵书之字母也，声音由此而生，故曰母。

可知，初声是发声的根本，与前面提及的仿照人体发声器官的形状创制有关。此外，《训民正音制字解》中说："又以声音清浊而言之，'ㄱㄷㅂㅅㅈㆆ'为全清，'ㅋㅌㅍㅊㅎ'为次清，'ㄲㄸㅃㅉㅆㆅ'为全浊，'ㆁㄴㅁㅇㄹ△'为不清不浊。"这是根据发音方法将初声分为全清、次清、全浊、不清不浊音，这与中国古代韵书的划分区别不大。

其次，关于中声，《训民正音制字解》中说"中声凡十一字，·舌缩而声深，天开于子也，形之圆，象呼天也。一舌小缩而不深不浅，地展于丑也，形之平，象乎地也。丨舌不缩而声浅，人生于寅也，形之立，象乎人也，此下八声一阖一辟……"，将中声结合大自然，天干地支说进行了详细的解释，说明"训民正音"不仅合乎音韵理论，而且符合天地阴阳、自然万物的和谐相生。

关于终声，《训民正音解例》中的《终声解》说"终声者，承初中而成字韵。……舌、唇、齿、喉皆同"，其出自初声字，根据不同的发音添加在初、中声后面（下面）。终声的构成相对比较简单，却是"训民正音"与汉字音韵最显著的区别，也是最具特色之处。

世宗大王创制"训民正音"对朝鲜（韩）语文化的发展产生了巨大的影响，同时也为朝鲜半岛留下了很多文学文化遗产。比如，朝鲜（韩）文小说的出现与繁荣。

此外，20世纪以后朝鲜（韩）文"한글"取代汉字汉文成为半岛上唯一的文字书写系统，"训民正音"的创制在考证朝鲜（韩）语的发展史上也具有十分重大的意义。因此，韩国政府将每年10月9日确定为韩字节，韩国国际化财团还在世界各地创办"世宗学堂"，纪念世宗大王的丰功伟绩以及致力于推广韩文。

图12-3 《训民正音谚解本》（摄于韩国首尔世宗文化会馆）

图12-4 《训民正音解例本》（摄于韩国首尔世宗文化会馆）

第四节 外来词

外来词，也可称为外来语，字面意思就是指从别的语言中吸收使用的词汇。按照这个逻辑，汉字词在朝鲜（韩）语中也算是"外来词"，但是由于汉字词对其影响之深，通常我们说朝鲜（韩）语中的外来词，主要指的是从别的语言中吸收而来的非汉字词汇。可以说，任何一种语言受到这个国家民族的地理位置、历史文化、对外交流等因素影响，对不同外来词的吸收情况是不一样的。朝鲜半岛的情况也不例外。

首先是地缘因素，与中国接壤的朝鲜半岛北部和东北部是女真族生活的区域，从高丽王朝开始朝鲜半岛国家就一直致力于北疆开拓事业，在此过程中和北方诸民族发生过战争，也由于暂时的政治军事需要进行过经贸交流。前面我们曾提到过，蒙古、女真、鲜卑等民族先于朝鲜拥有自己的语言和文字，所以在与这些民族或战或和的时间长河中，朝鲜（韩）语中也多少留下了这些语言的痕迹，其中比较常见的是蒙古语和女真（满）语。

例如，有语言学者考证韩语中的 "말"（mal），马，汉字词"马"是"마"（ma）没有韵尾，但是与蒙古语的"mori"相似，所以"말"来自蒙语更可信。

来自女真（满）语的词语在朝鲜的历史文献中也多有记载：

《龙飞御天歌》（1445年）第四章解释朝鲜（韩）语"두만강"的渊源曰："女真俗语谓万为豆漫，以众水至此合流，故名之也。"女真语【t'umen】借为朝鲜（韩）语分为两个词，一是变义为"千（즈믄）"，一是仍保留原义，成为专有名词"图们江（두만강）"。[①]

《东国舆地胜览》（1480年）端川郡条曰："磨天岭在郡东六十六里，旧号伊板岭。女真人谓牛为伊板，俗传昔有人卖犊于山下，其母牛寻犊逾岭，牛主迹之而至因为路，故名。"此外，这部书中对"双介院""罗端山"等地名的解释都来自女真语，在此不一一列举了。

正如上文《东国舆地胜览》中的记载，朝鲜半岛北部的很多地名都来自女真（满）语，除我们熟知的"鸭绿江""图们江"之外，还有阿吾地（아오지）、雄基（웅기）、西水罗（서수라）等。

其次是历史因素，我们都知道1910—1945年朝鲜半岛沦为日本殖民地，日本政府在此推行奴化教育，推广普及日语教育，因此朝鲜（韩）语中保留了很多日语外来词。例如벤도（pen to），指的是可以提的摞在一起的多层饭盒，日语发音"bento"，这个多

---

① 李得春：《漫谈朝鲜语和满语的共同成分》，《延边大学学报》（社会科学版）1981年第1、2期。

层饭盒可以将米饭、蔬菜、水果分开装，很"便当"，韩语就借用过来了。还有가마（ka ma）即"锅"，日语的"釜"的发音就是"kama"。再如，오뎅(おでん 鱼饼)、사쿠라（さくら樱花）、사시미（さしみ生鱼片）、다마네기（たまねぎ 洋葱）。此外，还有一些日式汉字词，例如，언도（言渡　宣判）、소매（小賣　零售）、견본（見本　样品）、할인（割引　折扣）等。只不过这些词汇在日语中是训读，在朝鲜（韩）语中则是音读。

　　1945年朝鲜半岛解放（光复）以后，美国的影响进入朝鲜半岛，尤其是今天的韩国，所以英语外来词大量被借用到朝鲜（韩）语中，用朝鲜（韩）语直接标记英语的读音是比较普遍的。英语作为"世界语"进入朝鲜（韩）语词汇系统中，不仅是日常生活用语，在科学技术、通信网络、医药化学等领域也大量使用英语外来词。由于英语外来词数量庞大，我们在此只略举几例说明。

　　　　카피라이터（copywriter）　라디오（radio）　카메라（camera）핸드폰（hand phone）
　　　　커피（coffee）　콜라（cola）　티（tea）　오므라이스(ome-rice)
　　　　월드컵（World Cup）　팬스（fans）　다이어트（diet）　딜레마（dilemma）

　　在使用朝鲜（韩）语直接标记英语发音时，也有无法一一对应的情况，比较典型的就是"f"和"r"两个音，在朝鲜（韩）语中没有相应的发音，所以常以"ㅍ"和"ㄹ"代替。

　　朝鲜（韩）语中的外来词除了来自日语和英语之外，还吸收了一些其他国家和地区的词汇。例如以下几例。

　　法语：모델（模特）마담（夫人）뤼즈（诡计）

　　葡萄牙语：담배（香烟）빵（面包）카스테라（西式点心）

　　西班牙语：츄파춥스（棒棒糖）

　　意大利语：첼로（大提琴）오페라（歌剧）스파게티（意大利面）

　　俄罗斯语：트로이카（三驾马车）툰드라（冻土带）

　　随着全球化时代的到来，朝鲜半岛国家与世界各国家地区的交流日益频繁，这其中必然会产生越来越多的外来词汇，引起新的语言现象的出现，为我们的语言研究不断补充新的研究内容。

第十三章　朝鲜半岛的文学

　　我们知道文学的基本要素不是文字而是语言，如今朝鲜半岛虽然南北分裂成为两个国家，但两国同属一个民族，政治观念或国家体制上的差异并不能概括语言和文字上的差异。它们共同承继悠久的文化遗产，文学的基本形态也别无二致。本章我们按照文学的基本形态在不同历史时期的发展情况进行分类介绍，选取其中具有代表性的作家、作品分析说明。

第一节 诗歌文学

　　朝鲜半岛的诗歌文学起源于何时已无从可考，亦没有考证的必要。"诗"与"歌"由于韵律的存在向来被看作一体，我们在这里将其二者统称为"诗歌文学"，其分为原始歌谣、国文诗歌、汉诗、近代诗歌四个基本形态。原始歌谣，指的是朝鲜原始社会，部族国家时期口头流传的歌谣，目前有确切记载的是《龟旨歌》和《公无渡河歌》。国文诗歌，指的是用吏读（包括乡札）或朝鲜（韩）语创作的诗歌。汉诗，即以汉字为媒介创作的诗歌作品，创作汉诗的多为掌握汉字书写、熟谙汉文化的知识分子阶层。近代诗歌，从时间上划分，指的是20世纪初以后的诗歌创作，形式多为新体诗，这时的创作题材包括民族主义、反抗日本殖民主义侵略、无产阶级觉醒等。

一、原始歌谣

　　大约3000年前朝鲜民族开始群居生活，先后建立了古朝鲜、箕子朝鲜、扶余、韩、濊、貊等部族国家，这些部族国家主要从事农业耕作，也兼渔猎游牧，他们在劳作的过程中产生的带有节奏感的歌谣即原始歌谣。内容多涉及祈愿风调雨顺，反映原始部落人民的朴素信仰，与劳动生产活动密不可分。通过吟唱富有节奏感的歌谣，既可以活跃气氛，减少疲劳，又可以增进部落内部感情，提高生产效率。

《三国志》等古文献记载了朝鲜半岛原始部族经常聚在一起唱歌跳舞的场景，此外，《后汉书》中也记载，早在公元前两千多年，朝鲜歌舞的优美就已经传到了中国本土。而且，朝鲜半岛北部的咸镜北道有一个新石器时期遗址，这个叫先锋郡西浦港遗迹中出土了乐器泥笛子。但是，由于原始歌谣都是口口相传，大部分已经消失，流传下来的唯一一首就是《龟旨歌》。歌谣很短，内容如下：

> 龟何龟何
> 首其现也
> 若不现也
> 燔灼而吃也

这首歌谣收录在一然的《三国遗事》中，据载这是一首关于驾洛国国王首露王诞生的故事。很久以前，南海边有一个没有国家、国王，由九个酋长统治的原始部落，他们便集体唱着《龟旨歌》向上天祈求降临一位国君。突然有一天一声巨响，一个金匣子从天而降，里面有六枚圆形蛋卵，第二天从这六枚蛋中变出了六个男孩子，其中身材魁梧、长相俊秀的一位在月圆之时登上王位，这就是驾洛国王首露王。"首露"二字有"第一次出现"的意思，同时"首"还有"头""头领"之意，这与《龟旨歌》中所唱内容不谋而合。歌谣中给"龟"赋予了自然神力，表达了原始人类的信仰，朝鲜民族传统的巫俗信仰也体现在其中，因此有一种看法是将这首《龟旨歌》归入了巫歌的范畴，当然这与它是原始歌谣并不冲突。

《龟旨歌》是朝鲜半岛现存最早的歌谣作品，说明了朝鲜（韩）民族创作歌谣的悠久历史，也为我们展示了原始歌谣的最初样貌，可谓是珍贵的文学遗产。[1]

此外，《公无渡河歌》也可以算作原始歌谣的代表作，与《龟旨歌》不同的是，这是一首抒情歌谣。《公无渡河歌》又名《箜篌引》，即用乐器箜篌演奏的"引"（曲调的一种），最早发现于中国的相关文献《古今注》《艺文类聚》，然后在《海东绎史》中也发现了相关记载，随后被大家熟知。原文如下：

> 公无渡河
> 公竟（终）渡河
> 坠河而死
> 将（当）奈公何

---

①许辉勋、蔡美花：《朝鲜文学史》，延边大学出版社2003年版，第8页。

关于这首歌谣的故事有很多版本。晋朝崔豹在其《古今注》中记载这首歌谣是朝鲜津卒（看守渡口的隶卒）霍里子高的妻子丽玉所作。有一天凌晨，霍里子高目睹了一位白发狂人手持酒瓶跟跟跄跄地试图过河，而他妻子跟在其身后呼喊着"不要过河"，这位白发狂人却不听劝阻执意过河，最终溺水而亡，他的妻子悲痛欲绝，用箜篌吟唱成曲抒发自己的悲伤之情。霍里子高将这一切告诉丽玉，丽玉也有感而发吟唱此曲，后被邻居一位名叫"丽荣"的女子传唱得以流传开来。但是我们仔细分析后可发现，这首歌谣的作者应该是白发狂人之妻，而非霍里子高之妻丽玉，其实，作者是谁并不是我们关注的重点，关键是歌曲本身是妻子在失去丈夫后个人悲伤情绪的表达。

《公无渡河歌》作为古代原始歌谣还有一个鲜明的特点是其不再反映部落的集体诉求，抒发的是个人情感，这和前文提及的《龟旨歌》是原始部落集体向上天祈求君王的歌谣内容不同之处。这标志着原始歌谣由集体创作向个人创作的转变，由体现集体诉求向体现个人情感转变，歌谣内容也开始倾向于描述原始部落人民的个人生活、感情。最后，从这首歌谣被收录在中国的很多古文献资料中来看，一方面足见它对后世个人抒情歌谣创作的影响力，另一方面看见它在中朝（韩）文学交流史上也占据不可或缺的地位。

二、国文诗歌

国文诗歌（국문시가），这种文学形态的存在与朝鲜（韩）民族的语言和文字发展史密切相关。第十二章我们讲到在15世纪中叶之前，朝鲜王朝世宗大王创制训民正音之前，朝鲜半岛使用的是汉字书写系统，同时也存在借用汉字标记本民族语言的"吏读"。吏读文，形式上看是汉字，却是按照朝鲜语言的语法、语序进行书写记录的，因此以此创作的诗歌作品我们都应当看作有别于汉诗文的国文诗歌。

按照朝鲜语言的发展历程及文学史的顺序，我们在本章节中选取了乡歌（향가）、高丽歌谣（고려가요）、景几体歌（경기체가）、时调（시조）、乐章（악장）和歌辞（가사）几种代表性的国文诗歌形式进行介绍说明。

（一）乡歌

"乡歌"是新罗独特的民族诗歌形式[1]，也是韩国最早的国语文学体裁。最早的乡歌出现在新罗时期，消亡于高丽时期。现存二十五首，其中《三国遗事》收录十四首，十一首载于《均如传》中。《三国遗事》中的十四首乡歌形式和内容多种多样，作者不

---

①[韩]梁柱东先生在《古歌研究》指出："乡歌"是类似于"乡乐""乡语"的一种叫法，是为了区别中国汉诗与印梵呗的一种新罗时期自有的诗歌名称。

同，而《均如传》中的十一首系均如大师（923—973）一人所作，形式固定，收录在《普贤十愿歌》下，均为十行的佛教诗歌。

《均如传》中的11首乡歌不用说，《三国遗事》中记载的乡歌大部分内容都与佛教有关，但风格不同。其中《祷千手观音歌》是祈祷盲儿重见光明的，《祭亡妹歌》是悼念去世亲人的，《愿往生歌》表达的是对极乐世界的向往之情，《慕竹旨郎歌》和《赞耆婆郎歌》是抒发个人倾慕和赞美之情的抒情歌谣，还有《薯童谣》和《风谣》这样的某一集体传唱的童谣和劳动歌谣。此外，还有劝诫他人向善的《遇贼歌》和为统治者所作的《安民歌》。

乡歌的形式可以分为四行、八行和十行三种。除去前面提到的十一首十行的《普贤十愿歌》外的十四首乡歌的形式见表13-1：

表13-1 乡歌的分类

四行	《薯童谣》	《风谣》	《献花歌》	《兜率歌》
八行	《处容歌》	《慕竹旨郎歌》		
十行	《祷千手观音歌》	《赞耆婆郎歌》	《安民歌》	《怨歌》
	《遇贼歌》	《祭亡妹歌》	《彗星歌》	《愿往生歌》

乡歌的创作阶层也是多样的，其中以僧侣为主，比如《赞耆婆郎歌》和《安民歌》的作者忠谈师（新罗敬德王时期），《兜率歌》和《祭亡妹歌》的作者月明师（新罗敬德王时期）。《祷千手观音歌》的作者希明等也是佛教信徒。此外，还有《遇贼歌》的作者永才（新罗元成王时期）等社会上层人物以及不知名的作者。

1443年世宗大王创制"训民正音"之前，朝鲜半岛使用的都是汉字，并且当时新罗与唐朝经济贸易、文化交流往来频繁，唐诗的大量涌入也激发了本土文人创作本民族诗文的欲望。"乡"即本土之意，其中蕴藏着强烈的民族意识。这种强烈的民族意识正是乡歌产生的内在需求。此外，新罗自有其悠久的音乐传统，他的前身辰韩、伽倻等国早已就是"俗喜歌舞、鼓瑟"的国度，留下了丰富的乐歌遗产。《旧唐书》中有这样的记载，"新罗每以八月十五日，设乐饮宴"，曾向唐朝进贡过乐器和乐工，新罗乐和新罗琴（伽倻琴）深受唐人喜爱。新罗这种音乐传统为其文学创作产生了积极的影响。同时，在三国时期，尤以新罗的诗歌风气最为繁盛，特别是"国仙"花郎徒制度的建立，选拔了很多优秀的人才，不得不说这对乡歌的产生发展具有深远的意义。作为新罗时期独特的民族诗歌形式，乡歌创作活跃，但随着12世纪"花郎"制度的衰败、佛教趋于贵族化、汉文化的传播与发展越来越受到重视等一系列复杂的原因，乡歌逐渐失去了创作的土壤，其作为最早的朝鲜（韩）民族定型诗却成为不复存在的文学形态。

（二）高丽歌谣

所谓高丽歌谣，指的是高丽后期出现的独具民谣风格的一批国语诗歌作品。[1]高丽歌谣是通过口口相传的形式被保留下来的，直到"训民正音"颁布之后，《乐学轨范》《乐章歌辞》《时用乡乐谱》等音乐典籍才将其收录在案。但由于朝鲜王朝推崇儒学，舍弃了高丽歌谣中一些反映"世俗"的男欢女爱的作品，所以流传下来的不过十余篇。主要作品有《动动》《归乎曲》《西京别曲》《青山别曲》《理想曲》《双花店》《满殿春》《郑石歌》等。

高丽歌谣的内容多以男女爱情为主，抒情尺度之大与当时的时代氛围密不可分。高丽后期内有武臣政变，外受元朝征服打击，可谓是内忧外患，统治阶层放松了对文化的引导，社会动荡不安，人民生活困顿不堪。由于高丽后期儒家思想对普通百姓的影响力尚未根深蒂固，社会风气还是很自由的，在这样混乱的现实中，追求个人美好情感与排解内心孤独的抒情歌谣就出现了。因此，高丽歌谣的创作始于城市平民阶层，随后逐渐波及社会各阶层，形成了那个时代的一种风潮，而且不同阶层所创作的作品也都反映了那个阶层的独特情感与精神诉求。

朝鲜王朝初期负责整理搜集高丽歌谣的人士认为"男女相悦之词"过滥而对其歌词进行了修改，尽管高丽歌谣中不乏露骨之词，但多是歌颂在黑暗现实中追求美好爱情与永恒思念的人类本性。可以说，高丽歌谣是受到儒家文化影响最少的朝鲜（韩）民族文学样式，将人性本来的情感抒发得淋漓尽致。从文学史的角度来看，高丽歌谣以其创作手法，鲜明的情感表达为我们诠释了朝鲜（韩）民族的美意识，在朝鲜（韩国）文学史上具有重要的研究意义，对后世民族国语诗歌产生了积极的影响。

（三）景几体歌

景几体歌又可称为翰林别曲体或景几何如体，是高丽时期出现的一种特殊的定型诗。"景几体歌"这个名称是由于诗歌中反复出现"景几何如"诗句而来的。最早的一篇作品是1210年出现的《翰林别曲》，据《乐章歌辞》记载，该作品由多位儒生聚在一起，一人一小节合作而成。

高丽时期具有代表性的景几体歌作品是安轴（1282—1348）的《关东别曲》和《竹溪别曲》。安轴，字当之，号谨斋，是高丽末期的儒学者，爱国爱民的国家重臣。高丽肃宗王时乡试及第，后忠肃王十一年（1325）应中国元朝科举及第，曾任江原道存抚使，《关东别曲》就是对那时关东地方的八大名胜古迹的描写。通过细致刻画景色的美，抒发了文人阶层对国家山河的自豪感。

---

[1]许辉勋、蔡美花：《朝鲜文学史》，延边大学出版社2003年版，第181页。

景几体歌是高丽后期贵族统治阶级腐化生活的产物。前文已提及，高丽末期社会动荡，内忧外患，上层文化领导力减弱，逐渐形成了追求个人享乐、虚度光阴的风气，景几体歌就这样在仕途文人阶层流行开来。景几体歌的内容多为赞美山水景致，抒情感伤，也是文人之间饮酒助兴，炫耀文采、学识的工具。因此，景几体歌的影响力并未波及社会其他基层，也注定了它短暂的生命。

（四）时调

时调是继乡歌、景几体歌之后出现的又一朝鲜（韩）民族定型诗歌。最早的时调大约出现于高丽后期，并历经朝鲜王朝近五百年间的集中创作而广为流传，是直到今天依然具有艺术生命力的国语民族诗歌。学界通常将朝鲜王朝时期创作的时调称为"古时调"用来区别近代以后的时调，其实二者在诗歌形式上差别不大，主要区别在诗歌内容。这是由于"时调"，即"时节歌调""这个时节的歌"的意思，内容多样，篇幅短小。通常，时调由初、中、终章组成，每章"3·4"个音节的四个词语（句或段），所以时调的格式可以简单概括为"三章六句"。时调每章约十五个字，全诗共四十五个字左右，亦有"短歌"之称。时调本为音乐用语后被借用成为一种文学形式，因此时调有"平时调""弄时调""辞说时调"还有"江湖时调"等之分类。

高丽末期创作时调的多为贵族文人，其描写对象也相当局限，这个时期的代表作家作品有郑梦周（1337—1392）的《丹心歌》和李芳远（1367—1422）的《何如歌》。郑梦周是高丽末期的儒学者，《丹心歌》表达其忠君爱国的深厚情感；李芳远是朝鲜王朝开创者太祖李成桂的第五子，也是之后承继王位的太宗，他上位后排除异己，为世宗的太平盛世打下了坚实的基础，《何如歌》反映了其强烈的政治主张，号召两班贵族积极适应新社会，追求新生活。由此可见，高丽末期到朝鲜王朝初期的时调作为上层社会文学的特征，其主题也与当时的社会政治紧密相关。此外，该时期创作时调的代表文人还有禹倬（1263—1342）、李兆年（1269—1343）、李存吾（1341—1371）、李穑（1328—1396）等。

朝鲜王朝经过一系列政治事件，完成了王朝的更迭，儒家文化在人们的精神生活中逐渐占据主导地位。朝鲜王朝前期的时调作者也表现出这一创作倾向，宣扬儒家的伦理道德与生活态度、表达人与自然和谐共处的美好愿望的时调作品大量出现。例如，黄喜（1363—1452）的《田园四时歌》、李贤辅（1467—1555）的《归田录》、郑澈（1536—1593）的《训民歌》、朴仁老（1561—1642）的《五伦歌》等25首。此外还有以黄真伊（生卒年不详）为代表的歌妓的时调作品，这些作品主要反映了自己的情感世界，对永恒爱情的追求与安稳生活的向往。

朝鲜王朝中后期历经对清、对日的几次战乱，社会政治也发生了巨大变化，上层士大夫们忧国忧民，以探索国家新出路为主题的时调开始出现，而且时调作为表达情感、言说时局的工具被更多人使用，多样化的作家阶层使得这一时期的时调创作呈现兴盛局面，并且与其他的一些杂歌、民谣等不同的文学形式相互渗透。这一时期的时调作品数量庞大，就不在此一一举例了。

时调在文学史上最突出的价值体现在其强烈的民族主体性，在以汉字为书写系统的时期，能够使用本民族语言创作出时调，而且短短四十余字便可表情达意，其文学价值可见一斑。古时调作品资料主要收录在歌集之中，此外在个人的文集及乐谱中或民间故事集中也有记载。较具代表性的有金天泽（1687—1758）编撰的《青丘永言》，金寿长（1690—？）编撰的《海东歌谣》等。目前存世的古时调作品四千七百五十余首，其中三千三百多首作者可考（分别为四百五十名作者所作），其余一千四百五十多首作者不详。[①]

（五）乐章

乐章一词来自中国，指的是国事活动中使用的非常正式的乐曲歌词。朝鲜（韩）国语诗歌文学史上的乐章指的是从朝鲜王朝初期开始，逢宫中庆典或宴会中使用的配乐诗，属于宫廷音乐的范畴。乐章内容以描写王朝建立的自豪感、祝福国家繁荣昌盛为主，具有较强的政治理念和教化民众的特性。

最早创作的乐章作品是郑道传1393年写的《新都歌》，赞扬了新王朝、新都城的建立。之后比较著名的乐章就是世宗朝时期的《龙飞御天歌》和《月印千江之曲》。《龙飞御天歌》是世宗二十七年（1445）郑麟趾（1396—1478）、权踶（1387—1445）、安止（1377—1464）等人受王命所作，全文一百二十五章，是朝鲜（韩国）国语诗歌史上最早的长篇叙事诗，作品极力宣扬了朝鲜王朝建国始祖的丰功伟绩，并且借用中国历史强调朝鲜王朝与中国的平等地位，引用中国典故劝诫后世君王勤政爱民，祈盼王朝基业永固。结合《龙飞御天歌》的创作背景，其夸张成分似乎有其合理之处，其在朝鲜（韩国）文学史上的价值是值得肯定的。

另外一首《月印千江之曲》是世宗大王在昭宪王后去世后亲自创作的佛教叙事诗。"月印千江"的意思是菩萨普度众生正如月光洒满江河，虽然没有赞扬王业宏伟的内容，却表达了为民众祈祷安康之意。

随着朝鲜王朝统治的巩固，初期之后就没有新的乐章出现，这种功能性和目的性都较强的文学形式也随之消失。

（六）歌辞

朝鲜王朝前期，歌辞是在乡歌、景几体歌、时调的发展基础之上产生的又一国语诗

---

① [韩]赵东一等著，周彪、刘钻扩译：《韩国文学论纲》，北京大学出版社2003年版。

歌体裁。文学史上属于民族定型诗，以"3·4"或"4·4"调为基础，每两句为一组韵文的不分章节的长篇诗体，亦可称之为"长歌"。歌辞内容不受诗歌构成与篇幅的限制，可由作者自由添加或终止，因此有些歌辞作品长达数百甚至数千句。

从历史阶段上大致可将歌辞划分为：朝鲜初期歌辞（15世纪至16世纪）、朝鲜后期歌辞（17世纪至19世纪前半期）和开化期歌辞（19世纪后半期），其中朝鲜前、后期歌辞属于古典诗歌。[①]歌辞的出现和发展与世宗大王创制的训民正音的普及有着密切的联系，大部分作品都是用"한글"创作的，可以说在语言表达上，歌辞才真正算是朝鲜（韩）民族的国语诗歌文学。

朝鲜王朝初期歌辞的主要创作者是士大夫阶层，而他们其中大部分是怀才不遇却满怀希望地徘徊在政权周围的人，他们对现实生活的不满多表现为自由洒脱、远离尘世、安贫乐道，反映这种矛盾心态的作品形成了歌辞文学中独特的"江湖诗歌"。代表作家和作品有宋纯（1493—1582）的《俯仰亭歌》、许橿（1520—1592）的《西湖别曲》、白光弘（1522—1556）的《关西别曲》。提到可以反映这一时期歌辞创作倾向的作品，就不得不提到郑澈（1536—1593），他的《关东别曲》和《星山别曲》写景状物如临实景，尤其是前者对金刚山和东海进行了绝妙描写，借以抒发自己隐逸山林、将一切杂念融入大自然的高节情操，堪称歌辞作品中的杰作。此外，郑澈的《思美人曲》和《续美人曲》也是文学造诣较高的作品，他将男女之间的离别与思念之情和现实的孤独生活巧妙地结合起来，歌辞内容表达含蓄又充满美感。

朝鲜王朝后期歌辞大致以壬辰战争为界，既有对前期创作形成的主流风格的继承，又体现了这一时期新的特点。由于经历"壬辰战争"及"丙子之役"等数次战乱，社会生活变化较大，除了士大夫阶层外，妇女和平民也加入歌辞的创作中，因此这一时期的作品语言变得通俗，甚至庸俗，表达情感的手法也更加露骨，出现了一些讽刺、戏剧性的作品。与此同时，针对现实问题尤其是战争发出的感慨与注重生活写实的内容也被加入到歌辞的创作之中。相关作品有崔晛（1563—1640）的《龙蛇吟》、姜复中（1563—1639）的《为君为亲痛哭歌》等，而最著名的当数朴仁老（1561—1643）的《船上叹》和《太平词》，这两首作品描写的是他参加战争的体验，是非常罕见的将个人与家国共存亡的情感充分表达出来的歌辞作品。朴仁老的《芦溪歌辞》中收录了除上面两篇作品之外，还收集了《莎堤曲》《陋巷词》《独乐堂》《岭南歌》《芦溪歌》五首歌辞，涉及内容广泛，全面体现了朝鲜王朝前、后期歌辞的特征变化。

开化期歌辞指的是19世纪末甲午更张以后包含开化思想内容的歌辞，形式上依然沿

---

① [韩]赵东一等著，周彪、刘钻扩译：《韩国文学论纲》，北京大学出版社2003年版。

用古典歌辞的"3·4"或"4·4"调。开化歌辞主要在《大韩每日申报》或《独立新闻》中刊登传播，大概有六百五十篇，还有不少收录在个人文集当中。[①]最早的开化歌辞作品可以认为是1860年崔济愚（1824—1864）的《龙潭遗词》。1890年之后，随着很多爱国歌辞作品的出现，开化歌辞迎来创作的成熟期。进入20世纪以后，歌辞创作与时事联系得更加密切，尤其是在沦为日本殖民地时期，反抗殖民统治、宣扬民族精神的内容占据主导地位，代表作品有《檀君歌》《绝处逢生》《大虎英雄》《爱国歌》等。此外，还有朝鲜（韩）民族的爱国义士安重根（1879—1910）的《居士歌》都反映出开化歌辞针砭时弊的时代特征。

三、汉诗文学

汉诗是朝鲜（韩）文学史中重要的组成部分，在以汉字为中心书写系统的东亚文化圈中，朝鲜（韩）汉诗文学的创作可以追溯到约一千四百年前。目前流传下来的汉诗作品数量庞大，内容丰富，各个时期的作品也都呈现出不同的特点，本章节中按照时间顺序梳理不同时期的汉诗作品，并列举相关作家、作品。

（一）三国及统一新罗时期的汉诗

现存最古老的汉诗当数高句丽名将乙支文德在萨水之战（612年）时写给隋将宇仲文的诗："神策究天文，妙算穷地理，战胜功既高，知足愿云止。"这首五言律诗《遣隋将宇仲文》，在一种近乎揶揄讽刺的语气中含蓄地将对侵略者的蔑视流露出来，同时也表达了反抗入侵、战胜一切的自信心。此外还有郑法士的《孤石》和新罗真德女王的《太平颂》，前者借孤立在水边、形状奇特的岩石比喻高句丽人民凛凛豪迈、高洁自由的民族品格；后者是真德女王写给唐高宗的，赞颂唐朝统一大业并表达了自己追随强国的意愿。

迥石直生空，
平湖四望通。
岩隈恒洒浪，
树杪镇摇风。
偃流远清影，
侵霞更上红。

---

①尹允镇、池水涌、丁凤熙、权赫律编著：《韩国文学史》，上海交通大学出版社2008年版。

独拔群峰外，

孤秀白云中。

（《孤石》原文）

大（一作巨）唐开洪业，巍巍皇猷昌。止戈戎大定，修（一作兴）文继百王。统天崇雨施，理物体含章。深仁偕日月，抚运迈陶唐（一作时康）。幡旗既赫赫，钲鼓何锽锽。外夷违命者，翦覆被天殃。淳风凝幽显，遐迩竞呈祥。四时和玉烛，七曜巡万方。维岳降宰辅，维帝任忠良。五三成一德，昭我唐家光。

（《太平颂》原文）

我们可以看出汉诗的创作始于7世纪初，这一时期的汉诗主要应用于政治外交，宣扬民族情感，此时汉诗创作尚处于初级阶段，创作者不多，存世作品也寥寥无几，而且都是较为简单的五言律诗。

7世纪中叶进入统一新罗时期，汉诗创作发展很快，并确立了其在朝鲜（韩国）文学史上的独特地位，这其中很重要的一个影响因素就是唐诗。当时唐朝国力强盛，文化繁荣，影响周边国家，统一新罗与唐朝之间的文化交流也非常活跃。新罗采取"读书三品科"的官员录用制度，考试内容都是儒学经典，强化了汉文教育，所以新罗就出现了一批汉文造诣很高的读书人。而且，我们知道唐朝为周边国家的读书人设置了宾贡科，凡及第者均可来朝为官，这对于在身份制度非常严格的新罗社会中挣扎的读书人来说是极具诱惑力的，就这样，带着对大唐文化的崇拜和仕途的憧憬，新罗掀起了留学热潮。因此，统一新罗时期有名的汉诗作者几乎都有留学唐朝的经历，其中最著名当数崔致远。

崔致远，字孤云，857年出生于庆州一个中小贵族家庭，十二岁离家到唐朝留学，及第后在唐朝出仕，二十九岁时结束十七年在外漂泊的留学生活回到新罗。之后在中央和地方为官十余年，四十二岁时归隐，卒年不详。《桂苑笔耕》收录有崔致远的大部分作品，其中包括汉诗、散文等多种体裁。崔致远在中国留学、为官的十七年创作了很多优秀的汉诗作品，如思念故乡的《秋夜雨中》，反映中国社会现实和自己亲身体验的《江南女》《双女坟》《登润州慈和寺上房》《山阳与乡友话别》等。崔致远是新罗时期颇有成就的大诗人，以后的文坛"大家"，许多学者把他推为朝鲜半岛汉文学的鼻祖，朝鲜（韩国）古代现实主义文学的奠基人。①

---

①李岩：《中韩文学关系史论》，社会科学文献出版社2003年版。

（二）高丽时期的汉诗

高丽时期的汉诗文学一般可分为前、后期两个发展阶段。高丽前期，随着汉文教育的发展汉诗文学也较之前更加活跃，尤其是实施科举取士制度之后，文章写作水平和解读儒家经典成为很重要的个人评价标准。而且考量写作水平最重要的一项就是作诗，汉诗写得好其他文章自然不在话下，因此科举制极大地触动了文人们创作汉诗的热情。此外，高丽王朝的统治者为了提高已经科举入仕的官员们的文学水平，还实施了"月科法"，即每人每月至少作诗三首，并算入政绩考核当中。这样以来，高丽的官僚文人们的汉诗创作积极性更加高涨，也促进了汉诗文学的发展。与此同时，一些汉文造诣很高的官僚文人开始热衷于创办私学，即招揽门客，培养扩大文阀势力，如此一来汉诗文学备受青睐，优秀作品也层出不穷。

高丽前期的主要代表诗人有崔承老（927—989）、朴寅亮（？—1096）、郭舆（1058—1130）、李资玄（1061—1125）等，他们的作品体现了这一时期的汉诗创作倾向——通过自然景物与世态人情感慨人生的不同境遇，进而抒发自己的情愫。这个时期最具代表性的诗人要数郑知常（？—1135），他出身低微却天赋异禀，他的离别诗《送人》被后人称为千古绝唱："雨歇长堤草色多，送君南浦动悲歌。大同江水何时尽，别泪年年添绿波。"诗借雨水、大同江水和泪水来描写离别之不舍，雨后长势会更加旺盛的青青碧草又带给人以希望，使得离别的忧伤与重逢的期待交织在一起，从而奠定了整篇诗作的情感基调。

高丽后期，以武臣之乱为契机文阀贵族势力被削弱，模仿主义和形式主义文风衰退，新兴士大夫阶层登上政治舞台。与此同时，文人开始远离政治，专注文学创作，反而促进了朝鲜（韩国）文学史的发展。这正如韩国学者赵润济先生所言："高丽中期以后武人专政，使文人在政界失去了其领地，对于个人来说或许是陷于穷途，但这却使他们获得了一个机会，可以尽情投身于文学，探求文学之真境，高丽文学反而由此获得了繁荣。"[①]在这样背景下，武臣掌权时期的代表诗人是李奎报（1168—1241），他于1193年创作了长篇叙事诗《东明王篇》，批判了新罗以来旧贵族阶层过分崇尚儒教、丧失民族主体性的事大主义倾向，并赞美了以高句丽后代自处的高丽王朝的民族自尊心。全诗采用五言古诗体，共二百八十二行，核心内容就是将东明王奉为神，我们是上天建立的国家，借以表达诗人强烈的民族自豪感，鼓舞了当时处于内忧外患中的高丽王朝的民族意识。

武臣之乱后受到影响的贵族文人怀抱对现实的不满大部分归山隐居，以李仁老、林椿、吴世才、赵通、咸淳、李湛之、皇甫抗等七位贵族文人组成了一个文学团体——

---

① ［韩］赵润济：《韩国文学史》，探求堂2008年版。

"海左七贤"。他们是效仿中国魏晋时期的"竹林七贤",在血腥黑暗的政治统治下,通过隐喻、比兴、用典等手法,曲折且隐晦地表达作者的思想感情。有学者考证,他们在一起吟诵作诗的时间并不长,却一改高丽前期模仿唐诗附庸风雅的风气,忧国忧民、经世致用的宋诗倾向越来越明显。"海左七贤"的咏怀、咏物诗数量居多,咏怀诗主要表现了家园落败、怀才不遇的内心苦闷,又渴望国家中兴的心声;咏物诗则是重在写意,景物描写为辅,善于找到景物与诗人心灵的切合点进而抒情写意。

(三)朝鲜朝时期的汉诗

三国时期产生的汉诗文学在统一新罗时期粗具规模,又经过高丽朝持续不断的发展,进入朝鲜王朝后出现了新的创作倾向与特点。随着"训民正音"的创制与颁布,朝鲜的国语诗歌创作开始盛行,但同时汉诗文学作为朝鲜文学的重要组成部分也受到了各阶层文人的重视,尤其是性理学主导下的朝鲜社会,掌握汉文化仍然是身份的象征。朝鲜朝时期的汉诗发展可以分为前、后期进行探讨。

朝鲜前期的汉诗创作可以分为两大派别——词章派和道学派。文学流派的区别向来与社会政权的分立密切相关,朝鲜(韩)民族也不例外。李成桂1388年威化岛回军发动政变,1392年推翻高丽末代恭让王建立朝鲜王朝,出现了一批开国功臣,他们大权在握,在朝中势力庞大,其后代逐渐形成勋旧贵族阶层。同时,被阻挡在中央朝廷之外的地方士大夫却隐居山林,专念学问而被称为士林阶层。这两大阶层思想意识不同就产生了不同的汉诗创作倾向,勋旧贵族阶层出于政治、外交的需要,倾向于华丽的、赞扬的词章学派;而士林阶层将文学看作修身养性的工具,主张通过文学实现道义的道学派。词章派代表诗人有权近(1352—1409)、徐居正(1420—1488)、成俔(1439—1504)、李荇(1478—1534);道学派代表诗人有金宗直(1431—1492)及其弟子郑汝昌(1450—1504)、金洪弼(生卒年不详),之后有李滉(1501—1570)、李珥(1536—1584)等。虽然词章派和道学派对诗歌的功能和效用具有不同的主张,但他们作为社会上层知识阶层,在将文学看作"载道之文"这一根本立场上是没有区别的。

朝鲜前期的汉诗创作除了上层士大夫阶层外,旁外人(방외인)和女性诗人的作品也值得关注。旁外人,用今天的话简单讲就是"体制外的人",具体来说,朝鲜朝是以儒教立国,身份等级秩序严格,因佛教、道教等异端是非、世祖篡位及士祸等出现了很多被排除在支配体系之外的人。他们的诗歌与词章派和道学派不同,内容多深刻批判和揭露现实社会的黑暗,进而表达自己被排除在"体制之外"的内心挣扎。旁外人的汉诗与他们自由的身份处境一样不受严格的韵律约束,大部分为形式比较自由的杂言乐府体,代表诗人有金时习(1435—1493)、李达(1539—1612)、林悌(1549—1587)、鱼无迹(生卒年不详)等。16世纪以后,出现了以申师任堂(1504—1551)、许兰雪轩(1563—1589)、李玉峰(生卒年不详)、黄真伊(生卒年不详)为代表的女性诗人的

作品，作品内容多是描写男女间缠绵悱恻的爱情，或是反映人情世态的风土及描写自然美景，多是从下层民宗的创作视角出发。旁外人和女性诗人的汉诗创作从一个侧面也说明了汉诗文学发展的繁荣。

朝鲜后期的汉诗文学受到政治、经济、社会变化的影响发生了巨大的变化。首先，壬辰战争和丙子战争爆发后，尖锐地批判社会现实和宣扬爱国主义的汉诗作品层出不穷。如许筠（1569—1618）、权铧（1569—1612）、李晬光（1563—1628）等人的诗作就饱含忧国忧民和忠贞爱国的情感。其次，朝鲜后期汉诗创作阶层不再局限于士大夫，近一步扩大到了中人阶层，包括胥吏、译官和艺人等，他们的作品逐渐成为后期汉诗创作的一股力量，文学史上称之为"委巷"或"闾巷"诗人。18世纪下半叶至19世纪是委巷诗人创作的高峰期，作品多批判现实的不公正、不合理现象，还有歌颂国家山河美景与自身对人情世态的感受。代表人诗有译官李彦瑱（1740—1766）、高时彦（1671—1734）、李尚迪（1804—1865）和千寿庆（？—1818）、张混（1759—1828）等人。

四、近代诗歌创作

近代诗歌在朝鲜（韩国）文学史上通常指的是1894年之后出现的诗歌。这时刚刚爆发东学党起义和"甲午改革"，大韩帝国（1897—1910）开始走向近代反封建、倡导民主主义的道路。政治社会的变革表现在诗歌文学领域就是开化期诗歌的出现。开化期诗歌只是一个广义的概念，在文学表现形式上多呈现出过渡趋势，前面我们提及的歌辞、时调、歌谣在开化期都出现了新的创作形式。近代诗歌最独特的过渡性质的体裁——新体诗也在开化期产生。

新体诗是与之前的定型诗相对应的一个概念，诗体形式自由，但每首诗都有其自身固定的形态，这也是新体诗过渡性的一个特点——"自由中的不自由"。最早发表的新体诗代表作是崔南善（1890—1957）的《太阳致少年》（1908年）。

20世纪初，朝鲜半岛沦为日本殖民地后，日本在文化政治上企图同化朝鲜（韩）民族，但随着1919年"三·一"运动爆发，日本的阴谋并未得逞，相反在朝鲜半岛上掀起了更加活跃的文化艺术活动。其中以诗歌文学最具代表性，其以简短、鲜明的形式，表达出作者反抗日帝、呼唤民族觉醒的爱国情怀，这类作品得到广泛传播。民谣诗派又是当中比较典型的一类。民谣诗派中最具代表性的诗人就是金素月，可以说他的作品达到了朝鲜（韩国）近代诗歌的最高境界。代表作品有《金达莱花》《招魂》《山有花》《金色草坪》《日后》等。我们引用一首至今都深受朝鲜（韩）民族人民喜爱的《金达莱花》来细细品味：

当你厌倦了我

将要离开时

我会静静无言地送你走

采一簇宁边药山的

金达莱花

撒在你即将远行的路上

当你离去时

请一步一步

轻轻踩在为你铺的花瓣上

当你厌倦了我

将要离开时

我至死也不会流一滴眼泪

　　近代诗歌在朝鲜（韩国）诗歌史上处于连接传统诗歌和西方诗歌的过渡发展过程中，是这个时期政治、文化、社会变革的反射物。

第二节　叙事文学

一、神话

　　神话是叙事文学的最初形态，反映了原始人类对自然和社会最初级的思维方式。朝鲜（韩国）的神话传说按照流传方式通常可以分为文献神话和口传神话。文献神话，顾名思义就是收录在古籍文献资料中的神话。朝鲜的古文献主要有《三国遗事》《三国史记》《帝王韵记》《东国李相国集》《高丽史》《应制诗注》等。文献神话大部分是关于朝鲜古代国家建立或开国始祖的内容。比如，古朝鲜的《檀君神话》、高句丽的《解慕漱神话》和《朱蒙神话》、新罗的《朴赫居世神话》、百济的《首露王神话》等。口传神话，指的是口口相传的神话，目前流传下来的主要是巫师们唱的叙事巫歌。叙事巫歌是巫师们在做法事时口诵的一种神歌，通过一定的人物、事件阐释宇宙和人类万物的本源。比如，咸镜道的《创世歌》、济州岛的《初感祭》、庆尚道的《世尊歌》等。由此可见，从内容上看，文献神话和口传神话分别代表了朝鲜（韩国）的建国神话和巫俗神话。

二、小说

15世纪朝鲜（韩国）古典小说的出现与高丽后期稗说有着密切的关系。所谓稗说，是高丽后期出现的形式简短，没有特殊格式，用来记录作者的见闻或感想的故事文学，它可以是真实的也可以是虚构的，属于综合性的散文。稗说是一个比较特殊的文学体裁，在文学史上将其与"小说""杂记""杂说""漫录""野谈"等概念同等对待。15世纪下半叶金时习的《金鳌新话》被看作脱离稗说记录短小故事的范畴，而且具备了短篇小说性质的朝鲜小说文学的开端。但是，正式开启韩文小说创作的是17世纪初许筠的《洪吉童传》。

我们简要说明一下朝鲜（韩国）小说文学出现的几个原因。首先，稗说文学的发展带动了艺术虚构和构成事件手法的成熟。其次，这一时期城市经济发展与人们出现了新的思想美学追求，前期单调的文学形式无法满足更加丰富的物质生活所带来的精神需求。最后，外部原因是受到中国小说的影响。高丽时期，中国的志怪小说和传奇小说大量被介绍到朝鲜半岛，这些对朝鲜小说的创作起到了积极的促进作用。

初期的小说作品具有代表性的有前面提及的许筠的《洪吉童传》，还有金万重（1637—1692）的《九云梦》和《谢氏南征记》。《洪吉童传》的故事结构与朝鲜（韩国）传统的神话中的"英雄故事"相类似，但不同的是洪吉童不是上天安排的神，而是通过自己努力改变命运的人。小说中的洪吉童是被忽视的"庶子"，这与许筠自己的身份境遇相同，在故事中洪吉童反抗嫡庶差别而变身杀富济贫的"盗贼"，拥有上天入地的"神功"，这些都是作者在现实生活中无法实现的幻想，却反映了当时统治阶级内部嫡庶差别给自己带来的痛苦。《洪吉童传》所表现出的社会意识和思想艺术成就应当给予高度的评价，在它之后洪命熹（1888—1968）的《林居正》、黄皙暎（1943—？）的《张吉山》等作品都深受其影响。

金万重的韩文长篇小说《九云梦》是韩国教科书中的必备篇目，也是学习半岛文学文化人的必读作品之一。其以融合儒、佛、道三家的主题思想和发人深省的故事结构在朝鲜国语文学史上占据重要地位，给后世小说创作带来了深刻的影响。有学者将《九云梦》看作幻梦小说或梦游录，作品大部分篇幅都是主人公杨少游的梦境描写，但是朝鲜叙事文学中的托梦的叙事结构由来已久。例如，《三国遗事》中的《调信传》、金时习的《南炎浮洲志》和《龙宫赴宴录》等汉文作品，都以"梦境"为媒介展开故事情节。金万重正是借用了传统的梦的形式创作了这部内容精彩、情节感人的作品。他的另一部作品是《谢氏南征记》，这是他专门为母亲消遣而写的以家庭妻妾之间的矛盾故事为主要内容的小说，对后世的家族小说产生了巨大影响。

朝鲜（韩国）小说文学中还有一类比较特殊的"盘骚俚"小说。"盘骚俚"音译自"판소리"，指的是一种朝鲜庶民的传统说唱音乐形式，"盘骚俚"小说就是朝鲜王朝后期出现的庶民艺术的精华，其代表作品有《春香传》《沈清传》《兴夫传》《兔子传》等。这类小说的内容多种多样，主题不尽相同，但都采用诙谐、讽刺的修辞手法，反映了生活在社会底层人们的情感诉求和美好愿望。语言明快、口语化倾向这一点，与朝鲜王朝初期的小说相比更加接近近代小说。

三、新小说的出现

"新小说"一词来源于中国和日本，1889年日本刊行了名为《新小说》的杂志，1902年梁启超在中国也创办了杂志《新小说》，朝鲜半岛在1906年2月的《大韩每日申报》上刊登了关于《新小说》的广告之后，同年7月李人植《血之泪》开始在《万岁报》连载。此后，"新小说"一词正式作为一种文学体裁被大家熟知，"新小说"的创作也随即展开。而日本和中国的"新小说"只是杂志的名称，并未发展成一种小说创作形式。"新小说"具有以下五个特征。

第一，近代性的主题。"新小说"全面提出以文明开化、自主独立为目的的近代化倾向。

第二，现实性的素材。"新小说"以当代社会生活为背景，人物、事件等均具备现实意义。

第三，言文一致的文体。与前代小说汉文、韵文夹杂不同，"新小说"讲求语言和文字的统一。

第四，客观性的叙述。克服前代小说叙事上的主观性、抽象性，更加强调客观性的描述。

第五，启蒙性质的事实主义创作手法。"新小说"以反映社会现实为原则的同时也要体现出多种启蒙性质的事实主义创作手法。

"新小说"的代表作家、作品有李人植（1862—1916）的系列作品《血之泪》（1906）、《鬼之声》（1908）、《雉岳山》（1908）、《牡丹峰》（1913）、《银世界》（1913）等。李海朝（1869—1927）的《自由钟》（1910）、《月下佳人》（1911）、《花世界》（1911）、《花之血》（1912）、《村外村》（1912）、《弹琴台》（1912）等。此外，崔瓒植（1881—1951）的《春梦》，以及金教济（1883—？）的《显微镜》《镜中花》《牡丹花》等作品，都是"新小说"中的优秀作品。

第三节 使行文学

　　"使行文学"是近年来提出的文学概念，之前有学者曾使用过"使节文学"一词。"使行"指的是在中国的元、明、清三个朝代历时七百多年的时间里来华朝贡的朝鲜（或高丽）王朝使臣们的中国旅行。具体而言，明代称为"朝天"，清代称为"燕行"。"使行文学"指的就是朝鲜（高丽）王朝使臣将其在使行途中的见闻、感受自由记录下来的一系列如《朝天录》《燕行录》等文学作品。目前整理出来的作品有五百多种，收录在2001年韩国东国大学林基中教授主编的《燕行录全集》（一百卷）和2008年出版的《增补燕行录》（五十卷）中。

　　"使行文学"作品具有体裁多样、作者层次多、年代跨度大等特点，内容涉及中国的政治、社会、经济、地理、历史、教育、科技、民俗、建筑等多方面，文学作品形式也以日记体为主，兼有诗歌、小说、杂记等，作品语言以汉文为主，少量的使用朝鲜谚文写作而成。朝鲜后期的实学派文学也在其中可以找到，例如洪大容的《湛轩燕记》、朴趾源的《热河日记》等。

　　使行文学是朝鲜王朝使臣以一个外国人的视角来认识中国的一手资料，其中提供了大量珍贵的、生动的中国史料，不仅弥补了明、清时期中国史料的不足，也可以从中挖掘出朝鲜（韩）民族对中国形象认识的嬗变过程。这一特点使得使行文学具备了跨学科研究的重要意义，有待更多的文学研究者投身其中。

图13-1 《燕行录》古本

图13-2 韩国东国大学林基中编《燕行录全集》一百卷本

第十四章　朝鲜半岛的文化与艺术

　　文化与艺术是人类用勤劳的双手和聪明的头脑长期创造的产物，它们既是一种社会历史现象，又是人类发展史的积淀物。任何一种文化和艺术形式都不是孤立存在的，必然在孕育它们土壤中相互作用、共同发展的。朝鲜（韩）民族在漫长的生产生活中与周边民族进行文化交汇，逐渐形成了自己独特的文化与艺术形式。

第一节　服饰文化

　　衣食住中，"衣"排在首位，服饰中既包括物质文明的发展，又蕴含精神文明的象征。朝鲜（韩）语中有句俗语："옷이 날개라."字面意思是"衣服是翅膀"，也就是我们说的"人靠衣装"，可见朝鲜（韩国）人对服饰的重视程度。朝鲜（韩）民族还有"白衣民族"之称，这是源于对太阳神的崇拜，"白色"是最纯净的颜色，也是朝鲜（韩）人最喜爱的颜色。在儒家文化根深蒂固的朝鲜半岛，传统服饰文化中也处处体现出身份、等级、功能等方面的差别。

　　朝鲜（韩）民族的传统服饰——"韩服"（国际上统称"Hanbok"），受到中国的"汉服"和"唐装"及"蒙古族服装"的影响最终定型于朝鲜王朝时期。按性别可以分为男式韩服和女式韩服。男式韩服主要由纱帽、马褂外套、裤子、布袜、鞋或靴子组成；女式韩服主要由短上衣、裙子、长衣带、足套、鞋子组成。男式韩服的主要特点是线条平直，下衣裤子宽大，便于盘腿席地而坐。女式韩服主要强调曲线美，注重凸显女性圆润、柔和的身体美，裙子多为连衣、高腰，可以很好地遮挡身体比例上的缺陷，长衣带垂落在裙子前面，显得更加自然和飘逸。衣服色彩方面，男式韩服注重显示品味、稳重，女式韩服则讲究色彩搭配，纹样华丽，以此体现优雅和高贵。

　　韩服种类很多，按照用途可以分为仪式礼服、日常服、劳动服等。仪式礼服指的是人们在参加特定仪式时穿的特殊礼服，主要包括出生礼服、婚礼礼服、寿衣、丧服等。尤其是孩子出生满月时要给他穿上第一件衣服——胎衣，要使用家族中长寿、德高望重的男性长辈的旧衣服制成，象征着孩子可以传承祖先美德，健康成长。此外胎衣在孩子日后考试、上战场等重要时刻要随身携带，寓意保佑他一切顺利。日常服就是根据季节穿不同的衣服，春秋是蚕丝衣，夏季是苎麻衣，冬季是棉衣。劳动服就是从事农业劳作或是其他劳动时穿的衣服，多以粗布、麻料制成，结实耐磨。

图14-1 韩服（笔者摄于韩国首尔）　　　　图14-2 男式胎衣和布袜

第二节 饮食文化

朝鲜（韩国）的饮食文化可以概括为以下几点：第一，主食是米饭；第二，喜食辣味和发酵食品；第三，烹饪清淡自然；第四，饮酒和歌舞相伴；第五，用餐礼仪讲究尊卑。

朝鲜半岛四季分明的温带大陆性季风气候和地理条件为其农业种植创造了良好的自然条件，据史书记载，朝鲜半岛是在1世纪左右开始种植水稻（《三国史记·百济本纪》）。朝鲜半岛人们的主食虽然也有玉米和小麦等作物，但米饭是每天都离不开的重要食物。在米饭的制作方面也很讲究，要软硬适中，利于消化的同时食材搭配也很多样化，有大米饭、大麦米饭、五谷饭、玄米饭、糯米饭，以及根据时令添加一些蔬果和野菜制成的土豆饭、茄子饭、野菜饭等。还有，烹饪使用的食具也分为石锅饭、铁锅饭等种类。

用大米制作的米糕、粥等也是朝鲜半岛饮食文化中的重要组成部分，尤其是米糕（떡），一年四季不同的节日、时令及不同的仪式场合都要吃米糕。例如，正月初一要吃年糕汤（떡국）；中秋节要吃松糕（송편），而且女孩子包的松糕漂亮，寓意着可以觅得如意郎君，所以中秋节前家中待嫁的姑娘们都会聚在一起制作松糕；举办婚礼的宴席上也一定要有五颜六色的米糕，寓意婚姻生活蒸蒸日上；祭祀中白米糕是必不可少的供品；等等。近年来，用米糕制作生日蛋糕（떡케이크）、烤肉中使用米糕片包着吃（떡보쌈）等饮食现象的出现都与朝鲜半岛喜食米饭的习惯分不开。此外，朝鲜（韩）语中关于大米和米糕的谚语就有八十多条，我们熟悉的有："밥위에 떡"（锦上添花）、"그림의 떡"（画中之饼）等。

图14-3 节日用糕

　　与主食米饭搭配的是各种汤或者小菜，其中泡菜、大酱、辣椒酱、海鲜酱等发酵食品是朝鲜民族喜欢的食物，在发酵的过程中辣椒占有重要地位，可以说是必不可少的调料。发酵食品之所以在朝鲜半岛盛行主要与气候和水土有关系，半岛四季分明，北部冬季漫长，三面环海海产资源丰富，发酵后的白菜、萝卜及海鲜酱类可以长久保存，泡菜更是被称为"冬季半年粮"。其实，朝鲜半岛传统的泡菜中原本没有辣椒（粉），17世纪即朝鲜王朝中后期辣椒从中国、日本引进，给泡菜的腌制带来了重大变革。泡菜的种类随着物质生活的丰富也不再局限于白菜、萝卜，还有黄瓜、甘蓝、苏子叶等食材，但是白菜泡菜仍然是朝鲜（韩）民族人民心里的最爱。每年的11月中下旬开始被称作"김장절"，就是家家户户都要腌制泡菜和制作大酱的季节。将葱、姜、蒜、辣椒粉、水果、鱼露搅拌均匀后涂抹在盐水腌渍好的白菜上，密封放在零度以下的环境中令其自然发酵，产生乳酸菌后就可以食用了。在这里，即便是相同的材料，因为制作者不同也会产生不同的味道，而这种味道在朝鲜（韩国）人心中就是"妈妈的味道"，由此可见他们深切的"泡菜情结"。制作大酱之前会择吉时举行祭祀酱神的活动，以祈求在发酵过程中一切顺利，这也是朝鲜民族传统的宗教信仰与饮食文化的结合。

图14-4　腌制泡菜（2009年韩国首尔光华门김장절活动）

图14-5 酱缸

烹饪方法上，朝鲜（韩国）料理更加注重保持食材原本的味道，多使用凉拌、炖或煮等少油烟的方法。烤肉是朝鲜（韩国）最具代表性的料理，不仅讲究食材的新鲜，使用的烤制材料也多为炭火，在烤制过程中注重肉品的原汁原味，吃的时候也要用新鲜的生菜叶或苏子叶包着吃，去除油腻。三面临海的地方，海鲜也是捕捞后直接切片蘸辣椒酱生吃，震惊世界的"活吃章鱼"就是朝鲜半岛现代饮食文化的代表。

中国人讲究"无酒不成席"，朝鲜半岛上也是如此，但是因粮食产量的局限，除了传统的"막걸리"（米酒）是由大米等谷物晒干发酵而成之外，烧酒是酒精含量较低的蒸馏酒，物美价廉，受到大众的欢迎。而且随着经济发展和西方文化的冲击，啤酒、红酒也受到了年轻人和上流社会人士的青睐。与朝鲜（韩国）人聚餐，酒是必不可少的，而且一般吃完饭后还要去"二次"（이차）——"노래방"（练歌房）继续喝酒、唱歌跳舞，所以很多不了解朝鲜（韩国）文化的人一开始会很不适应。朝鲜（韩）民族是一个能歌善舞、热情好客的民族，他们认为只有在一起喝酒，甚至喝醉过才算得上是朋友，酒可以拉近人与人之间的距离。

朝鲜半岛历来受到儒家文化的熏陶，社会生活的方方面面都保持着儒家长幼、尊卑有序的礼仪制度，饮食文化也不例外。传统的大家族中，男女是不能在一张桌子上进餐的，而且要给最年长的男性长辈单独准备餐桌，食物最精华的部分也要留给家中的男人吃。吃饭的时候，长辈不动筷子，其他人是不能先开始吃的；喝酒的时候，如果长辈和上级在场是不能和他们面对面喝的，一定要侧过身体，一只手端着酒杯一只手遮挡着喝下去，而且不能自己给自己倒酒，一定要拿起酒杯请对方倒，否则会被认为是"自满"、不谦虚的人。

第三节 居住文化

朝鲜半岛的居住文化主要体现在传统房屋——朝鲜（韩）屋（为方便叙述以下统称韩屋）和"温突"（온돌）上。

朝鲜半岛房屋样式多种多样，我们现在说的韩屋通常是从朝鲜王朝时期继承和发展下来的住宅形式。朝鲜半岛三面环海，传统韩屋也讲究"背山临水"的风水说，还要结合地形、气候、风向等自然因素及主人的身份地位、性情爱好等人文因素综合考虑建造。朝鲜王朝时期身份等级制度森严，居住房屋的大小、建造房屋的材料都有等级区分。下层百姓最常见的居住形态是就地取材，使用苇杆和稻草搭建"草房"；一般平民多住在红松树皮和少量瓦片组合建造的"木瓦房"；而两班贵族、士大夫阶层居住的是"瓦房"，屋顶以悬山式[①]和歇山式屋顶[②]为主。

韩屋一般由大门、围墙、院子、厨房、厢房、内室、大厅、仓房、酱缸台等部分组成，厢房又称作"사랑방（舍廊房）"，外厢房主要用于男主人的起居室、书房和会客室；内厢房一般给长辈使用，内室是女人们的起居室，其他人尤其是成年男人是不能随意进入内室的。

"温突"也可称为火炕、暖炕，和中国东北地方的大炕类似，冬天做饭、取暖两不误，这是韩屋里最具特色之处。在现代社会中，经过改良的"温突"被广泛应用于公寓住宅区和独栋别墅，也就是我们说的"地热"，而且不仅在朝鲜半岛，其他国家也借鉴了这样的取暖方式。

图14-6 传统韩屋的"温突"

韩屋的居住布局会考虑气候、地形因素，北部平安道和咸镜道地区气候寒冷，要求居住格局紧凑，所以为典型的"一"字形和"田"字形住宅；南部全罗道、庆尚道地区

①悬山式屋顶是两坡出水的五脊（一条正脊和四条垂脊）二坡式建筑，侧面呈三角形。
②歇山式屋顶是前后两个大坡檐，两侧由两个小坡檐及两个垂直的等腰三角形墙面组成。

也多为“一”字形房屋，但是会设计开放式的大窗户便于夏季通风；中部京畿道处于南北过渡地带，布局较为折中，常见的有“ㄱ”字形、“ㄴ”字形和“口”字形住宅，窗户的数量和大小明显小于南部地区。韩屋是朝鲜半岛传统居住文化的集中体现，现在保存下来的韩屋村落有：首尔南山谷韩屋村和北村、江原道江陵市的船桥庄、庆尚南道山清郡南沙里古墙村、庆尚北道安东市河回村及庆州市良洞村等。

图14-7 庆尚北道安东市河回村

第四节 礼仪文化

礼仪是人们在社会生活中约定俗成的各种礼节和仪式的总称。朝鲜半岛历来就有“东方礼仪之国”“君子之邦”的美誉，“礼”在半岛的传统文化中占据绝对的核心位置。朝鲜半岛的礼仪文化主要涉及人生仪礼、宗教仪礼和生产仪礼。

人生仪礼，朝鲜半岛民俗学界又将其称为“通过仪礼”（통과 의례），通俗来讲就是人从出生到死亡必须要经历的几个人生过程，包括求子、出生、育儿、成年、结婚、花甲、丧礼、祭礼等。

求子礼，又叫祈子礼，在朝鲜（韩）民族的传统观念里，女人只有生了儿子才算完成家族传宗接代的任务，所以就产生了祈子礼。简单来说就是已婚女子怀抱至诚之心向名山大川、佛祖山神等进行短则三日、多则百日的祈祷。还有一种是咒术祈祷，常见的方法有穿其他生过儿子的女人的带血的衣服、戴上生过很多儿子的女人的月经带、偷多子女家庭的菜刀放在求子女人枕头下面等。

出生礼，又叫分娩礼。女人十月怀胎，分娩关系着产妇和胎儿的生命，为此要采取一些做法使得产妇和胎儿平安度过这一生死危机。通常要布置专门的产房，摆上保佑顺产的三神像并供奉清水、米、裙带菜，产妇分娩结束后第一餐要食用这三样材料做成的饭和裙带菜汤。分娩后要在大门上悬挂"禁绳",一方面告诉大家胎儿的性别,男孩要在禁绳上挂白纸、木炭和辣椒,女孩则把辣椒去掉;一方面告知外人不得随便进出影响产妇休息。

育儿礼仪,就是在孩子出生百日举办宴席并供奉"三神饭"答谢三神奶奶,还要制作意味着纯洁和长寿的白蒸糕和象征子孙满堂的蜀黍糕分给周围邻居。孩子出生满一年后要举办周岁宴,重头戏就是让孩子"抓周",以此预测孩子的将来。

成年礼,指的是未成年人转变为社会成员的礼仪。两班贵族家庭是冠礼(男孩)和笄礼(女孩),普通家庭是进世礼。男孩子一般在十五至二十岁进行冠礼,女孩子一般在十五岁进行笄礼,象征他们已经成年并获得了结婚的资格。冠礼风俗在大韩帝国末期的断发令后就消失了。

结婚礼,这是人一生中的头等大事,又被称为"大礼",传统婚礼的程序和中国的风俗习惯类似,一般要经过媒妁之言、测八字、择吉日、过礼(男方给女方送聘礼)、婚礼、于归(婚礼三日后给公婆行礼)和觐亲(婚礼后第一次回娘家)等过程。

丧礼,是为死去的人举丧时进行的所有仪礼,主要包括初终、入殓、治丧和凶祭几个环节。祭礼,包括祠堂祭、忌祭、时祭、墓祭、茶礼等,现在保留下来的主要是忌祭、时祭和茶礼。忌祭是每年一次在亡者去世那一天进行的祭祀,对象是自己的父母到高祖父母四代;时祭的对象是五代祖先,每年10月份到祖先的墓地举行;茶礼,是在春节、冬至、清明、中秋等节日时对祖先进行的祭祀活动,茶礼也是节日中重要的家族活动,尤其是家中男性是一定要参加的,女人只负责准备供品,一般不参与祭祀。

宗教仪礼指的是宗教信者以虔诚的态度对所崇拜的对象举行各种仪式和活动,其中包括必须遵守的禁忌。朝鲜半岛的宗教礼仪形式繁多,内容也很庞杂,传统的宗教有佛教、道教,朝鲜王朝后期西方的天主教、基督教也先后传入,各个宗教都有不同的礼节。以佛教为例,代表性的有"燃灯节""盂兰盆会""放生""受戒"等仪式。

生产仪礼是人们在劳动过程中形成的行为规范和仪式。由于朝鲜半岛国家是以农耕文化为主的国家,很重视农业生产中的每一个环节,所以为了劳有所获、避灾丰收会举行很多的祈愿活动。例如,"祈雨祭""禾积""内农作"等仪式。

第五节 绘画与书法

朝鲜半岛的绘画和书法艺术历史悠久,表现形式多种多样,与宗教、哲学领域互融互通。朝鲜半岛的绘画美术从中国南朝的宋、齐、梁、陈等朝代开始就通过海路进行交流,其中以佛画为主,佛教的盛行也带动着绘画技艺的提高,庆尚南道的佛国寺目前就保存着大量精美的佛画。三国时期还涌现出很多优秀的画工,百济将"博士"称号授予技艺高超的画工,新罗设置了专门的绘画机构——彩典。这一时期最著名的画家当数统一新罗时期的率居,庆州芬皇寺的《观音菩萨图》、晋州断俗寺的《维摩像》都是流传后世的经典佛画作品。

高丽时期设立专门的画局和图画院等绘画机构，而且与宋朝的交流也非常密切，受到宋代画风的影响，山水画、人物画取得了很大发展。其中代表画家有李宁和其子李光弼，他们不仅是高丽名噪一时的画家，其声名还远播宋廷，更是得到宋徽宗的喜爱，李宁还受徽宗之命画《礼成江图》。高丽时期奉佛教为国教，相关的绘画作品也很多，例如《水月观音图》《地藏菩萨图》《五百罗汉图》等。

朝鲜王朝时期的绘画艺术更是达到了前所未有的顶峰。而此时的绘画作品受到"排佛尊儒"的思想冲击，在儒家文化的约束下，绘画作品追求朴实、自然、清新的境界，代表作家层出不穷，画作风格各有特色。其中，安坚的《金刚山图》和《梦游桃源图》、崔泾的《蔡姬归汉图》、卞相璧的《猫雀图》和《鸡子图》，以及著名的女性画家申师任堂的《草虫图》《紫鲤图》等一系列画作，都是这一时期的优秀作品。

朝鲜半岛的书法艺术与使用汉字和学习儒家经典的文化氛围息息相关。世宗大王创制"训民正音"之前的书法是汉字书法，以临摹中国书法为主，"训民正音"颁布实施之后的书法艺术出现了汉字和谚文并行发展的局面。

金生（711—？）是朝鲜半岛的第一位著名书法家，被称为"朝鲜（韩国）的王羲之"，他的作品有《太子寺朗空大师白月栖云塔碑铭》和《田游岩山家序》。高丽末期到朝鲜王朝初期流行临摹赵孟頫[1]的书体。值得一提的是，朝鲜世宗大王的第三子安平大君李瑢的赵体书法造诣极高，他酷爱收藏中国书画，他的书法真迹有《世宗大王英陵神道碑》。朝鲜王朝中前期的著名书法家还有崔兴孝、姜希颜、郑士龙、韩石峰等人，后期代表人物是金正喜，他将诗书画融汇一体，对中国的隶书体进行了很好的继承和发扬，他还独创了"秋史体"，为朝鲜半岛书法史上浓墨重彩的一笔。

图14-8 安坚的《梦游桃源图》

---

①赵孟頫（1254—1322），南宋末至元初著名书法家、画家、诗人。他善篆、隶、真、行、草书，尤以楷、行书著称于世。其书风遒媚、秀逸，结体严整、笔法圆熟，创"赵体"书，与欧阳询、颜真卿、柳公权并称"楷书四大家"。

图14-9 申师任堂的《草虫图》

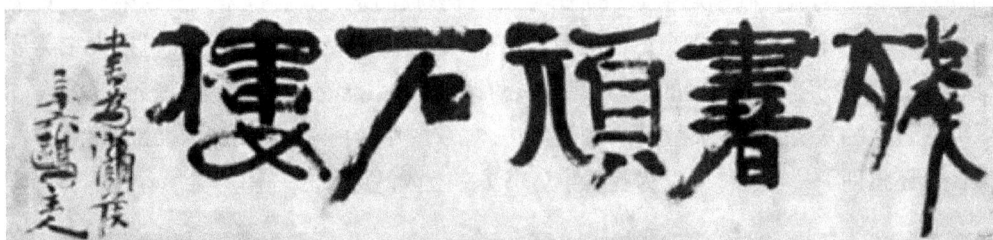

图14-10 金正喜的书法

第六节 音乐与舞蹈

朝鲜（韩）民族自古就是能歌善舞的民族，音乐与舞蹈伴随着生产、生活的多个方面。《后汉书》中记载高句丽人"暮夜辄男女群聚为倡乐"并"常用十月祭天，昼夜饮酒歌舞，名之为'舞天'"（《后汉书·东夷列传》）。前面提及的古代原始歌谣《龟旨歌》《公无渡河歌》都是当时广泛传唱的社会歌谣。

朝鲜半岛的古代音乐可以分为国乐和民乐，国乐指的是宫廷音或宗庙祭祀时演奏的礼乐，也可称为"雅乐"；民乐就是民间老百姓的音乐，包括广义上的民谣。此外还有巫俗音乐、佛教音乐、盘骚俚、农乐等音乐形式。

三国及统一新罗时期的国乐和舞蹈就已经非常成熟，宫廷设有专门的"音声署"负责培训和管理乐工和舞蹈人员。此时乐坛上还出现了著名的音乐天才于勒和王山岳，他们和朝鲜王朝时期的朴堧一起，号称朝鲜（韩国）古代的三大"乐圣"。[1]于勒在音乐和舞蹈上都造诣颇高，《三国史记》中记载了他创作的《伽倻十二曲》。于勒被后人誉为"乐圣"或"于勒仙人"，为了纪念他，1971年起每年的9—10月在今韩国忠清北道忠州市举办"于勒文化祝祭"活动。王山岳是朝鲜半岛的玄鹤琴大师，玄鹤琴脱胎于中国的七弦琴，他可以演奏百余部自创曲目。

盘骚俚是朝鲜王朝后期出现的非常重要的音乐形式，由道白、表演与音乐构成，是朝鲜（韩）民族传统的说唱艺术，经典曲目有《春香歌》《沈清歌》《赤壁歌》《水宫歌》和《兴夫歌》。

我们熟知的最具代表性的朝鲜（韩）民族的歌谣非《阿里郎》莫属了。《阿里郎》一名来源于歌词中反复出现的"阿里""阿拉里"，并没有特指的对象，而是大家在表达对离别亲人或远离故土时的思念之情而唱。因此，根据歌者的情绪和各地风俗，形成了二千六百多个版本的《阿里郎》，代表性的有江原道的《旌善阿里郎》、庆尚道的《密阳阿里郎》、全罗道的《珍岛阿里郎》、京畿道的《本调阿里郎》等。近年来，强调民族与世界，古典与现代相结合的音乐风潮影响下，更是出现了很多现代流行音乐版本的《阿里郎》，由此可见该民谣强大的艺术生命力。

最后，我们再来简单了解一下朝鲜半岛的舞蹈艺术，大的方面可以分为传统舞蹈和现代舞蹈。传统舞蹈包括民俗舞、假面舞、宫廷舞、祭祀舞等。宫廷舞随着大韩帝国的解体也随之消失。民俗舞的代表形式是长鼓舞，假面舞的代表形式是处容舞。长鼓舞已有上千年的历史，鼓面一端由牛皮制成，舞者用竹条鞭击打可发出高音；另一端由猪皮制成，用手指击打可发出低音，要求舞者与长鼓融为一体，动作协调一致。假面舞是戴着面具，以此发泄心中聚集的郁闷之情的舞蹈。处容舞讲的是处容甩着长袖赶走疫鬼的故事，反映了当时人们朴素的情感和正直的愿望。

---

[1]俞成云：《韩国文化通论》，南京大学出版社2015年版。

参考文献

中文文献

著作

[1]安炳浩，尚玉河.韩语发展史 [M] .北京：北京大学出版社，2009.

[2]艾尔曼.从理学到朴学——中华帝国晚期思想与社会变化面面观 [M] .赵刚，译.南京：江苏人民出版社，1997.

[3]陈传席.中国绘画美学史 [M] .北京：人民美术出版社，2000.

[4]查建英.八十年代：访谈录 [M] .上海：生活·读书·新知三联书店，2006.

[5]岑麟祥，岑运强.语言学史概要 [M] .北京：世界图书出版公司，2011.

[6]陈梦家.中国文字学 [M] .修订本.北京：中华书局，2011.

[7]程树德.论语集释（1—4）[M] .程俊英，蒋见元，点校.北京：中华书局，1990.

[8]陈小法，江静.径山文化与中日交流 [M] .上海：上海辞书出版社，2009.

[9]陈小法.明代中日文化交流史研究 [M] .北京：商务印书馆，2011.

[10]陈小法.日本书法艺术 [M] .上海：上海文艺出版社，2010.

[11]陈小法.明代中日文化交流史研究 [M] .北京：商务印书馆，2011.

[12]陈小法.杭州与日本交流史 [M] .北京：中国社会科学出版社，2014.

[13]朝鲜民主主义人民共和国科学院历史研究所.朝鲜通史（上卷）[M] .吉林省哲学社会科学研究所，译.长春：吉林人民出版社，1975.

[14]冯玮.日本通史 [M] .上海：上海社会科学出版社，2008.

[15]费正清.中国的世界秩序:传统中国的对外关系 [M] .杜继东，译.北京：中国社会科学出版社，2010.

[16]高丽大学韩国史研究室.新编韩国史 [M] .孙科志，译.济南：山东大学出版社，2010.

[17]何九盈.中国古代语言学史 [M] .新增订本.北京：北京大学出版社，2006.

[18]华东师范大学古籍整理研究室.历代书法论文选 [M] .上海：上海书画出版社，1979.

[19]何芳川.中外文化交流史（上、下卷）[M].北京：国际文化出版公司，2008.

[20]何华珍.日本汉字和汉字词研究[M].北京：中国社会科学出版社，2004.

[21]胡朴安.文字学常识[M].北京：中华书局，2010.

[22]韩昇.东亚世界形成史论[M].上海：复旦大学出版社，2009.

[23]后藤昭雄.日本古代汉文学与中国文学[M].高兵兵，译.北京：中华书局，2005.

[24]计成.园冶[M].杭州：浙江人民美术出版社，2013.

[25]金柄珉.朝鲜文学史——近现代部分[M].延吉：延边大学出版社，2004.

[26]金田一春彦.日语的特点[M].马凤鸣，译.北京：北京出版社，1985.

[27]肯尼斯·G.韩歇尔.日本小史——从石器时代到超级强权的崛起[M].李忠晋，马昕，译.北京：世界图书出版公司，2007.

[28]罗常培.语言与文化[M].北京：北京出版社，2011.

[29]刘纲纪.中国书画、美术与美学[M].武汉：武汉大学出版社，2006.

[30]李基白.韩国史新论[M].厉帆，译.厉以平，译校.北京：国际文化出版公司，1994.

[31]梁思成.中国建筑史[M].上海：生活·读书·新知三联书店，2011.

[32]吕思勉.文字学四种[M].上海：上海教育出版社，1985.

[33]鲁迅.中国小说史略[M].北京：人民文学出版社，1973.

[34]李岩.中韩文学关系史论[M].北京：社会科学文献出版社，2003.

[35]李元淳，等.韩国史[M].詹卓颖，译.台北：台北幼狮文化事业股份有限公司，1987.

[36]刘子健.中国转向内在——两宋之际的文化转向[M].赵冬梅，译.南京：江苏人民出版社，2012.

[37]米芾.画史[M].上海：上海书画出版社，1992.

[38]南炳文，何孝荣.明代文化研究[M].北京：人民出版社，2006.

[39]聂友军.日本文学研究的"异域之眼"[M].北京：北京大学出版社，2016.

[40]欧阳中石.书法与中国文化[M].北京：人民出版社，2000.

[41]朴真奭.中朝经济文化交流史研究[M].大连：辽宁人民出版社，1984.

[42]濮之珍.中国语言学史[M].上海：上海古籍出版社，2002.

[43]钱基博.现代中国文学史[M].北京：中国人民大学出版社，2004.

[44]钱理群.与周氏兄弟相遇[M].上海：复旦大学出版社，2010.

[45]裘锡圭.文字学概要[M].北京：商务印书馆，1988.

[46]孙康宜，宇文所安.剑桥中国文学史（上、下卷）[M].刘倩，等，译.上海：生活·读书·新知三联书店，2013.

[47]司马迁.太史公自序[M]//司马迁.史记（卷一百三十）.北京：中华书局，1982.

[48]沈仁安.日本起源考 [M].北京：昆仑出版社，2004.

[49]滕军，黄玉梅，张瑜，等.日本艺术 [M].北京：高等教育出版社，2007.

[50]唐兰.中国文字学 [M].上海：上海古籍出版社，1979.

[51]唐月梅.日本文学 [M].上海：生活·读书·新知三联书店，2005.

[52]王国维.宋元戏曲史 [M].北京：商务印书馆，1929.

[53]王瑶.中古文学史论集 [M].上海：古典文学出版社，1956.

[54]王光祈.中国音乐史 [M].桂林：广西师范大学出版社，2005.

[55]魏建功.古音系研究 [M] // 魏建功.魏建功文集（第一卷）.南京：江苏教育出版
社，2001.

[56]王力.中国语言学史 [M].太原：山西人民出版社，1981.

[57]王先谦.荀子集解 [M].北京：中华书局，1988.

[58]王向远.中国题材日本文学史 [M].上海：上海古籍出版社，2007.

[59]王勇.日本文化——模仿与创新的轨迹 [M].北京：高等教育出版社，2001.

[60]邢福义，吴振国.语言学概论 [M].武汉：华中师范大学出版社，2007.

[61]许辉勋，蔡美花.朝鲜文学史 [M].延吉：延边大学出版社，2003.

[62]许慎.说文解字 [M].徐铉，校定.北京：中华书局，2013.

[63]谢世涯.新中日简体字研究 [M].北京：语文出版社，2002.

[64]熊十力.读经示要 [M].北京：中国人民大学出版社，2006.

[65]徐一平.日本语言 [M].北京：高等教育出版社1999年版.

[66]杨曾文.日本佛教史 [M].杭州：浙江人民出版社，1996.

[67]游国恩，王起，李镇准，等.中国文学史 [M].修订本.北京：人民文学出版社，
2002.

[68]严绍璗，中西进.中日文化交流大系文学卷 [M].杭州：浙江人民出版社，1996.

[69]严绍璗.汉籍东传日本的轨迹与形式 [M] // 严绍璗.日本中国学史稿.北京：学苑
出版社，2009.

[70]叶渭渠，唐月梅.日本文学史 "近古卷"（上、下册）[M].北京：昆仑出版
社，2003.

[71]叶渭渠.日本文化史 [M].桂林：广西师范大学出版社，2005.

[72]叶渭渠.日本随笔经典 [M].上海：上海文艺出版社，2006.

[73]尹允镇，池水涌，丁凤熙，等.韩国文学史 [M].上海：上海交通大学出版社，
2008.

[74]翟东娜.日语语言学 [M].北京：高等教育出版社，2006.

[75]翟东娜，潘钧.日语概论 [M].北京：高等教育出版社，2008.

[76]赵东一，等.韩国文学论纲 [M].周彪，刘钻扩，译.北京：北京大学出版社，
2003.

[77]赵润济.韩国文学史 [M].首尔：探求堂，2008.

[78]张龙妹，曲莉.日本文学（上下编）[M].北京：高等教育出版社，2008.

[79]周积寅.国历代画论（上、下卷）[M].南京：江苏美术出版社，2007.

[80]朱谦之.中国音乐文学史 [M].上海：上海人民出版社，2006年。

[81]朱熹.四书章句集注 [M].北京：中华书局，1983.

论文

[1]白洋.从内政看统一新罗的衰败 [J].黑龙江史志，2014（15）.

[2]崔恩亨，金光明.东北亚早期国家——古朝鲜起源问题 [J].黑龙江史志，2009
（14）.

[3]都兴智.关于古朝鲜研究的几个问题 [J].史学集刊，2004（2）.

[4]高福顺.高句丽中央官位等级制度的演变 [J].史学集刊，2006（5）.

[5]龚延明.唐宋官制对高丽前期王朝官制之影响——以中枢机构为中心之比较研究
[J].中国史研究，1999（3）.

[6]葛兆光.从"朝天"到"燕行"——17世纪中叶后东亚文化共同体的解体 [J].中
华文史论丛，2006（1）：29-58.

[7]蒋秀松."东女真"与"西女真" [J].社会科学战线，1994（4）.

[8]金禹彤.高丽王朝身份制度对其政治制度形成之制约——兼与唐、宋比较 [J].北
方文物，2008（4）.

[9]李春虎.论高丽末期的田制改革 [C] // 中国朝鲜史研究会.朝鲜历史研究论丛
（一）.延吉：延边大学出版社，1987.

[10]李得春.漫谈朝鲜语和满语的共同成分 [J].延边大学学报（社会科学版），1981
（1-2）.

[11]李得春.朝鲜语汉字词和汉源词 [J].民族语文，2007（5）.

[12]林坚.朝鲜（韩）民族源流与民族意识浅见 [J].延边大学学报（社会科学版），
2010（2）.

[13]李梅花.试析蒙元支配对高丽王朝的影响 [J].内蒙古大学学报（哲学社会科学
版），2011（1）.

[14]梁启超.中国地理大势论 [J].新民丛报，1902（6-9）.

[15]刘师培.南北文学不同论 [J].国粹学报，1905（9）.

[16]李宗勋，高在辉.试析新罗封建律令制的特色——兼与唐朝日本相比较 [J].东疆
学刊，2011（1）.

[17]李宗勋.近二十年来中外学界对古朝鲜的研究与课题 [J].延边大学学报（社会科
学版），2016（3）.

[18]刘子敏，金宪淑. 辽代鸭绿江女真的分布 [J]. 东疆学刊，1998（1）.

[19]苗威，刘子敏. 箕氏朝鲜研究 [J]. 东北史地，2004（8）.

[20]聂友军. 钱钟书的文化观 [J]. 天府新论，2009（1）.

[21]聂友军. "革命"概念在中国的文化适应 [J]. 粤海风，2010（2）.

[22]朴爱华. 汉字在韩语汉字词中的发展变化研究 [D]. 天津：南开大学，2012.

[23]潘畅和. 北学派的实学思想及其启蒙意义 [J]. 东疆学刊，1991（2）.

[24]秦升阳. 高句丽的军事扩张及其疆域变迁 [J]. 通化师范学院学报，2003（1）.

[25]宋福娟. 高句丽与北方民族的融合 [J]. 通化师范学院学报，2003（1）.

[26]孙泓. 新罗起源考 [C] // 中国朝鲜史研究会，延边大学朝鲜·韩国历史研究所. 朝鲜·韩国历史研究（第十二辑）. 延吉：延边大学出版社，2012.

[27]孙卫国. 论事大主义与朝鲜王朝对明关系 [J]. 南开学报（哲学社会科学版），2002（4）.

[28]孙卫国. 朝鲜王朝对清观之演变及其根源 [J]. 廊坊师范学院学报（社会科学版），2017（3）.

[29]王东福. 统一新罗的出现对公元7—9世纪东北亚国际秩序的影响 [J]. 东疆学刊，2000（3）.

[30]王尉冰. 花郎道与花郎制度有关问题研究概述 [J]. 赤峰学院学报（汉文哲学社会科学版），2014（5）.

[31]徐日范. 试论高丽前期兵制与唐朝府兵制的主要区别 [C] // 中国朝鲜史研究会. 朝鲜历史研究论丛（一）. 延吉：延边大学出版社，1987.

[32]杨军. 高句丽五部研究 [J]. 吉林大学社会科学学报，2001（4）.

[33]于晓光. 元末明初高丽"两端"外交原因初探 [J]. 东岳论丛，2006（1）.

[34]郑红英. 朝鲜民族的起源与原初文化 [J]. 安徽文学，2008（7）.

[35]朱寰. 高丽王朝田柴科土地制度研究 [J]. 历史研究，1989（5）.

[36]朱松植. 汉字与朝鲜的吏读字 [J]. 延边大学学报（社会科学版），1987（4）.

外文文献

[1]JOHN K FAIRBANK, EDWIN O REISCHAUER, ALBERT M CRAIG. East Asia：tradition and transformation [M]. London:Houghton Mifflin Company，1989.

[2]佐藤進，浜口富士雄. 汉辞海 [M]. 東京：三省堂，2011.

[3]西嶋定生. 中国古代国家と東アジア世界 [M]. 東京：東京大学出版会，1983.

[4]芳賀綏，鈴木孝夫，多田道太郎. 日本語と日本人 [M]. 東京：講談社，1982.

[5]李素楨. 日中文化比較研究 [M]. 東京：文化書房博文社，1999.

后 记

全书分工情况如下："序章"与"中国编"由聂友军执笔，"日本编"由陈小法执笔，"朝鲜半岛编"由刘阳、张雨雪执笔。编著者署名按书稿编排顺序确定，排名不分先后。

向编著过程中参考、借鉴过的先贤今仁致敬！本书冀望做一块敲门砖，用心的读者在寻微探幽、登堂入室的过程中可以将其用作垫脚石；亦期望抛砖引玉，故不揣浅陋，以就正于方家。

感谢浙江工商大学研究生院资助该书出版。感谢浙江工商大学出版社的严谨与高效。感谢责任编辑姚媛女士认真负责的工作态度与一丝不苟的求是精神。

若书中出现任何舛错，无论观点方面的还是表述上的，敬请读者诸君不吝批评指正，以利编著者日后修改本书、提升自己。

聂友军

2018年初春于杭州